A1 - B2 필수 문법 **완벽** 정복

GO! 독학 독일어 문법

민병필 · 시원스쿨어학연구소 지음

시원스쿨닷컴

초판 1쇄 발행 2024년 6월 11일

지은이 민병필, 시원스쿨어학연구소
펴낸곳 (주)에스제이더블유인터내셔널
펴낸이 양홍걸 이시원

홈페이지 www.siwonschool.com
주소 서울시 영등포구 영신로 166 시원스쿨
교재 구입 문의 02)2014-8151
고객센터 02)6409-0878

ISBN 979-11-6150-856-6
Number 1-531108-25259900-06

GO! 독학 독일어 문법

머리말

독일어, 이제 제대로 공부해야 합니다!

전 90학번입니다. 제가 고교생이던 시절 제2외국어는 선택이 아닌 필수였으며, 여학생들은 발음이 우아하게 들리는 프랑스어를, 남학생들은 각이 지고 딱딱한 마치 남성스러울 것만 같은 독일어를 배워야만 했습니다.

당시 저는 독일어에 대한 관심이 크지 않았고 전반적인 문법 사항에 대한 이해도가 높지 않아 대학을 다닐 때 즈음에는 독일어에 대해 기억나는 것은 안타깝게도 거의 없었습니다. '이게 한국 외국어 교육의 현실이구나'라는 아쉬움을 가질 때 즈음, 저는 운명처럼 독일에서 밀레니엄을 맞이하게 되었습니다. 2000년 어느 겨울이었죠.

독일에서 공부하고 생활하면서 언어에 대한 기초적인 지식을 좀 더 탄탄하게 하는 것이 모든 독일어를 배우는 학생들에게 중요하다는 생각을 점차 갖게 되었습니다. 학과에 필요한 언어, 때로는 회화에 필요한 표현들은 현지 친구들로부터 어렵지 않게 배울 수 있었지만 그 원리에 대한 논리 정연한 문법서는 그리 많지 않았고 설사 있더라도 쉽게 이해가 잘 되지 않았던 우리말 해설을 경험하곤 했었습니다. 그래서 독일어를 접하는 모든 한국인들이 갖는 선입견은 공통적으로 하나입니다. '독일어는 참 어렵다.'

저 또한 대학원생 때에 어학원을 갈 수 있던 형편도 아니었고, 주재원 근무를 하는 분들에게 있어서도 현지 언어를 익힐 수 있는 여건은 전무한 편입니다. 그래서 세계 공용어를 빌미로 현지인들과 독일어로 의사 표현하는 것에 많은 고충을 안고 있는 것은 비단 어제오늘 이야기는 아닌 것 같습니다.

아울러 책으로만 배워서 입으로는 아예 말하지 못하는 '반쪽짜리' 학습이 지금도 이뤄지고 있는 것이 안타깝게 느껴졌기 때문에 이러한 구태의연한 학습에서 탈피하여 제대로 된 '독학의 문법 고수'가 될 수 있는 길을 열어드리기 위해 이 교재를 출간하게 되었습니다.

이 책은 독일어에 첫걸음을 내딛는 왕초보부터 취미로 배우는 분들을 거쳐 중고급의 전공생에 이르기까지 모든 독일어 관련자들의 '지침서'가 될 수 있기를 바라는 마음으로 열정을 품고 만들었습니다.

매 Lektion마다 독일어의 어려운 문법을 제대로 이해하고 응용할 수 있도록 여러 예문을 수록했고, 긴 해설보다는 간략하고 명확한 설명을 곁들여 쉽게 이해하도록 정리했습니다. 더군다나 이 교재는 유료 동영상 강의와 함께 학습하도록 제작되어 학생분들의 오디오적인 취약함을 극복할 수 있는 장점을 지니고 있습니다.

또한 각 Lektion을 마무리하면서 실전 문제를 통해 자신의 학습 수준을 되짚어 볼 수 있도록 구성하였고, 제가 독일에서 몸소 생활하면서 언어적으로 체험했던 순간들을 짧게 소개한 '민쌤의 Episode'까지 수록하여 나름 쏠쏠한 재미가 있을 거라 자신합니다.

지금 이 머리말을 읽으면서 두려움에 빠지는 분들이 있을 겁니다. 혹은 지금이라도 늦지 않았으니 포기한다는 분도 있을지 모르겠습니다. 하지만 이 책과 함께 '완벽하게'보다는 꾸준하게 학습하시다 보면 언젠가 여러분은 이미 완벽한 독일어 구사자가 될 거라 믿어 의심치 않습니다. 방송에서 어느 교수분이 이런 말을 했습니다. "운동은 시작하기 전에 마음이 내켜 하고 싶지 않지만 막상 땀 흘리고 나면 기분이 좋은 결과가 나옵니다." 지금은 눈물이 나고 후회되는 언어로 시작될 수는 있겠지만 결과로 보여줄 수 있는 언어가 되기를 바랍니다.

끝으로 이 책을 누구에게 헌정하고 싶냐는 질문을 받는다면 주저없이 '가족'이라고 말할 것 같습니다. 그 중에서도 우리 씩씩한 다운이 아들 지원이, 그 동생을 언제나 사랑으로 보듬어 주는 우리 맏딸 지윤이, 그리고 묵묵히 기도로 저를 응원해 주는 아내가 있기에 이 책을 매듭지을 수 있었습니다. 또한 이 책이 출간되기까지 수고를 아끼지 않으신 모든 분들께도 감사의 말씀을 전하며 독일어를 사랑하고 공부하는 모든 분들을 응원하겠습니다.

독일어, 할 만 하구만!

저자 **민병필**

이 책의 구성과 특징

1 오늘 배울 문법과 학습 목표를 다지고, 각 Lektion에서 어떤 내용을 상세하게 다룰 것인지를 미리 확인합니다. 각 Lektion의 문법을 차근차근 익히고 나면, 독일어 필수 문법을 마스터할 수 있을 거예요.

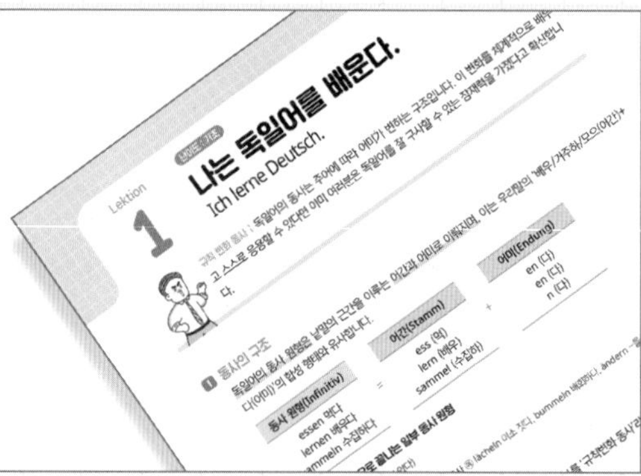

2 한눈에 들어오는 표와 친절한 설명으로 독일어 문법에 좀 더 쉽게 접근합니다. 표 아래에 꼼꼼히 수록한 예문까지 모두 내 것으로 만들어요.

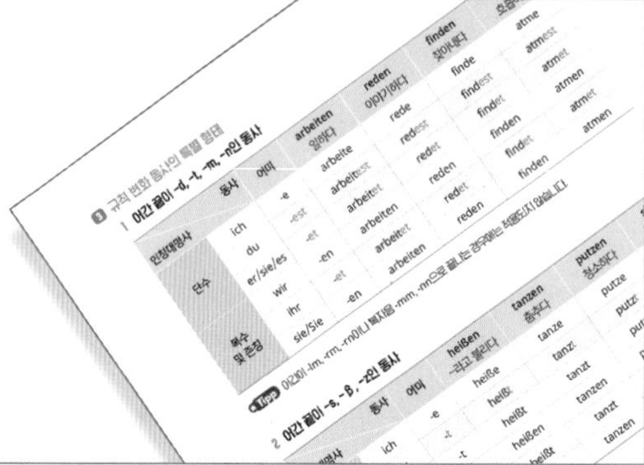

3 추가로 알아야 하는 문법 지식 또는 학습에 도움되는 다양한 Tipp을 제시합니다. 실수하기 쉬운 부분과 유의 사항까지 빠짐없이 정리해 두었으니 놓치지 마세요.

4 각 Lektion에서 다룬 학습 내용과 관련된 저자의 독일 현지 에피소드를 읽으면서 독일어에 대한 자신감도 키우고, 배운 내용을 되새겨 보세요.

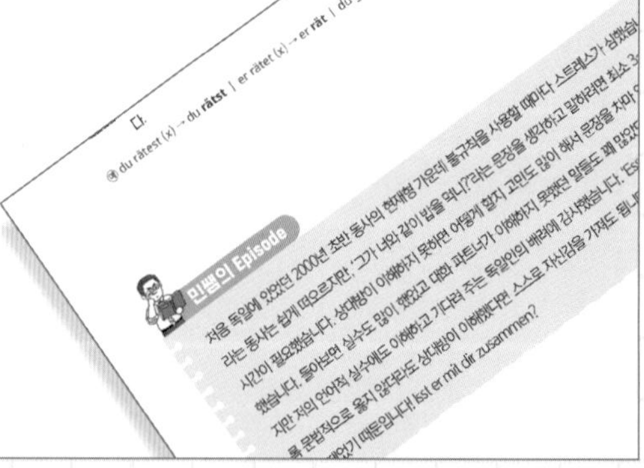

5 각 Lektion에서 배운 내용을 점검할 수 있도록 실전 문제를 제공합니다. 얼마나 이해하고 잘 습득했는지 스스로 점검해 보세요.

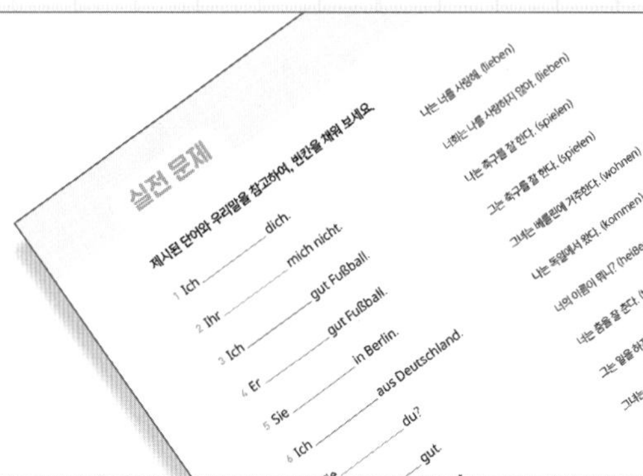

6 여러 Lektion에서 학습한 내용을 총정리해 볼 수 있도록 다양한 유형의 종합 연습문제를 2회분 수록하였습니다. 기초, 중고급 난이도의 독일어 문법을 총정리하면서 문제 풀이에 적용해 보세요.

7 각 Lektion의 실전 문제와 종합 연습문제의 정답을 확인해 보세요. 틀린 문제는 다시 한 번 문법 설명을 되짚으며 확실하게 내 실력으로 만들어요.

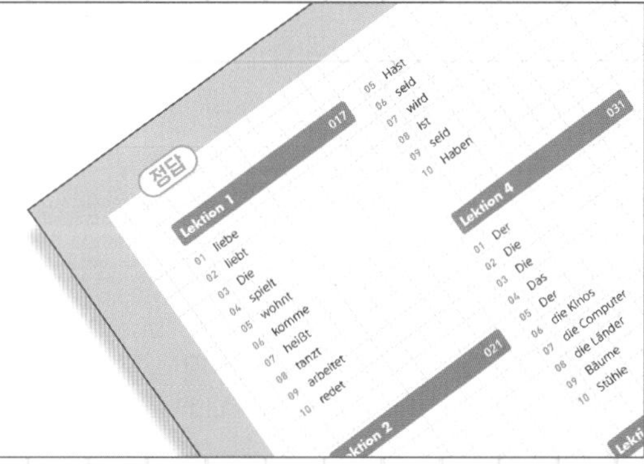

무료 학습 자료

무료 학습 자료는 시원스쿨 독일어(germany.siwonschool.com)에서 다운로드 받으실 수 있습니다.

네이티브 MP3

독일어 동사변화표 PDF

독일어 예문 쓰기 PDF

목차

난이도 | 중고급

이것만은 알고 가자!

문법서나 논문을 볼 때 도움이 되는 독일어 약어를 살펴 봅시다.

r.	der 남성명사	**Präp.**	Präposition 전치사
e.	die 여성명사	**Pron.**	Pronomen 대명사
s.	das 중성명사	**refl.**	reflexiv 재귀의
Akk.	Akkusativ 4격	**Sg.**	Singular 단수
Dat.	Dativ 3격	**Pl.**	Plural 복수
Gen.	Genitiv 2격	**Inf.**	Infinitiv 동사원형, 부정형
Nom.	Nominativ 1격	**etw.**	etwas 무언가(를)
z. B.	zum Beipiel 예를 들어	**adj.**	Adjektiv 형용사
bzw.	beziehungsweise 내지	**adv.**	Adverb 부사
jmd.	jemand 누군가가	**Bsp.**	Beispiel 예(문)
jmdm.	jemandem 누군가에게	**u.**	und 그리고
jmdn.	jemanden 누군가를	**ugs.**	umgangssprachlich 구어적으로
jmds.	jemandes 누군가의	**u. a.**	und anderes, unter anderem 그 중에서도 특히
usw.	und so weiter 등등		

가볍게 시작하고 탄탄하게 다지는 A1-A2 레벨 독일어 문법

germany.siwonschool.com

Lektion 01~30은 시원스쿨 독일어 사이트에서 민병필 선생님의 [가볍게 시작하는 독일어 기초 문법] 강의와 함께 공부할 수 있어요.

Lektion **1** 난이도 : 기초

나는 독일어를 배운다.
Ich lerne Deutsch.

규칙 변화 동사 | 독일어의 동사는 주어에 따라 어미가 변하는 구조입니다. 이 변화들을 체계적으로 배우고 스스로 응용할 수 있다면 이미 여러분은 독일어를 잘 구사할 수 있는 잠재력을 가졌다고 확신합니다.

1 동사의 구조

독일어의 동사 원형은 낱말의 근간을 이루는 어간과 어미로 이뤄지며, 이는 우리말의 '배우/거주하/모으(어간)+다(어미)'의 합성 형태와 유사합니다.

동사 원형(Infinitiv)		어간(Stamm)		어미(Endung)
essen 먹다 lernen 배우다 sammeln 수집하다	=	ess (먹) lern (배우) sammel (수집하)	+	en (다) en (다) n (다)

» 어미가 -n으로 끝나는 일부 동사 원형

① sein (~이다, ~에 있다)
② tun (~을 하다)
③ 어간의 끝에 -el, -er가 포함된 동사
  ㉠ lächeln 미소 짓다, bummeln 배회하다, ändern ~을 바꾸다, wandern 산행하다

2 규칙 변화 동사

주어의 인칭에 따라서 동사의 어간에 변화가 없는 동사를 '규칙 변화 동사'라고 합니다.

1 인칭대명사 1격에 따른 규칙 동사의 변형 형태

인칭대명사 \ 동사		어미	lernen 배우다	wohnen 거주하다	kommen 오다	lieben 사랑하다	kochen 요리하다
단수	ich	-e	lerne	wohne	komme	liebe	koche
	du	-st	lernst	wohnst	kommst	liebst	kochst
	er/sie/es	-t	lernt	wohnt	kommt	liebt	kocht
복수 및 존칭	wir	-en	lernen	wohnen	kommen	lieben	kochen
	ihr	-t	lernt	wohnt	kommt	liebt	kocht
	sie/Sie	-en	lernen	wohnen	kommen	lieben	kochen

2 규칙 동사 활용하기

① lernen 동사 활용

주어 + lernen + 언어(Sprache) → [주어]는 [언어]를 배운다.

Ich **lerne** Deutsch. 나는 독일어를 배운다.

Er **lernt** Koreanisch. 그는 한국어를 배운다.

Wir **lernen** Englisch. 우리는 영어를 배운다.

Sie **lernen** Englisch. 당신(들)은 영어를 배운다.

Ihr **lernt** Japanisch. 너희는 일본어를 배운다.

② wohnen 동사 활용

주어 + wohnen + in 국가/도시 → [주어]는 [국가/도시]에 산다.

Ich **wohne** in Seoul. 나는 서울에 산다.

Du **wohnst** in Seoul. 너는 서울에 산다.

Sie **wohnt** auch in Berlin. 그녀 또한 베를린에 산다.

Wir **wohnen** in Frankfurt am Main. 우리는 프랑크푸르트에 산다.

Sie **wohnen** in München. 그들은 뮌헨에 산다.

③ kommen 동사 활용

주어 + kommen + aus 국가/도시 → [주어]는 [국가/도시]에서 왔다.

Ich **komme** aus Deutschland. 나는 독일에서 왔다.

Du **kommst** aus Deutschland. 너는 독일에서 왔다.

Er **kommt** aus Korea. 그는 한국에서 왔다.

Kommt ihr aus Frankreich? 너희는 프랑스에서 왔니?

Kommen Sie aus Österreich? 당신(들)은 오스트리아에서 왔습니까?

Vokabeln

in ~에, 안에 | **auch** 또한 | **aus** ~로부터, 에서

3 규칙 변화 동사의 특별 형태

1 어간 끝이 -d, -t, -m, -n인 동사

인칭대명사 \ 동사		어미	arbeiten 일하다	reden 이야기하다	finden 찾아내다	atmen 호흡하다
단수	ich	-e	arbeite	rede	finde	atme
	du	-est	arbeitest	redest	findest	atmest
	er/sie/es	-et	arbeitet	redet	findet	atmet
복수 및 존칭	wir	-en	arbeiten	reden	finden	atmen
	ihr	-et	arbeitet	redet	findet	atmet
	sie/Sie	-en	arbeiten	reden	finden	atmen

Tipp 어간이 -lm, -rm, -rn이나 복자음 -mm, -nn으로 끝나는 경우에는 적용되지 않습니다.

2 어간 끝이 -s, - ß , -z인 동사

인칭대명사 \ 동사		어미	heißen ~라고 불리다	tanzen 춤추다	putzen 청소하다	sitzen 앉아 있다
단수	ich	-e	heiße	tanze	putze	sitze
	du	-t	heißt	tanzt	putzt	sitzt
	er/sie/es	-t	heißt	tanzt	putzt	sitzt
복수 및 존칭	wir	-en	heißen	tanzen	putzen	sitzen
	ihr	-t	heißt	tanzt	putzt	sitzt
	sie/Sie	-en	heißen	tanzen	putzt	sitzen

Tipp 위의 경우에는 단수 2인칭(du)에서 's'가 생략됩니다.

3 어간 끝이 -el 로 끝날 경우

인칭대명사 \ 동사		어미	sammeln 수집하다	bügeln 다리미질하다	lächeln 미소 짓다
단수	ich	-e	sammle	bügle	lächle
	du	-st	sammelst	bügelst	lächelst
	er/sie/es	-t	sammelt	bügelt	lächelt
복수 및 존칭	wir	-en	sammeln	bügeln	lächeln
	ihr	-t	sammelt	bügelt	lächelt
	sie/Sie	-en	sammeln	bügeln	lächeln

Tipp 단수 1인칭(ich)에 붙는 어미 '-e'가 있기 때문에 어간에서의 'e'가 생략됩니다.

실전 문제

정답 p. 346

제시된 단어와 우리말을 참고하여, 빈칸을 채워 보세요.

1 Ich ____________ dich. 나는 너를 사랑해. (lieben)

2 Ihr ____________ mich nicht. 너희는 나를 사랑하지 않아. (lieben)

3 Ich ____________ gut Fußball. 나는 축구를 잘 한다. (spielen)

4 Er ____________ gut Fußball. 그는 축구를 잘 한다. (spielen)

5 Sie ____________ in Berlin. 그녀는 베를린에 거주한다. (wohnen)

6 Ich ____________ aus Deutschland. 나는 독일에서 왔다. (kommen)

7 Wie ____________ du? 너의 이름이 뭐니? (heißen)

8 Du ____________ gut. 너는 춤을 잘 춘다. (tanzen)

9 Er ____________ nicht. 그는 일을 하지 않는다. (arbeiten)

10 Sie ____________ viel. 그녀는 말을 많이 한다. (reden)

lieben 사랑하다 | **spielen** 놀다, ~을 하다 | **r. Fußball** 축구, 축구공 | **Fußball spielen** 축구를 하다 | **wohnen** 거주하다 | **kommen** 오다 | **heißen** ~라고 불리다 | **tanzen** 춤추다 | **arbeiten** 일하다 | **reden** 말을 하다

Lektion **2** 난이도 : 기초

너는 독일어를 잘 말한다.
Du sprichst gut Deutsch.

불규칙 변화 동사 I 동사 어간의 모음이 2, 3인칭 단수에서만 변화하는 동사를 '불규칙 변화 동사'라고 부릅니다. 뒤집어 말한다면 2, 3인칭 단수를 제외한 다른 인칭에서는 그대로 규칙 변화를 하게 된다는 것을 뜻합니다. 불규칙 변화에는 크게 세 가지 형태가 있습니다.

1 불규칙 변화 동사

원형 동사의 어간이 2, 3인칭 단수에서 변화를 하는 동사를 '불규칙 변화 동사'라고 하는데, 크게 다음과 같은 세 가지 형태의 변화가 있습니다.

1 인칭대명사 1격에 따른 불규칙 동사의 변형 형태

① 어간 모음변화: **a → ä**

인칭대명사 \ 동사		어미	**fahren** ~타고 가다	**schlafen** 자다	**waschen** 씻다
단수	ich	-e	fahre	schlafe	wasche
	du	-st	fährst	schläfst	wäschst
	er/sie/es	-t	fährt	schläft	wäscht
복수 및 존칭	wir	-en	fahren	schlafen	waschen
	ihr	-t	fahrt	schlaft	wascht
	sie/Sie	-en	fahren	schlafen	waschen

② 어간 모음변화: **e → i**

인칭대명사 \ 동사		어미	**sprechen** ~말하다	**helfen** ~를 돕다	**treffen** 맞히다, ~를 만나다
단수	ich	-e	spreche	helfe	treffe
	du	-st	sprichst	hilfst	triffst
	er/sie/es	-t	spricht	hilft	trifft
복수 및 존칭	wir	-en	sprechen	helfen	treffen
	ihr	-t	sprecht	helft	trefft
	sie/Sie	-en	sprechen	helfen	treffen

③ 어간 모음변화: **e → ie**

인칭대명사 \ 동사		어미	**sehen** 보다	**lesen** ~을 읽다
단수	ich	-e	sehe	lese
	du	-st	siehst	liest
	er/sie/es	-t	sieht	liest
복수 및 존칭	wir	-en	sehen	lesen
	ihr	-t	seht	lest
	sie/Sie	-en	sehen	lesen

Tipp 꼭 숙지해야 할 중요 불규칙 변화 동사들

a-ä: tragen (짐 등을) 나르다, (옷, 장신구 등을) 착용하다, laufen 뛰다

e-i: geben ~에게 ~을 주다, sterben 죽다

e-ie: empfehlen ~에게 ~을 추천하다, stehlen ~을 훔치다

2 불규칙 변화 동사 활용하기

① fahren 동사 활용

주어 + fahren + nach 국가, 도시 → [주어]는 [국가, 도시]로 간다.

Ich **fahre** nach Dresden. 나는 드레스덴으로 간다.

Du **fährst** nach Dresden. 너는 드레스덴으로 간다.

Sie **fährt** nach Dresden. 그녀는 드레스덴으로 간다.

Ihr **fahrt** nach Frankfurt. 너희는 프랑크푸르트로 간다.

② sprechen 동사 활용

주어 + sprechen + 언어 → [주어]는 [언어]를 말한다.

Ich **spreche** Deutsch. 나는 독일어를 말한다.

Du **sprichst** gut Deutsch. 너는 독일어를 잘 말한다.

Sie **spricht** gut Deutsch. 그녀는 독일어를 잘 말한다.

Ihr **sprecht** Chinesisch. 너희는 중국어를 말한다.

Vokabeln

nach (국가, 도시)로

③ sehen 동사 활용

주어 + sehen + 목적어 → [주어]는 [목적어]를 본다.

Ich **sehe** einen Mann. 나는 한 남자를 본다.

Du **siehst** einen Mann. 너는 한 남자를 본다.

Er **sieht** einen Mann. 그는 한 남자를 본다.

Wir **sehen** eine Frau. 우리는 한 여자를 본다.

2 불규칙 변화 동사의 특별 형태

인칭대명사 \ 동사		어미	wissen (~을) 알다	nehmen (~을) 취하다	raten 조언하다	gelten 유효하다
단수	ich	-e	weiß	nehme	rate	gelte
	du	-st	weißt	nimmst	rätst	giltst
	er/sie/es	-t	weiß	nimmt	rät	gilt
복수 및 존칭	wir	-en	wissen	nehmen	raten	gelten
	ihr	-t	wisst	nehmt	ratet	geltet
	sie/(Sie)	-en	wissen	nehmen	raten	gelten

Tipp 어간이 -t로 끝나더라도 어간의 모음이 변하는 경우, 단수 2인칭(du)과 3인칭(er/sie/es)에 '-e'가 붙지 않습니다.

㊞ du rätest (x) → du **rätst** | er rätet (x) → er **rät** | du giltest (x) → du **giltst** | er giltet (x) → er **gilt**

민쌤의 Episode

처음 독일에 있었던 2000년 초반에는 동사의 현재형 가운데 불규칙을 사용할 때마다 스트레스가 심했습니다. essen이라는 동사는 쉽게 떠오르지만, '그가 너와 같이 밥을 먹니?'라는 문장을 생각하고 말하려면 최소 3~5초 동안 정리할 시간이 필요했습니다. 상대방이 이해하지 못하면 어떻게 할지 고민도 많이 해서 문장을 차마 입밖으로 내뱉지도 못했습니다. 돌아보면 실수도 많이 했었고 대화 파트너가 이해하지 못했던 말들도 꽤 많았던 것으로 기억합니다. 하지만 저의 언어적 실수에도 이해하고 기다려 주는 독일인의 배려에 감사했습니다. 'Esst er mit du?'라는 문장이 비록 문법적으로 옳지 않더라도 상대방이 이해했다면 스스로 자신감을 가져도 됩니다. 여러분들은 이제 독일어 첫걸음을 떼었기 때문입니다! Isst er mit dir zusammen?

실전 문제

정답 p. 346

제시된 단어와 우리말을 참고하여, 빈칸을 채워 보세요.

1 Er ____________ gern Brot. 그는 빵을 즐겨 먹는다. (essen)

2 Sie ____________ gern eine Hose. 그녀는 바지를 즐겨 입는다. (tragen)

3 Ihr ____________ gut Deutsch. 너희들은 독일어를 잘 말한다. (sprechen)

4 Er ____________ gern Rad. 그는 자전거를 즐겨 탄다. (fahren)

5 Sie ____________ mir gern. 그녀는 기꺼이 나에게 도움을 준다. (helfen)

6 ____________ du gern? 너는 책을 즐겨 읽니?(lesen)

7 ____________ ihr gern Filme? 너희들은 영화를 즐겨 보니? (sehen)

8 ____________ du? 너 자고 있니? (schlafen)

9 ____________ du gern Freunde? 넌 친구들을 즐겨 만나니? (treffen)

10 Er ____________ einen Apfel. 그는 사과 한 개를 씻는다. (waschen)

s. Brot 빵 | **e. Hose** 바지 | **tragen** ~을 입고 있다 | **s. Fahrrad [Rad]** 자전거 | **Rad fahren** 자전거를 타다 | **r. Film (Pl. Filme)** 영화 | **r. Freund (Pl. Freunde)** 친구 | **r. Apfel** 사과

Lektion **난이도 : 기초**

3 나는 여대생입니다.
Ich bin Studentin.

기본동사 | 독일어의 기본동사는 sein, haben, werden 3개의 동사로 나뉩니다. 본래 기본동사라고 한다면 동사의 첫 부분에서 다뤄야 논리적이지만 지금까지 배워 온 동사의 유형을 비춰 볼 때, 현재 인칭변화가 매우 불규칙할 뿐만 아니라 다양한 내용까지 담겨 있어 이제서야 소개해 드립니다.

1 인칭대명사 1격에 따른 기본동사의 변화 형태

인칭대명사 \ 동사		어미	sein ~이다, ~에 있다	haben ~을 갖고 있다	werden ~이 되다
단수	ich	-e	bin	habe	werde
	du	-st	bist	hast	wirst
	er/sie/es	-t	ist	hat	wird
복수 및 존칭	wir	-en	sind	haben	werden
	ihr	-t	seid	habt	werdet
	sie/Sie	-en	sind	haben	werden

Tipp wir와 sie(Sie)의 현재 인칭에서는 부정형만 사용했지만, sein 동사에서만 1, 3인칭 복수와 존칭이 유일하게 sind이고 ihr에서도 seit가 아닌 seid입니다.

2 기본동사 sein(~이다, ~에 있다)

1 sein 동사의 문장 활용: 명사

주어 + sein + 명사 → [주어]는 [명사] 입니다.

Ich **bin** Michael.	나는 미하엘이다.
Bist du Michael?	네가 미하엘이니?
Er **ist** Daniel.	그는 다니엘이다.
Sie **ist** Daniela.	그녀는 다니엘라이다.
Ich **bin** Student.	나는 대학생(남)입니다.
Bist du Studentin?	너는 대학생(여)이니?
Er **ist** Deutschlehrer.	그는 독일어 선생님(남)이다.
Sind Sie Lehrerin?	당신은 선생님(여)입니까?

Sie **ist** Lehrerin.	그녀는 선생님(여)입니다.
Wir **sind** Studenten.	우리는 대학생들입니다.
Seid ihr Studentinnen?	너희들은 여대생들이니?

> 주어 + sein + 장소 → [주어]는 [장소]에 있다.

Sind Sie in Korea?	당신은 한국에 계신가요?
Ich **bin** jetzt im Café.	나는 지금 카페에 있다.

2 sein 동사의 문장 활용: 형용사

> 주어 + sein + 형용사 → [주어]는 [형용사] 입니다.

Ich **bin** fleißig.	나는 부지런하다.
Bist du fleißig?	너는 부지런하니?
Er **ist** faul.	그는 게으르다.
Wir **sind** gesund.	우리는 건강하다.
Seid ihr krank?	너희는 아프니?
Sind Sie gesund, Herr Müller?	당신은 건강하신가요, 뮐러 씨?

3 기본동사 haben(~을 가지고 있다)

1 haben 동사의 문장 활용: 명사

> 주어 + haben + 명사 → [주어]는 [명사]를 가지고 있다.

Ich **habe** Hunger.	나는 배가 고프다.
Hast du Zeit?	너는 시간이 있니?
Er **hat** einen Bruder.	그는 남자 형제가 한 명 있다.
Habt ihr eine Lampe?	너희들은 램프 하나를 가지고 있니?

Vokabeln

r./e. Student/in (남/여) 대학생 | **r./e. Lehrer/in** (남/여) 선생님 | **fleißig** 부지런한 | **faul** 게으른 | **gesund** 건강한 | **krank** 아픈 | **r. Hunger** 배고픔 | **e. Zeit** 시간 | **r. Bruder** 남자 형제

❹ 기본동사 werden(~이 되다)

1 werden 동사의 문장 활용: 명사

주어 + werden + 명사 → [주어]는 [명사]가 되다.

Wir **werden** bald Eltern. 우리는 곧 부모가 된다.

Sie **wird** Lehrerin. 그녀는 선생님이 될 거다.

2 werden 동사의 문장 활용: 형용사

주어 + werden + 형용사 → [주어]는 [형용사]하게 되다.

Er **wird** wieder gesund. 그는 다시 건강해진다.

Es **wird** kalt. (날씨가) 추워진다.

Wie alt **wirst** du denn? 너는 대체 몇 살이 되는 거니?

저는 독일어를 독학했을 때 왜 이 언어의 '기본'이 되는 중요한 동사를 sein, haben, werden이라고 했는지 고민해 보지 않았습니다. 그런데 학생들을 가르치다 보니 이 세 동사의 쓰임이 다양하는 것을 깨닫게 되었어요. 위의 동사는 근본의 뜻을 가진 '본동사'로서의 의미 자체로도 물론 중요하지만 나중에 배울 '조동사'로서도 막중한 임무를 지니기 때문입니다. sein과 haben은 과거분사와 결합되어서 '현재완료'의 시제를 만들고, werden은 동사원형과 합하여 '미래' 시제를 만들기도 하지만 과거분사와 결합되면 독일어 문법의 꽃이라고 하는 '수동문'의 현재가 됩니다. 그래서 누군가가 '왜 위의 동사들이 독일어의 기본동사입니까?'라고 묻는다면 '본동사뿐만 아니라 조동사로도 중요하기 때문이다'라고 하면 정답일 것 같습니다. 물론 제 개인적인 의견이지만.

실전 문제

정답 p. 346

제시된 우리말을 참고하여, 빈칸을 채워 보세요.

1	Er ______ Verkäufer.	그는 판매원이다.
2	______ ihr ein Auto?	너희는 자동차 한 대를 가지고 있니?
3	Es ______ langsam dunkel.	천천히 어두워진다.
4	Wer ______ du?	너는 누구니?
5	______ du einen Bruder?	너는 남자 형제가 있니?
6	Wie alt ______ ihr denn?	대체 너희들은 몇 살이니?
7	Er ______ Student.	그는 대학생이 된다.
8	Sie ______ Studentin.	그녀는 여대생이다.
9	Ihr ______ sehr fleißig.	너희는 매우 부지런하다.
10	______ Sie Kinder?	당신(들)은 자녀가 있나요?

Vokabeln

r./e. Verkäufer/in (남/여) 판매원 | **s. Auto** 자동차 | **langsam** 느린, 천천히 | **dunkel** 어두운

Lektion

난이도 : 기초

4 이 책? (남성, 여성 혹은 중성?)
Der, die oder das Buch?

명사 I 독일어의 명사는 대개 성과 수를 가지고 있으며, 그 명사의 성이 남성, 여성, 중성 가운데 어느 성을 지니고 있는지 아는 것이 중요합니다. 왜냐하면 위의 제목처럼 '책'이라고 하는 단어가 어떤 성을 지니고 있는지에 따라 관사가 서로 다를 수 있기 때문입니다.

❶ 명사

1 명사의 역할

독일어에도 동사, 형용사, 부사 등 수많은 품사들이 있지만 그중 절반은 명사입니다. 독일어의 명사는 문장 내에서 대개 주어 및 보충어로 쓰입니다.

2 명사의 특징

명사는 첫 글자를 대문자로 쓰며 대개 남성, 여성, 중성 가운데 하나의 성을 지닙니다. 그리고 기본적으로 단수와 복수로 나뉘고, 문장 내에서 하나의 격(1~4격)으로 쓰이는데, 각각의 격에 따라 문장 내에서 다양하게 해석됩니다.

3 자연성 vs 문법성

문장에서 중요한 위치를 차지하는 독일어 명사의 성에는 '엄마, 아빠'와 같이 자연의 성이 명사와 일치되는 **자연성**, 성별 구분이 쉽지 않은 추상명사, 사물 및 동물 등을 위해 인위적으로 만들어 낸 **문법성**이 있습니다. 예를 들어 '램프'의 성은 여성으로 문법화 되어 있어 남성처럼 표기하면 안 됩니다.

구분	남성	여성	중성
자연성 자연적으로 결정되어야 할 생물의 성	der Vater 아버지	die Mutter 어머니	das Kind 아이
문법성 세 가지 성 가운데 하나를 가져야 하는 생물 또는 무생물의 성	der Hund 개	die Katze 고양이	das Pferd 말
	der Tisch 탁자	die Lampe 램프	das Bett 침대
	der Löffel 숟가락	die Gabel 포크	das Messer 칼

2 명사 성의 종류

1 남성명사

① 자연적 성별이 남성일 때

남성 가족 구성원	Großvater 할아버지 (=Opa) | Mann 남자(남편) | Bruder 남자 형제 | Sohn 아들 | Onkel 삼촌, 이모부, 고모부
직업 및 신분	Student 남자 대학생 | Lehrer 남자 선생님 | Arzt 남자 의사 | Verkäufer 남자 판매원 | Schauspieler 남자 배우

② 계절, 월, 요일, 하루의 시간을 나타내는 단어 등

계절	Frühling 봄 | Sommer 여름 | Herbst 가을 | Winter 겨울
월	Januar 1월 | Februar 2월 | März 3월 | April 4월 | Mai 5월 | Juni 6월 | Juli 7월 | August 8월 | September 9월 | Oktober 10월 | November 11월 | Dezember 12월
요일	Montag 월 | Dienstag 화 | Mittwoch 수 | Donnerstag 목 | Freitag 금 | Samstag 토 | Sonntag 일
하루의 시간	Morgen 아침 | Tag 하루, 낮 | Abend 저녁

Tipp 발음상 헷갈리지 않도록 구어체에서 대개 6월은 Juno[유노], 7월은 Julei[율라이]라고 합니다.

③ 날씨를 나타내는 단어

날씨	Regen 비 | Schnee 눈 | Hagel 우박 | Nebel 안개

④ 특정한 어미를 지녔을 때

-er	Fahrer 운전자 | Arbeiter 노동자
-ismus	Kommunismus 공산주의 | Journalismus 저널리즘, 언론 활동

2 여성명사

① 자연적 성별이 여성일 때

여성 가족 구성원	Großmutter 할머니 (=Oma) | Frau 여자(부인) | Schwester 여자 형제 | Tochter 딸 | Tante 이모, 고모
직업 및 신분	Studentin 여대생 | Lehrerin 여자 선생님 | Ärztin 여자 의사 | Verkäuferin 여자 판매원 | Schauspielerin 여자 배우

Tipp 여성의 직업 및 신분명은 남성의 직업과 신분명에 '-in'을 붙이면 됩니다.

② 특정한 어미를 지녔을 때

-heit	Gesundheit 건강 | Krankheit 질병
-keit	Schwierigkeit 어려움 | Fähigkeit 능력
-ung	Übung 연습 | Zeitung 신문
-tion	Situation 상황 | Station 간이역, 정거장
-schaft	Mannschaft (스포츠) 팀 | Freundschaft 우정
-e	Tasche 가방 | Lampe 램프 | Brille 안경

» 예외

남성 | Junge 소년, Friede 평화

중성 | Auge 눈, Gemüse 채소

3 중성명사

① 동사원형을 그대로 사용한 경우

동사원형 → 명사	Essen 먹기, 먹음, 먹는 것(식사) | Schreiben 쓰기, 씀, 쓰는 것(작문) | Lesen 읽기, 읽음, 읽는 것(독서) | Lernen 배우기, 배움, 배우는 것(학습)

② 축소형 어미가 쓰였을 때

-chen	Mädchen 소녀 | Brötchen 작은 빵
-lein	Fräulein 처녀, 아가씨 (현재는 사멸된 단어) | Röslein 작은 장미, 들장미

③ 색깔을 나타내는 단어

색깔	Rot 빨강 | Grau 회색 | Blau 파랑 | Gelb 노랑

④ 특정한 어미를 지녔을 때

-o	Auto 자동차 | Foto 사진
-ment	Parlament 국회 | Instrument 도구, 악기
-um	Museum 박물관 | Studium 학업

3 명사의 수

앞서 설명했듯이 명사의 수에는 단수와 복수가 있습니다. 대개 단수 명사의 형태에 따라 복수 명사의 형태를 유추할 수 있으므로 그 형태를 구분해 두면 복수형을 아는데 도움이 됩니다.

1 복수 명사의 특징

독일어에서 단수 명사가 복수 명사로 변할 때는 남성, 여성, 중성의 성 구분이 사라집니다. 복수 명사의 형태는 크게 다섯 가지 유형으로 나뉘며, 이는 단수 명사의 성과 발음에 따라 형태가 비슷하게 나타납니다. 하지만, 예외적인 복수형도 존재하므로 이러한 경우는 암기해야 합니다.

2 단수로만 쓰이는 명사들

물질 명사와 추상 명사는 대부분 단수 형태로 사용됩니다.

물질 명사	das Fleisch 고기 | das Obst 과일 | der Regen 비
추상 명사	die Gesundheit 건강 | der Hunger 배고픔 | das Glück 행운

4 복수 명사의 유형

1 복수 명사의 변화 형태

① 유형 1 : -el, -er, -en, -chen, -lein으로 끝나는 남성과 중성명사

변형	특징	단수	복수
¨	단수와 형태가 동일함 (변모음이 일어나기도 함)	das Zimmer der Onkel	die Zimmer die Onkel

② 유형 2 : 대부분 남성명사

변형	특징	단수	복수
¨e	끝에 -e가 추가되는 형태 (변모음이 일어나기도 함)	der Sohn der Tag	die Söhne die Tage

③ 유형 3 : 대부분 중성명사

변형	특징	단수	복수
¨er	끝에 -er이 추가되는 형태 (변모음이 일어남)	das Buch das Kind	die Bücher die Kinder

④ 유형 4 : 대부분 여성명사

변형	특징	단수	복수
-(e)n	끝에 -(e)n이 추가되는 형태	die Tasche die Frau	die Taschen die Frauen

⑤ 유형 5 : 대부분 외래어

변형	특징	단수	복수
-s	끝에 -s가 추가되는 형태	das Café die Party	die Cafés die Partys

Die **Bücher** sind interessant. 저 책들은 흥미롭다.

Die **Blumen** sind schön. 저 꽃들은 아름답다.

Die **Frauen** kommen aus Korea. 저 여성들은 한국에서 왔다.

Die **Brüder** haben viele **Freunde**. 저 형제들은 많은 친구들을 가지고 있다.

2 자주 쓰이는 복수 명사

사람 지칭	die Geschwister 형제자매 | die Eltern 부모 | die Leute 사람들
지명	die USA 미국 | die Niederlande 네덜란드
기타	die Möbel 가구 | die Zutaten 첨가물 | die Immobilien 부동산 | die Ferien 휴가, 방학 | die Kosten 비용 | die Daten 정보

5 정관사와 명사

명사는 항상 정관사 1격과 함께 암기하면 도움이 됩니다.

1 명사와 정관사 단수 1격 및 복수 형태

단수 (Sg.)			복수 (Pl.)
남성	여성	중성	
der Mann	die Frau	das Kind	die Kinder
der Hund	die Katze	das Schwein	die Katzen
der Löffel	die Gabel	das Messer	die Messer

2 정관사와 명사의 문장 활용

Der Tisch ist modern. 이 탁자는 현대적이다.

Die Wohnung ist klein. 이 집은 작다.

Das Buch ist interessant. 이 책은 흥미롭다.

Die Häuser sind groß. 그 집들은 큽니다.

Vokabeln

sehr 매우, 아주 | **schnell** 빨리 | **viel(e)** 많은

실전 문제

정답 p. 346

제시된 우리말을 참고하여, 빈칸에 알맞은 정관사를 채워 보세요.

1 ______ Hund ist groß. 그 개는 크다.

2 ______ Verkäuferin ist fleißig. 저 여자 판매원은 부지런하다.

3 ______ Bücher sind sehr interessant. 저 책들은 매우 흥미롭다.

4 ______ Mädchen kommt aus Korea. 저 소녀는 한국 출신이다.

5 ______ Lehrer hat ein Auto. 저 선생님은 자동차 한 대가 있다.

제시된 명사의 복수 형태를 적어 보세요.

6 das Kino → ____________________

7 der Computer → ____________________

8 das Land → ____________________

제시된 단어와 우리말을 참고하여, 빈칸을 채워 보세요.

9 Viele ________ sind im Garten. 수많은 나무들이 정원에 있다. (der Baum)

10 Ich habe einen Tisch und drei ________. 나는 탁자 하나와 세 개의 의자가 있다. (der Stuhl)

Vokabeln

r. Hund 개 | s. Buch (Pl. Bücher) 책 | interessant 흥미로운 | s. Mädchen (Pl. Mädchen) 소녀 | r./e. Lehrer/in (남/여) 선생님 | r. Baum 나무 | r. Garten 정원 | r. Tisch 책상 | r. Stuhl 의자 | s. Kino 영화관 | r. Computer 컴퓨터 | s. Land 국가, 시골, 지방

Lektion **5** 난이도 : 기초

나는 저 남성을 사랑한다.
Ich liebe den Mann.

정관사 | 저에게 명사의 특징인 성, 수, 격 가운데 가장 중요한 것을 묻는다면 격입니다. 격의 의미를 알아야 문장을 만들고 해석할 수 있기 때문입니다. 1격부터 4격까지 각각의 '격'의 의미를 잘 알면 쉽게 문장을 만들고 응용을 할 수 있습니다.

1 관사와 격

관사는 명사 앞에 위치하여 성, 수, 격을 나타냅니다. 독일어의 모든 명사는 네 가지 중 하나의 격을 가지며, 명사와 그 관사가 어떤 격을 가질지는 명사가 문장 내에서 어떤 기능을 하는지에 달려 있습니다. 즉, 격을 지배하는 중추적인 역할은 동사가 하고 전치사와 형용사 등에 의해서도 격이 결정됩니다. 그래서 각각의 격에 따라 명사가 다르게 해석됩니다.

격	의미	축약형
1격 = 주격 (Nominativ)	~은, 는, 이, 가	Nom.
2격 = 소유격 (Genitiv)	~의	Gen.
3격 = 간접목적격, 여격 (Dativ)	~에게	Dat.
4격 = (직접)목적격 (Akkusativ)	~을/를	Akk.

2 정관사 (Bestimmter Artikel)

1 정관사의 의미

독일어의 정관사는 특정한 사물이나 사람을 지칭할 때 사용됩니다. 또한 이미 알려진 것을 나타낼 때도 쓰이며, 형용사의 최상급에서도 사용됩니다.

2 정관사의 격변화

격	단수 (Sg.)			복수 (Pl.)
	남성	여성	중성	
Nom.	der	die	das	die
Gen.	des **-(e)s**	der	des **-(e)s**	der
Dat.	dem	der	dem	den **-n**
Akk.	den	die	das	die

㉠

격	단수 (Sg.)			복수 (Pl.)
	남성	여성	중성	
Nom.	der Vater	die Mutter	das Kind	die Kinder
Gen.	des Vater**s**	der Mutter	des Kind**es**	der Kinder
Dat.	dem Vater	der Mutter	dem Kind	den Kinder**n**
Akk.	den Vater	die Mutter	das Kind	die Kinder

» 복수 3격 +n 주의사항

다음과 같은 경우에는 복수 3격에서 '-n'이 추가로 붙지 않습니다.
복수 1격이 이미 -n으로 끝나는 단어의 경우 | Eltern, Blumen, Frauen 등
'-s'가 붙어 단어의 복수형이 만들어지는 외래어의 경우 | Fotos, Autos 등

3 정관사 문장 활용

① 정관사 1격

Der Vater ist stark. 저 아빠는 강하다.

Die Lehrerin ist schön. 그 여선생님은 아름답다.

Das Kind ist klein. 그 아이는 작다.

Die Eltern sind nett. 그 부모님은 친절하다.

② 정관사 3격

Ich helfe **dem** Mann. 나는 그 남자에게 도움을 준다.

Du hilfst **der** Frau. 너는 그 여자에게 도움을 준다.

Der Hund gefällt **der** Frau. 그 개는 그 여자의 마음에 든다.

Das Buch gehört **dem** Mann. 그 책은 저 남자의 것이다.

③ 정관사 4격

Ich habe **den** Kugelschreiber. 나는 그 볼펜을 가지고 있다.

Er hat **die** Tasche. 그는 그 가방을 가지고 있다.

Sie hat **die** Taschen. 그녀는 그 가방들을 가지고 있다.

Vokabeln

r. Kugelschreiber [Kuli] 볼펜 | **e. Tasche** 가방

Wir lieben **das** Buch.	우리는 그 책을 사랑한다.
Ich liebe **den** Mann.	나는 그 남자를 사랑한다.
Ich liebe **die** Tasche.	나는 그 가방을 사랑한다.

3 정관사류의 형태

dies-(바로 이), jed-(각각의), manch-(상당수의), all-(모든), welch-(어느: 의문관사) 등이 정관사처럼 어미 변화를 합니다.

격	m.	f.	n.	Pl.
Nom.	jed**er** manch**er**	jed**e** manch**e**	jed**es** manch**es**	all**e** manch**e**
Gen.	jed**es** manch**es**	jed**er** manch**er**	jed**es** manch**es**	all**er** manch**er**
Dat.	jed**em** manch**em**	jed**er** manch**er**	jed**em** manch**em**	all**en** manch**en**
Akk.	jed**en** manch**en**	jed**e** manch**e**	jed**es** manch**es**	all**e** manch**e**

Dieser Tisch ist sehr teuer.	바로 이 탁자는 매우 비싸다.	(남성1격)
Jedes Kind bekommt ein Geschenk.	각 아이가 선물 하나씩 받는다.	(중성1격)
Aller Anfang ist schwer.	모든 시작은 어렵다.	(남성1격)
Wie geht es euch **allen**?	너희 모두는 어떻게 지내니?	(복수3격)
Welches Buch liest du gerade?	어느 책을 너는 막 읽고 있어?	(중성4격)
Manche der Schüler sind erkältet.	학생들 중 상당수가 감기에 걸렸다.	(복수1격)

Vokabeln

teuer 비싼 | **r. Anfang** 시작 | **schwer** 무거운, 어려운 | **s. Geschenk** 선물 | **gerade** 막 | **erkältet** 감기에 걸린 | **bekommen** ~을 받다

실전 문제

정답 p. 346

제시된 우리말을 참고하여, 빈칸을 채워 보세요.

1 Er kommt aus _____ Iran.	나는 이란 출신이다.
2 _____ Schüler sucht _____ Lehrer.	저 학생이 저 선생님을 찾고 있다.
3 _____ Lehrerin hilft _____ Schülerin.	저 여선생님이 저 여학생을 돕는다.
4 Das Bild gefällt _____ Kind.	저 그림이 저 아이에게 마음에 든다.
5 Er liest _____ Buch nicht.	그는 그 책을 읽지 않는다.
6 _____ Hund gehört _____ Opa.	저 개는 저 할아버지의 소유이다.
7 Der Film gefällt _____ beiden Mädchen.	저 영화는 저 두 명의 소녀에게 마음에 들지 않는다.
8 Die Lehrer geben uns _____ Hausaufgaben.	저 선생님들은 우리에게 (그) 숙제들을 준다.
9 _____ Kinder kommen aus _____ Türkei.	저 아이들은 튀르키예 출신이다.
10 _____ Auto kaufe ich nicht.	저 자동차를 나는 사지 않는다.

Vokabeln

r. Iran 이란 | **suchen** ~을 찾다 | **helfen** ~에게 도움을 주다 | **gefallen** 무엇이 ~에게 마음에 들다 | **r. Opa** 할아버지 | **gehören** 무엇이 ~에게 속하다 | **e. Hausaufgabe (Pl. Hausaufgaben)** 숙제 | **e. Türkei** 튀르키예

Lektion **6** 난이도 : 기초

나는 남자 형제가 한 명 있다.
Ich habe einen Bruder.

부정관사와 무관사 | 앞서 정관사를 배웠다면 이제 부정관사를 학습함으로써 이 관사가 정관사 '어미'의 형태와 얼마나 흡사한지를 체험하고, 더 나아가 관사의 정확한 의미와 '부정관사류'에 해당하는 관사, 무관사까지 잘 이해하고 활용하는 것이 중요합니다.

1 부정관사 (Unbestimmter Artikel)

1 부정관사의 의미

독일어의 부정관사는 처음 언급하는 경우, 규정되지 않은 일반적인 대상을 나타낼 때 사용됩니다. 또한, 복수 형태로는 사용되지 않으며, '하나의' 혹은 '어떤'의 의미로 사용됩니다.

» 정관사 vs 부정관사

특정한 대상, 이미 알고 있는 대상 → 정관사
불특정한 대상, 아직 언급되지 않은 대상 → 부정관사

2 부정관사의 격변화

격	단수 (Sg.)			복수 (Pl.)
	남성	여성	중성	
Nom.	ein	eine	ein	-
Gen.	eines **-(e)s**	einer	eines **-(e)s**	-
Dat.	einem	einer	einem	-
Akk.	einen	eine	ein	-

㉮

격	단수 (Sg.)			복수 (Pl.)
	남성	여성	중성	
Nom.	ein Mann	eine Frau	ein Baby	Eltern
Gen.	eines Mann**es**	einer Frau	eines Baby**s**	Eltern
Dat.	einem Mann	einer Frau	einem Baby	Eltern
Akk.	einen Mann	eine Frau	ein Baby	Eltern

3 부정관사 문장 활용

① 부정관사 1격

Ein Mann steht da. 한 남자가 저기 서 있다.

Eine Studentin wohnt in Berlin. 어느 한 여대생이 베를린에 산다.

Ein Mädchen liest das Buch. 한 소녀가 그 책을 읽는다.

② 부정관사 3격

Ein Junge hilft **einem** Mann. 한 소년이 한 남자에게 도움을 준다.

Die Kinder helfen **einer** Frau. 그 아이들이 어느 한 여자에게 도움을 준다.

Eine Frau gibt **Kindern** Schokolade. 한 여자가 아이들에게 초콜릿을 준다.

③ 부정관사 4격

Du hast **einen** Tisch. 너는 탁자 하나를 가지고 있다.

Er hat **eine** Freundin. 그는 여자친구 한 명을 가지고 있다.

Die Frau hat **ein** Buch. 그 여자는 책 한 권을 가지고 있다.

2 부정관사류 kein-

	m.	f.	n.	Pl.
Nom.	kein	kein**e**	kein	kein**e**
Gen.	kein**es**	kein**er**	kein**es**	kein**er**
Dat.	kein**em**	kein**er**	kein**em**	kein**en**
Akk.	kein**en**	kein**e**	kein	kein**e**

Ich habe ein Buch. 나는 책 한 권을 가지고 있다.

➜ Ich habe **kein** Buch. ➜ 나는 책을 한 권도 가지고 있지 않다.

Sie hat **keine** Zeit. 그녀는 시간이 없다.

Ich habe **kein** Problem. 나는 문제가 없다.

» kein-과 nicht의 차이

부정관사 + 명사 또는 무관사 명사를 부정할 때 → kein-

정관사 + 명사 또는 명사 이외의 성분을 부정할 때 → nicht

Vokabeln

da 저기 | **e. Schokolade** 초콜릿 | **s. Problem** 문제

3 무관사 (Nullartikel)

1 무관사의 의미

무관사는 명사 앞에 관사가 쓰이지 않는 것을 의미합니다.

2 무관사의 용법

① 부정관사의 복수

Hier ist ein Apfel. 여기에 사과가 하나 있다.

→ Hier sind **Äpfel**. → 여기에 사과들이 있다.

② 고유명사 (이름, 도시, 대륙, 국가)

Ich treffe heute **Michael**. 나는 오늘 미하엘을 만난다.

Asien ist ein Kontinent. 아시아는 하나의 대륙이다.

Ich komme aus **Korea**. 나는 한국에서 왔다.

③ 직업, 신분

Sie ist **Ärztin**. 그녀는 의사이다.

④ 원료, 재료

Der Ring ist aus **Gold**. 저 반지는 금으로 만들어졌다.

⑤ 불가산 물질명사 (복수가 있으나 대개 단수를 사용하는 명사)

Ich trinke gern **Kaffee**. 나는 커피를 즐겨 마신다.

Ich esse gern **Obst**. 나는 과일을 즐겨 먹는다.

⑥ 추상명사

A: Hast du Hunger? 너 배가 고프니?

B: Nein, ich habe **keinen Hunger**. 아니, 난 배고프지 않아.

Tipp 무관사 및 부정관사 + 명사를 부정할 때 kein-을 사용합니다.

» 예외적으로 관사를 쓰는 국가들에 주의

남성/여성/복수의 성을 가지는 일부 국가의 경우 반드시 관사와 함께 사용합니다. → aus + 3격

남성국가 | der Iran 이란, der Irak 이라크, der Sudan 수단, der Libanon 리바논

여성국가 | die Schweiz 스위스, die Türkei 튀르키예, die Ukraine 우크라이나

복수국가 | die USA 미국, die Niederlande 네덜란드, die Philippinen 필리핀

실전 문제

제시된 우리말을 참고하여, 빈칸을 채워 보세요. (무관사의 경우 x로 표기)

1 Hast du ______ Bleistift?	너는 한 자루의 연필을 가지고 있니?
2 Ich habe ______ Kinder.	나는 자녀가 없어요.
3 Ich kaufe ______ Buch.	나는 책 한 권을 산다.
4 Die Frau hilft ______ Kind.	저 여인이 한 아이에게 도움을 준다.
5 Er hat ______ Hunger.	그는 배가 고프지 않다.
6 Die Tasche ist aus ______ Leder.	이 가방은 가죽으로 만들어졌다.
7 Die Studentin liebt ______ Mann. Er ist Arzt.	저 여대생은 한 남자를 사랑한다. 그는 의사이다.
8 Das ist ______ Lampe. Sie ist sehr modern.	이것은 램프이다. 그것은 매우 세련되었다.
9 Die Schülerin kommt aus ______ Schweiz.	저 여학생은 스위스에서 왔다.
10 Ich sehe ______ Katze.	나는 고양이 한 마리를 보고 있어.
______ ist sehr süß!	이 고양이는 너무 귀여워!

r. Bleistift 연필 | **e. Tasche** 가방 | **s. Leder** 가죽 | **r. Mann** 남자 | **e. Lampe** 램프, 전등 | **modern** 모던한, 세련된 | **e. Katze** 고양이 | **süß** 귀여운, 달콤한 | **r. Hunger** 배고픔 | **e. Schweiz** 스위스

Lektion 7 난이도 : 기초

나는 너를 사랑해.
Ich liebe dich.

인칭대명사 | 위의 문장은 독일에서 유명한 가곡의 제목이기도 합니다. 맨 처음 동사의 어미를 배우기 위해 주어에 해당하는 인칭대명사의 1격을 배웠다면, 이번 과에서는 나머지 격을 배움으로써 인칭대명사가 문장에서 어떤 중요한 역할을 하는지 학습합니다.

1 인칭대명사

1 인칭대명사의 의미

인칭대명사는 앞서 언급한 사람, 사물, 상황을 대신하는 명사입니다. 앞서 인칭대명사 1격을 학습하면서 동사의 변화를 알아봤는데, 인칭대명사 역시 1격에서 4격까지 이르는 다양한 모습을 지닙니다. 관사의 변화 형태와 마찬가지로 인칭대명사의 변화 형태도 반드시 기억해야 합니다.

2 인칭대명사의 격변화

단수	1인칭	2인칭	3인칭
Nom.	ich	du	er / sie / es
Gen.	meiner	deiner	seiner / ihrer / seiner
Dat.	mir	dir	ihm / ihr / ihm
Akk.	mich	dich	ihn / sie / es

복수	1인칭	2인칭	3인칭 / 존칭
Nom.	wir	ihr	sie / Sie
Gen.	unser	euer	ihrer / Ihrer
Dat.	uns	euch	ihnen / Ihnen
Akk.	uns	euch	sie / Sie

3 인칭대명사의 특징

인칭대명사 중, 'ich, du, ihr, Sie'는 사람을 지칭하며, 3인칭 단수인 'er, sie, es'와 3인칭 복수형인 'sie'는 사람과 사물을 모두 지칭할 수 있습니다.

Tipp 'meiner, deiner, seiner' 등으로 나타나는 인칭대명사 2격은 우리말로는 조사 '~의'로 해석되는데, '~의 ~하다'라는 2격 지배동사는 현대 독일어에서는 잘 사용하지 않으며 주로 고서, 철학서 및 성경 등에서 볼 수 있습니다.

2 인칭대명사의 활용

1 인칭대명사 1격 : 주격

Ich schlafe. 나는 잠을 잔다.

Du schläfst. 너는 잠을 잔다.

Ein Mann steht da. 한 남자가 저기 서 있다.

Er heißt Daniel. 그는 다니엘이라고 불린다.

Die Frau ist schön. 그 여인은 아름답다.

Sie heißt Daniela. 그녀는 다니엘라라고 불린다.

Das Kind ist süß. 그 아이는 귀엽다.

Wie heißt **es**? 그(아이)의 이름은 무엇이니?

Wir sind Studenten. 우리는 대학생들이다.

Du und ich sind Schüler. 너와 나는 학생들이다.

Die Studenten sind nett. 그 대학생들은 친절하다.

Sie sind klug. 그들은 똑똑하다.

2 인칭대명사 3격 : 여격

Ich helfe der Frau. 나는 그 여자에게 도움을 준다.

Ich helfe **ihr**. 나는 그녀에게 도움을 준다.

Der Student hilft **mir**. 그 대학생은 나에게 도움을 준다.

Ich helfe **dir**. 나는 너에게 도움을 준다.

Das Auto gefällt dem Mann. 그 자동차는 그 남자의 마음에 든다.

Es gefällt **ihm**. 그것은 그의 마음에 든다.

Ich danke **ihnen**. 나는 그들에게 고마워한다.

Ich danke **Ihnen**. 나는 당신에게 감사합니다.

3 인칭대명사 4격 : 목적격

Sie liebt den Mann. 그녀는 그 남자를 사랑한다.

Sie liebt **ihn**. 그녀는 그를 사랑한다.

Er liebt die Frau. 그는 그 여자를 사랑한다.

Er liebt **sie**. 그는 그녀를 사랑한다.

Ich sehe das Auto. 나는 그 자동차를 본다.

Ich sehe **es**. 나는 그것을 본다.

Wir suchen **euch**. 우리는 너희를 찾고 있다.

Ihr sucht **uns**. 너희는 우리를 찾고 있다.

Wir brauchen das Auto. 우리는 그 자동차를 필요로 한다.

Wir brauchen **es**. 우리는 그것을 필요로 한다.

Er ruft **sie**. 그가 그들을 부른다.

Sie ruft **Sie**. 그녀가 당신을 부릅니다.

Der Mann fragt **mich**. 그 남자는 나에게 질문한다.

Die Frau fragt **dich**. 그 여자는 너에게 질문한다.

4 인칭대명사 3격 + 4격

Ich gebe dem Schüler das Buch. 나는 그 학생에게 그 책을 준다.

Ich gebe **es ihm**. 나는 그것을 그에게 준다.

Er empfiehlt mir den Film. 그는 내게 저 영화를 추천한다.

Er empfiehlt **ihn mir**. 그는 그걸 내게 추천한다.

민쌤의 Episode

제 경험담이 아닌 독일어의 인칭대명사와 관련된 재미있는 이야기인데요. 독일어를 하는 분이라면 대개 'Ich liebe dich.'라는 문장은 다 아실 겁니다. 만약 여러분들이 위와 같은 고백을 들었을 때 '나도 널 사랑해.'라는 표현을 하고 싶다면 대개 'Ich auch.'라고 생각하는데, 그 의미는 '나도 나를 사랑해(Ich liebe mich auch.)'가 됩니다. 따라서 나도 널 사랑한다는 표현은 'Ich dich auch.'라고 해야 합니다.

실전 문제

정답 p. 347

제시된 우리말을 참고하여, 빈칸을 채워 보세요.

1 Ich frage ____________.	내가 너에게 물어볼게.
2 Die Uhr gehört ____________ nicht.	저 시계는 내 것이 아니다.
3 Er empfiehlt ____________ Lehrerin den Film.	그가 저 여선생님에게 저 영화를 추천한다.
4 Ich danke ____________ für die Einladung.	초대해 줘서 너에게 고맙다.
5 Sie hilft ____________ Opa.	그녀가 저 할아버지를 돕는다.
6 Wo liegt der Bahnhof? Ich suche ____________.	기차역은 어디에 있지? 난 그걸 찾고 있어.
7 Er liebt Berlin.	그는 베를린을 사랑한다.
Die Stadt gefällt ____________ sehr.	이 도시가 그에게 매우 마음에 든다.
8 Der Tisch ist zu alt.	저 탁자는 너무 낡았다.
Die Oma verkauft ____________.	그 할머니는 그걸 팔 거다.
9 Anja, brauchst du mein Auto?	안냐, 내 자동차가 필요하니?
Ich leihe ____________ dir.	내가 그걸 너에게 빌려 줄게.
10 Die Lampe ist alt.	저 램프는 낡았다.
Ich brauche ____________ nicht mehr.	나는 그게 더 이상 필요하지 않다.

verkaufen 팔다 | **e. Uhr** 시계 | **brauchen** ~을 필요로 하다 | **leihen** ~에게 ~을 빌려주다 | **fragen** ~에게(4격) 묻다 | **empfehlen** ~에게 ~을 추천하다 | **danken (für)** 고마워하다 | **e. Einladung** 초대 | **r. Bahnhof** 기차역 | **e. Stadt** 도시

Lektion **8** 난이도 : 기초

너의 이름은 어떻게 되니?
Wie ist dein Name?

소유관사 I 소유관사는 뒤에 오는 명사의 소유를 의미하는데, 이 관사 역시 뒤에 오는 명사의 성과 복수 형태에 따라 어미변화를 합니다. 위의 관사 'dein(너의)'은 마치 'ein'을 닮아서 단수 명사에서는 부정관사의 어미변화를, 그리고 복수에는 'ein'을 사용하지 않으므로 정관사의 어미변화를 한다는 것이 핵심 포인트입니다.

1 소유관사 (Possessivartikel)

1 소유관사의 의미

소유관사는 대상(사람 또는 사물)과의 소유 관계를 나타냅니다. 뒤에 따라오는 명사와 격을 이루면서 문장 안에서 격에 따른 의미를 나타내게 됩니다.

Tipp 소유격(2격)과 헷갈리지 않도록 주의하세요!

2 소유관사의 형태

	1인칭	2인칭	3인칭
단수	mein-	dein-	sein-, ihr-, sein-
복수	unser-	euer-	ihr-, Ihr-

3 소유관사의 격변화

격	단수 (Sg.)			복수(Pl.)
	1인칭	2인칭	3인칭	
Nom.	ein	eine	ein	die
Gen.	eines	einer	eines	der
Dat.	einem	einer	einem	den
Akk.	einen	eine	ein	die

» 소유관사의 어미

단수 → 부정관사 어미변화

복수 → 정관사 어미변화

㉭ 소유관사 mein과 결합한 형태 비교

격	단수 (Sg.)			복수 (Pl.)
	1인칭	2인칭	3인칭	
Nom.	mein	meine	mein	meine
Gen.	meines	meiner	meines	meiner
Dat.	meinem	meiner	meinem	meinen
Akk.	meinen	meine	mein	meine

Meine Eltern wohnen in Berlin. 내 부모님은 베를린에 거주한다.

Ich liebe **meinen** Vater. 난 내 아버지를 사랑한다.

Ich gebe **meiner** Mutter ein Buch. 난 내 어머니에게 책 한 권을 준다.

3 자주 헷갈리는 포인트

① 소유관사는 '~의' 라는 의미니까 무조건 2격이다? NO!

- 관사는 혼자서 격을 갖지 못하고, 꾸밈을 받는 명사의 격을 따라갑니다.

② 소유관사의 어미는 소유관사의 인칭 성별을 따른다? NO!

- '그의 딸'은 '딸'의 성을 따른 어미변화를 합니다. '그'가 남자니까 남성명사의 어미변화를 하는 것이 아니랍니다.

2 소유관사의 활용

1 소유관사 1격

Mein Vater ist Lehrer. 내 아버지는 선생님이다.

Deine Mutter ist auch Lehrerin. 네 어머니도 선생님이다.

Sein Bruder ist Arzt. 그의 남동생은 의사입니다.

Ihre Schwester ist auch Ärztin. 그녀의 여동생도 의사입니다.

Das Kind hat ein Buch. 그 아이는 책을 가지고 있다.

Sein Buch ist dick. 그의 책은 두껍다.

Unser Auto ist blau. 우리의 차는 파랗다.

Eure Autos sind gelb. 너희의 차(들)은 노랗다.

Ihre Bücher sind interessant. 그녀/그들/당신의 책들은 흥미롭다.

2 소유관사 3격

Das Auto gefällt **meiner** Mutter.	이 자동차는 내 어머니 마음에 든다.
Das Haus gefällt **ihrem** Vater.	이 집은 그녀의 아버지 마음에 든다.
Ein Mann hilft **seiner** Frau.	한 남자가 그의 아내를 돕는다.
Eine Frau hilft **ihrem** Mann.	한 여자가 그녀의 남편을 돕는다.
Die Tasche gefällt **unserer** Mutter.	그 가방은 우리 어머니 마음에 든다.
Sie gefällt auch **eurer** Schwester.	그건 너희 여동생 마음에도 든다.
Das Auto gehört **meiner** Frau.	그 자동차는 내 부인 것이다.

3 소유관사 4격

Ich suche **meine** Brille.	나는 나의 안경을 찾고 있다.
Er ruft **deine** Schwestern.	그는 너의 여동생들을 부른다.
Sie fragt **ihren** Bruder.	그녀가 그녀의 남자 형제에게 질문한다.
Er fragt **seine** Brüder.	그가 그의 남자 형제들에게 질문한다.
Wir sehen **unser** Haus.	우리는 우리의 집을 본다.
Ihr seht **eure** Häuser.	너희는 너희의 집들을 본다.
Die Lehrerin fragt **ihre** Schüler.	그 여자 선생님은 그녀의 학생들에게 질문한다.
Der Lehrer fragt **seine** Schüler.	그 남자 선생님은 그의 학생들에게 질문한다.

4 소유관사 2격

Die Freunde sind reich.	그 친구들은 부자이다.
→ **Die Freunde meiner Mutter** sind reich.	→ 내 엄마의 친구들은 부자이다.
Die Bücher sind interessant.	그 책들은 흥미롭다.
→ **Die Bücher meines Freundes** sind interessant.	→ 내 남자친구의 책들은 흥미롭다.

Tipp 일반 구어체에서는 3격 지배전치사 von을 주로 사용합니다.

예 Die Freunde von meiner Mutter, Die Bücher von meinem Freund

실전 문제

정답 p. 347

제시된 우리말을 참고하여, 빈칸을 채워 보세요.

1 Er liebt __________ Frau.	그는 자신의 부인을 사랑한다.
2 Das __________ meine Freunde.	여기는 내 친구들이다.
3 Ich empfehle __________ Bruder den Film.	난 내 오빠에게 저 영화를 추천한다.
4 Sie fragt __________ Sohn.	그녀는 자신의 아들에게 질문한다.
5 Das Restaurant gehört __________ Onkel.	저 레스토랑은 내 삼촌 거다.
6 Die Freunde __________ Sohnes sind klug.	내 아들의 친구들은 똑똑하다.
7 Das Auto __________ Vaters ist alt.	우리들 아빠의 차는 낡았다.
8 Es geht der Schülerin nicht gut.	여학생은 기분이 좋지 않다.
__________ Hund ist krank.	그녀의 개가 아프다.
9 Sie hat ein Auto.	그녀는 자동차가 있다.
__________ Auto ist sehr teuer.	그녀의 차는 매우 비싸다.
10 A: Was macht eure Mutter?	A: 너희 엄마는 직업이 뭐니?
B: __________ Mutter ist Ärztin.	B: 우리의 엄마는 의사야.

Vokabeln

r. Schüler/in (남자) 학생 / (여자) 학생 | **krank** 아픈 | **r. Sohn** 아들 | **r. Onkel** 삼촌, 고모부, 이모부 | **s. Restaurant** 레스토랑 | **teuer** 비싼 | **e. Mutter** 엄마 | **r. Vater** 아빠

Lektion 9 난이도 : 기초

이 사람이 네 남편이니?

Ist das dein Mann?

의문사가 없는 의문문 | 학생분들이 처음 문법을 공부하게 되면 대개 '무엇이 어떠하다', '누가 ~을 한다' 등의 일반적인 평서문만 단조롭게 외우고 쓰는 경우를 봅니다. 이런 학습에 익숙해지면 상대와 대화할 때에도 상당히 수동적인 응답만 하게 되므로, 과감하게 의문문을 만들어 보면서 빠르게 언어의 구조에 녹아 들어가 봅시다.

1 의문문

의문문은 누군가에게 무엇을 물어볼 때 사용하는 문장입니다. 문장의 끝에는 물음표를 사용하며, 의문사가 없는 의문문과 의문사가 있는 의문문으로 나뉩니다.

2 의문사가 없는 의문문

1 의문사가 없는 의문문을 만드는 법

평서문	주어 + 동사 + ( ).
	↓
의문사가 없는 의문문	동사 + 주어 + ( )?

Sie ist Daniela. 그녀는 다니엘라이다.

➡ Ist sie Daniela? ➡ 그녀가 다니엘라니?

2 의문사가 없는 의문문 활용하기

의문사가 없는 의문문은 별도의 조동사를 필요로 하지 않습니다.

① gehen 동사 활용

gehen + 주어 + nach 장소 → [주어]가 [장소]로 갑니까?

Gehst du nach Hause? 너는 집으로 가니?

Geht er nach Hause? 그는 집으로 갑니까?

Gehen Sie nach Hause? 당신은 집으로 가십니까?

② fahren 동사 활용

fahren + 주어 + nach 장소 → [주어]가 [장소]로 (타고) 갑니까?

Fahren Sie nach Berlin?	당신은 베를린으로 가십니까?
Fährst du nach Berlin?	너는 베를린으로 가니?
Fährt er nach Berlin?	그는 베를린으로 가니?

③ fliegen 동사 활용

fliegen + 주어+ nach 장소 → [주어]가 [장소]로 (날아) 갑니까?

Fliegt sie nach Deutschland?	그녀는 독일로 가니?
Fliegt ihr nach Deutschland?	너희는 독일로 가니?
Fliegen sie nach Deutschland?	그들은 독일로 가니?

3 의문사가 없는 의문문으로 묻고 답하기

1 기본 대답 형태

대개 '동사 + 주어'의 어순으로 질문하고, 대답은 ja 또는 nein 중 선택하는 '선택형 질문'이라고도 합니다.

동사 + 주어 + (　)?

▼

대답 : (긍정) ja / (부정) nein

Kommen Sie aus Korea?	당신은 한국에서 오셨나요?
— **Ja**, ich komme aus Korea.	— 네, 저는 한국에서 왔어요.
Kommen Sie aus der Schweiz?	당신은 스위스에서 오셨나요?
— **Ja**, ich komme aus der Schweiz.	— 네, 저는 스위스에서 왔어요.
Kommt er aus den USA?	그는 미국에서 왔나요?
— **Nein**, er kommt aus Japan.	— 아뇨, 그는 일본에서 왔어요.
Liebt sie dich?	그녀는 너를 사랑하니?
— **Nein**, sie liebt mich nicht.	— 아니, 그녀는 나를 사랑하지 않아.

Hast du Geld? | 너 돈 있어?
—**Nein**, ich habe kein Geld. | —아니, 나 돈 없어.

Kauft er eine Tasche? | 그는 가방 하나를 사니?
—**Ja**, er kauft eine Tasche. | —응, 그는 가방 하나를 사.

Kaufen Sie das Auto? | 당신은 그 차를 사시나요?
—**Nein**, ich kaufe es nicht. | —아뇨, 저는 그것을 사지 않아요.

2 부정 서술문 또는 부정 의문문의 대답

부정으로 물어볼 때 긍정의 답은 ja 대신 doch를 사용하고, 부정의 답은 그대로 nein을 사용합니다.

동사 + 주어 + ( )?

▼

답변 : (긍정) doch / (부정) nein

Liebst du mich nicht? | 넌 날 사랑하지 않니?
—**Nein**, ich liebe dich nicht. | —아니, 난 널 사랑하지 않아.
—**Doch**, ich liebe dich. | —웬걸, 난 널 사랑해.

Hast du kein Geld? | 너 돈 없지?
—**Doch**, ich habe viel Geld. | —웬걸, 나 돈 많아.

Kaufen Sie keine Tasche? | 가방을 안 사시나요?
—**Nein**, ich kaufe keine Tasche. | —아뇨, 전 가방을 사지 않아요.

Kommen Sie nicht aus Korea? | 당신, 한국에서 오지 않았나요?
—**Nein**, ich komme aus China. | —아뇨, 저는 중국에서 왔어요.

3 부가 의문문

Er kommt aus Korea, **oder**? | 그가 한국에서 왔지, 그렇지?

Deutsch ist nicht schwer, **oder**? | 독일어 어렵지 않지, 안 그래?

Sie haben kein Auto, **nicht wahr**? | 당신은 차가 없지요, 그렇죠?
—Doch, ich habe sogar zwei. | —웬걸요, 두 대나 있어요.

실전 문제

정답 p. 347

제시된 우리말을 참고하여, 빈칸을 채워 보세요.

1 ______________ er gut Fußball?	그는 축구를 잘 하니?
2 ______________ du mir bitte?	나 좀 도와줄래?
3 ______________ ihr mir das Buch?	너희는 내게 저 책을 줄래?
4 ______________ du gut Deutsch?	너는 독일어를 잘 말하니?
5 A : Fahrt ihr nicht nach Hamburg?	A : 너희는 함부르크로 안 가니?
B : ________, wir fahren nach Hamburg.	B : 웬걸, 우린 함부르크로 가.
6 A : ________ du Schüler?	A : 너 학생이니?
B : Nein, ich bin Student.	B : 아니, 대학생이야.
7 A : Wohnt er nicht in Berlin?	A : 그는 베를린에 안 사니?
B : ________, er wohnt in Hamburg.	B : 아니, 그는 함부르크에 살아.
8 A : Kommst du nicht aus Deutschland?	A : 너 독일 출신 아니니?
B : ________, ich bin Deutscher.	B : 웬걸, 나 독일인이야.
9 A : ________ du heute Zeit?	A : 너는 오늘 시간이 있니?
B : Nein, ich arbeite heute.	B : 아니, 나 오늘 일해.
10 A : ________ er Arzt?	A : 그는 의사니?
B : ________, er ist Lehrer.	B : 아니, 그는 선생님이야.

Vokabeln

Deutschland 독일 | **Deutscher** (남자) 독일인 | **heute** 오늘

Lektion 난이도 : 기초

10 이 사람은 누구인가?
Wer ist das?

의문사가 있는 의문문 ① | 이제는 의문사와 함께 사용되는 의문문입니다. 독일에서는 이럴 경우에 동사의 위치가 어디인지 인식하는 것을 중요하게 여깁니다. '의문사 + 동사 + 주어'를 생각하면서 문장을 만들어 보기 바랍니다.

1 의문사가 있는 의문문

1 의문사가 있는 의문문을 만드는 법

의문사가 있는 의문문	의문사 + 동사 + (주어) + (　) ?

2 의문사의 종류

의문대명사	wer 누구 | was 무엇 | welch- 어느 | was für ein- 어떤 종류의
의문부사	장소 의문부사 | 방법 의문부사 | 시간 의문부사 | 원인 의문부사

2 의문대명사 wer(누구), was(무엇)

'wer'는 1~4격 형태가 모두 다르며, 남성명사의 정관사와 생김새가 비슷합니다. 그리고 'was'는 1격과 4격만 존재합니다.

1 의문대명사 wer, was의 격변화

	의문대명사	의미	의문대명사	의미
Nom.	wer	누가	was	무엇이
Gen.	wessen	누구의		
Dat.	wem	누구에게		
Akk.	wen	누구를	was	무엇을

2 의문사가 있는 의문문 활용

① wer 누가 (1격)

Wer ist der Mann? 　저 남자는 누구인가요?

— Er ist Herr Meyer. 　— 그는 마이어 씨입니다.

Wer bist du? 너는 누구니?

— Ich bin Lena. — 나는 레나야.

Wer ist das? 이 사람은 누구니?

— Das ist Max. — 이 사람은 막스야.

Wer hilft euch? 누가 너희를 도와줘?

— Max und Lena helfen uns. — 막스와 레나가 우리를 도와줘.

Wer fliegt nach Deutschland? 누가 독일로 가요?

— Sie fliegt dahin. — 그녀가 그리로 갑니다.

② wem 누구에게 (3격)

Wem hilfst du? 누구에게 넌 도움을 주니?

— Ich helfe ihm. — 난 그에게 도움을 줘.

Wem gibst du das Buch? 누구에게 넌 그 책을 주니?

— Ich gebe es meinem Vater. — 난 그걸 내 아버지에게 줘.

③ wen 누구를 (4격)

Wen siehst du? 누구를 넌 보고 있니?

— Ich sehe ihn. — 난 그를 보고 있어.

Wen triffst du denn heute? 넌 대체 누구를 오늘 만나니?

— Ich treffe heute meine Oma. — 나는 오늘 내 할머니를 만나.

④ was 무엇이 (1격)

Was sind Sie von Beruf? 당신의 직업은 무엇입니까?

— Ich bin Deutschlehrer. — 저는 독일어 선생님입니다.

Was sind Ihre Hobbys? 당신의 취미(들)는 무엇입니까?

— Meine Hobbys sind Musik hören und Rad fahren. — 제 취미는 음악 듣기와 자전거 타기입니다.

⑤ was 무엇을 (4격)

Was isst du gern? 넌 무엇을 즐겨 먹어?

— Ich esse gern Brot. — 난 빵을 즐겨 먹어.

Was trinken Sie gern? 당신은 무엇을 즐겨 마시나요?

— Ich trinke gern Bier. — 전 맥주를 즐겨 마셔요.

Was studiert ihr? 너희는 무엇을 전공해?

— Wir studieren Medizin. — 우리는 의학을 전공해.

③ 의문대명사 welch- (어느)

'어느-'라는 의미로, 이미 알려진 사람, 사물 가운데 선택에 관한 질문을 할 때 사용합니다.

1 의문대명사 welch-의 격변화

격	m.	f.	n.	Pl.
Nom.	welcher	welche	welches	welche
Gen.	welches	welcher	welches	welcher
Dat.	welchem	welcher	welchem	welchen
Akk.	welchen	welche	welches	welche

» welch-는 의문관사와 의문대명사의 형태가 동일

의문관사 + ~~명사~~ → 의문대명사

㉑ **Welches** Datum ist heute? 오늘이 몇 월 며칠이야? (의문관사)

— Heute ist der 12. April 2023. — 오늘은 2023년 4월 12일이야.

2 의문사가 있는 의문문 활용

welch- 의문문은 대개 정관사류로 대답합니다.

Das ist mein Auto. 저게 내 자동차야.

— **Welches** (ist dein Auto)? — 어느 것이?

Da sind zwei Uhren. **Welche** kaufst du? 저기 시계 두 개가 있다. 어느 것을 살래?

— Die da. — 거기 그것을 살게.

Da sind viele Stifte. **Welchen** brauchst du denn? 저기 많은 펜들이 있다. 어느 것이 대체 필요하니?

— Ich brauche diesen hier. — 여기 바로 이것이 필요해.

Aus **welcher** Stadt kommen Sie denn? 당신은 도대체 어느 도시에서 오셨나요?

— Ich komme aus Hamburg. — 저는 함부르크에서 왔어요.

4 의문대명사 was für ein- (어떤 종류의)

'어떤 -'의 의미로 사전 정보 없는 사람과 사물의 특징에 관해 물을 때 사용합니다.

1 의문대명사 was für ein-의 격변화

격	m.	f.	n.	Pl.
Nom.	was für einer	was für eine	was für ein(e)s	was für welche
Gen.	was für eines	was für einer	was für eines	was für welcher
Dat.	was für einem	was für einer	was für einem	was für welchen
Akk.	was für einen	was für eine	was für ein(e)s	was für welche

» welch-와 was für ein-의 차이점

welch- | 선택

㉠ Hier sind viele Taschen. **Welche** kaufst du? 여기 가방이 많이 있네. 어느 가방을 살 거야?

— Ich nehme die da. — 저기 저 가방.

was für ein- | 특징

㉠ Brauchst du eine Tasche? **Was für eine** denn? 너 가방 하나 필요하니? 대체 어떤 종류의 가방을 (필요로 하니)?

— Eine große Golftasche. — 큰 골프 가방 하나가 필요해.

2 의문사가 있는 의문문 활용

was für (ein-) 의문문은 단수 → 부정관사, 복수 → 무관사로 대답합니다.

Ich kaufe heute eine Lampe. 나는 오늘 램프 하나를 살 거다.

Was für eine kaufst du denn? 대체 어떤 종류의 것을 사려고?

Was hast du **für** ein Haustier? 너는 어떤 종류의 반려동물을 가지고 있어?

Ich habe einen kleinen Hund. 나는 작은 개 한 마리를 갖고 있어.

Was kaufst du **für** Schuhe? 어떤 (종류의) 신발을 너는 사니?

Ich kaufe gelbe Basketballschuhe. 나는 노란 농구화를 살 거야.

Tipp 대개 독일 현지에서는 was für ein-과 같은 의문사를 분리시켜서도 사용하는데, 'was'라는 기본 의문사를 맨 앞에, 나머지 부분은 뒤에 놓습니다.

» 의문관사 was für ein-

1) was für ein-은 의문관사로 사용되는 경우와 의문대명사로 사용되는 경우에 형태가 다르니 주의하세요!
(남성 1격, 중성 1·4격, 복수)

격	m.	f.	n.	Pl.
Nom.	was für ein	was für eine	was für ein	was für
Gen.	was für eines	was für einer	was für eines	was für
Dat.	was für einem	was für einer	was für einem	was für
Akk.	was für einen	was für eine	was für ein	was für

2) 감탄문으로 사용되기도 합니다.

Was für ein Tag! 정말 힘든 날이야(날이었다). / 정말 멋진 날이야(이었어)!

Was für ein schönes Wetter! 정말 좋은 날씨구나!

= Welch ein schönes Wetter!

(welch- 무변화: '이 얼마나'의 의미)

'넌 직업이 뭐야?'라는 표현을 이미 외우셨을까요? 저는 독일에 유학을 떠나기 전에 수백 개의 문장을 외우고 갔습니다. 'Was bist du von Beruf?'도 그 중 하나였습니다. 헌데 'Was machst du?'라는 독일인의 질문에는 주저했던 기억이 납니다. 사실 두 질문은 같은 의미를 지니고 있었는데 말이죠. 그래서 반드시 유사한 표현들은 두 개 이상 외워 두자는 교훈을 얻게 되었습니다. 그리고 꼭 앞의 두 문장이 아니더라도 됩니다. 'Bist du Student? (넌 대학생이니?)'처럼 의문사가 없다면 없는 대로 물어보는 것도 대화의 방법이겠지요.

실전 문제

정답 p. 347

제시된 우리말을 참고하여, 빈칸을 채워 보세요.

1 A: ________ sind Sie?	A: 당신은 누구인가요?
B: Ich heiße Christian Peters.	B: 저는 크리스티안 페터스라고 불립니다.
2 A: ______ macht ihr morgen?	A: 너희 내일 뭐하니?
B: Wir gehen morgen ins Kino.	B: 우리는 내일 영화관에 가.
3 A: Da hängen viele Bilder.	A: 저기에 그림들이 많이 걸려 있네.
B: ______ gefällt dir am besten?	B: 어느 것이 너에게 가장 마음에 들어?
4 Was ______ du von Beruf?	너는 직업이 뭐니?
5 Was für ______ Handy kaufst du denn?	어떤 종류의 핸드폰을 대체 살 거니?
6 ________ Handy gehört ihr?	어느 핸드폰이 그녀의 것이지?
7 _______ hilfst du gern?	너는 누구를 기꺼이 돕니?
8 ________ Kaffee ist das denn?	이건 대체 누구의 커피인가?
9 Was suchst du für ______ Zimmer?	너는 어떤 종류의 방을 찾고 있니?
10 ______ liebst du denn?	너는 누구를 대체 사랑하니?

morgen 내일 (**r. Morgen** 아침) | **machen** ~을 하다, 만들다 | **ins Kino gehen** 영화관에 가다 | **hängen** ~이 걸려있다, ~을 걸다 | **s. Bild (Pl. Bilder)** 그림 | **r. Beruf** 직업 | **s. Handy** 핸드폰 | **r. Kaffee** 커피 | **s. Zimmer** 방

Lektion

난이도 : 기초

11 당신은 어디에 거주하세요?
Wo wohnen Sie?

의문사가 있는 의문문 ② | 의문사의 대부분은 의문부사입니다. 만약 그녀가 독일어를 공부하는데 '어디서, 왜, 몇 시에, 언제부터, 어떻게' 등의 의문사를 넣는다면 대답도 천차만별이 됩니다. "왜 그녀가 독일어를 공부하지?"라는 질문에는 '그녀가 유학을 준비한다'라든지 '그녀의 남자친구가 독일인이다'라는 등의 근거를 대면 논리적일 것 같습니다. 질문의 취지를 잘 이해하는 것도 학습에 필요한 요소라고 봅니다.

1 의문사가 있는 의문문 (2)

1 의문부사의 특징

의문대명사가 문장 내에서 주어와 목적어의 역할을 했다면, 의문부사는 시간, 장소, 방법, 이유 등의 다양한 정보를 얻기 위한 의문사의 역할을 맡습니다.

2 의문부사의 종류

장소	wo 어디에 | woher 어디에서 | wohin 어디로(~향해)
방법	wie 어떻게(얼마나) | wie alt 얼마나 나이든(몇 살의) | wie viel(e) 얼마나 많은
시간	wann 언제 | seit wann 언제부터 | wie lange 얼마나 오래
원인	warum 왜 | wieso 어째서

2 장소 의문부사

1 wo : 어디에

wo는 '어디에 (서)있니 / 만나니 / 먹니 / 자니'와 같이 정적인 상태를 물어볼 때 사용합니다.

Wo wohnst du? 너는 어디에 사니?

— Ich wohne in Seoul. — 나는 서울에 살아.

Wo wohnt sie? 그녀는 어디에 사니?

— Sie wohnt in Berlin. — 그녀는 베를린에 살아.

Wo ist mein Auto? 내 자동차는 어디에 있어?

— Dein Auto ist da. — 네 자동차는 저기에 있어.

Wo ist sie? 그녀는 어디에 있어?

— Sie ist im Zimmer. — 그녀는 방 안에 있어.

2 woher : 어디에서

woher는 근원, 출처, 태생을 물을 때 사용합니다.

Woher kommen Sie? 당신은 어디에서 오셨습니까?

— Ich komme aus China. — 저는 중국에서 왔습니다.

Woher kommst du? 너는 어디에서 왔어?

— Ich komme aus den USA. — 나는 미국에서 왔어.

Woher bist du? 너는 어디에서 왔어(sein)?

— Ich bin aus Österreich. — 나는 오스트리아에서 왔어.

Woher kommt sie? 그녀는 어디에서 왔어?

— Sie kommt aus Japan. — 그녀는 일본에서 왔어.

Woher kommt der Zug? 그 기차는 어디에서 왔어?

— Er kommt aus Busan. — 기차는 부산에서 왔어.

3 wohin : 어디로

wohin은 '어디로 가니 / 날아가니 / 타고 가니 / 올라가니'와 같이 동적인 상태를 물어볼 때 사용합니다.

Wohin gehen Sie? 당신은 어디로 가시나요?

— Ich gehe nach Hause. — 저는 집으로 갑니다.

Wohin fahren Sie? 당신은 어디로 가시나요?

— Ich fahre nach Seoul. — 저는 서울로 갑니다.

Wohin fährt das Auto? 저 차는 어디로 가나요?

— Es fährt nach Berlin. — 그것은 베를린으로 가요.

Wohin geht das Kind? 저 아이는 어디로 가나요?

— Ich weiß es nicht. — 전 모르겠어요.

3 방법 의문부사

1 wie : 어떻게

Wie heißen Sie? 성함이 어떻게 되세요?

— Ich heiße Max Müller. — 저는 막스 뮐러입니다.

Wie heißt das auf Deutsch? 이건 독일어로 어떻게 불리나요?

— Das ist ein Buch. — 이건 책이라고 합니다.

Wie ist dein Name? 너 이름이 어떻게 돼?

— Mein Name ist Hanna. — 내 이름은 한나야.

Wie geht es Ihnen? 어떻게 지내세요?

— Danke, es geht mir gut. Und Ihnen? — 고맙습니다, 전 잘 지내요. 당신은요?

2 wie + 형용사 : 얼마나 ~한

wie는 형용사와 결합하여 '얼마나~한'이라는 의미를 표현할 수 있는데, 결합하는 형용사에 따라 사람이나 사물의 정도와 상태를 묻는 다양한 의문문을 만들 수 있습니다. 대표적인 예로 'wie alt, wie viel'을 예문과 함께 살펴보겠습니다.

① wie alt 얼마나 나이든(몇 살의)

Wie alt bist du? 넌 몇 살이야?

— Ich bin zwanzig Jahre alt. — 나는 스무 살이야.

Wie alt sind Sie? 당신은 몇 살 인가요?

— Ich bin 23(dreiundzwanzig). — 전 23살입니다.

② wie viel 얼마나 많은

Wie viel kostet das? 이거 얼마예요?

— Das kostet fünf Euro. — 이건 5 유로예요.

Wie viel Zeit haben wir denn? 대체 우리가 가진 시간이 얼마나 많이 있나요?

— Wir haben keine Zeit. — 우리는 시간이 없어요.

Vokabeln

s. Jahr 년, 해 | **kosten** (값이) 얼마이다

Wie viele Kinder haben Sie? 당신은 얼마나 많은 자녀들이 있나요?

— Ich habe keine Kinder. — 나는 자녀가 없어요.

» wie viel와 wie viele의 차이

wie viel 다음에는 관사를 사용하지 않고, 셀 수 없는 물질명사 또는 추상명사의 단수 형태가 옵니다. 반면 wie viele 다음에는 셀 수 있는 복수명사의 1·4격이 옵니다.

wie viel + 단수인 불가산명사 | Zeit, Geld, Arbeit …

wie viel(e) + 복수인 가산명사 | Kinder, Bücher, Häuser …

③ wie oft 얼마나 자주

Wie oft besuchst du deine Eltern? 너는 너의 부모님을 얼마나 자주 방문하니?

— Ich besuche meine Eltern einmal pro Woche. 나는 일주일에 한 번 부모님을 방문해.

Tipp 그 외 'wie + 형용사' 형태의 다양한 의문부사

예 wie groß 얼마나 큰

wie hoch 얼마나 높은

wie schnell 얼마나 빠른

wie spät 몇 시의

wie teuer 얼마나 비싼

4 시간 의문부사

1 wann : 언제

Wann treffen wir uns? 우리 언제 만날까?

— Morgen Abend um 7 Uhr. — 내일 저녁 7시에 (만나자).

2 seit wann : 언제부터

Seit wann lernen Sie schon Deutsch? 언제부터 독일어를 배우셨나요?

— Seit zwei Monaten (lerne ich schon Deutsch). — 두 달 전부터 (독일어를 배우고 있어요).

3 wie lange : 얼마나 오래

Wie lange bleiben Sie hier in Deutschland? 여기 독일에 얼마나 오래 머무르실 건가요?

— Ich bleibe hier in Deutschland für zwei Wochen. 저는 독일에 2주 동안 머무를 예정입니다.

5 원인 의문부사

1 warum : 왜

Warum lernen Sie Deutsch? 당신은 왜 독일어를 공부하시나요?

— Mein Mann kommt aus Deutschland. — 제 남편이 독일에서 왔어요.

2 wieso : 어째서

Wieso kommst du erst jetzt? 너는 어째서 이제 오니?

— Tut mir leid, ich habe den Bus verpasst. 미안해, 버스를 놓쳤어.

학생분들이 독일어를 배울 때, 말하고 싶은 말이 떠오르지 않아 질문을 하려 하다가 말문이 막히는 경우를 종종 볼 수 있습니다. 예를 들어, "너는 언제까지 오늘 일해?"라고 묻고 싶지만, '언제까지'라는 단어가 떠오르지 않아 질문을 하지 못하는 것이죠. 번역 앱을 사용하는 것도 좋지만, '이 질문만이 정답이야'라는 생각을 버리세요. 왜 상대방이 몇 시까지 일하는지 물어보려 했을까요? 일을 끝낸 친구와 대화를 나누거나 커피를 마시려고 한다면, "나는 너와 일 끝나고 대화하고 싶어." 또는 "오늘 오랫동안 일해?"와 같이 자신의 의도에 더 가까운 질문을 해 보세요. 처음부터 완벽한 의사 소통은 어렵더라도 조금씩 노력하다 보면 성공할 수 있을 겁니다. "Bis wann arbeitest du heute? Ich möchte mit dir sprechen."

실전 문제

정답 p. 348

제시된 우리말을 참고하여, 빈칸을 채워 보세요.

1 ________ ist Ihr Name? 당신의 이름은 어떻게 되나요?

2 ________ ________ Bücher hast du zu Hause? 얼마나 많은 책들을 집에 가지고 있니?

3 Wie ________ kostet der Tisch? 그 탁자는 얼마인가요?

4 A : ________ sind Sie? A : 당신은 어디에서 오셨나요?
B : Ich komme aus dem Iran. B : 저는 이란에서 왔습니다.

5 A : ________ beginnt der Film? A : 그 영화는 언제 시작하니?
B : Um Viertel nach 8. B : 8시 15분에 시작해.

6 A : ________ ________ ist dein Hund? A : 너의 강아지는 몇 살이니?
B : Er ist 8 Jahre alt. B : 8살이야.

7 A : ________ bleibst du zu Hause? A : 왜 집에 머물러 있니?
B : Es regnet sehr viel. B : 비가 매우 많이 내려.

8 A : ________ wann lebst du in der Schweiz? A : 너는 언제부터 스위스에서 살고 있니?
B : Da lebe ich ________ drei Jahren. B : 거기서 난 3년 전부터 살고 있어.

9 A : ________ geht er denn? A : 그는 대체 어디로 가니?
B : Er geht jetzt nach Hause. B : 그는 지금 집으로 가.

10 A : ________ arbeitest du? A : 너는 어디서 일하니?
B : Ich arbeite im Café. B : 카페에서 일해.

Vokabeln

zu Hause 집에 | **r. Tisch** 탁자 | **r. Iran** 이란 | **r. Film** 영화 | **beginnen** 시작하다 | **s. Viertel** 4분의 1, 15분 | **r. Hund** 개 | **r. Name** 이름 | **bleiben** 머무르다 | **regnen** 비가 오다 | **leben** 살다 | **e. Schweiz** 스위스 | **nach Hause** 집으로 | **arbeiten** 일하다 | **s. Café** 카페

Lektion 난이도 : 기초

12 나는 수영을 잘 할 수 있다.
Ich kann gut schwimmen.

화법 조동사 ① | 이제는 한 문장에 동사가 두 개 나오는 문장을 공부해 봅시다. 고지식한(?) 독일인들은 주어에 가까운 동사 자리에 화법 조동사를 놓고 문장의 맨 뒤에 본동사를 놓는 구조를 사용합니다. 주요 화법 조동사와 활용법을 차례대로 살펴봅시다.

1 화법 조동사

1 화법 조동사란?

화법 조동사는 대화의 상황에 따라 느낌을 주는 동사입니다. 주로 본동사를 보조하는데, 때로는 스스로 본동사처럼 쓰이기도 합니다.

2 화법 조동사의 특징

화법 조동사의 특징은 두 가지로 나타납니다. 첫째, 현재형에서 1인칭, 3인칭 단수 형태가 동일합니다. 둘째, 현재와 과거 시제에서 본동사는 동사원형의 형태로 문장의 맨 뒤에 위치합니다.

3 화법 조동사의 종류

können	~할 수 있다	dürfen	~을 해도 된다
wollen	~할 것이다	sollen	~ 해야 한다
möchten	~하고 싶다	müssen	~해야만 한다

2 화법 조동사의 현재 인칭 어미변화 (1)

	können	wollen	möchten
ich	**kann**	**will**	**möchte**
du	kannst	willst	möchtest
er, sie, es	**kann**	**will**	**möchte**
wir	können	wollen	möchten
ihr	könnt	wollt	möchtet
sie, Sie	können	wollen	möchten

❸ 화법 조동사 문장 활용

평서문	주어 + 동사 + ( ).
↓	
화법 조동사가 쓰인 문장	주어 + 화법 조동사 + ( ) + **본동사**.

Eva besucht ihren Vater. 에바가 그녀의 아버지를 방문한다.

→ Eva will ihren Vater **besuchen**. 에바는 그녀의 아버지를 방문하려고 한다.

1 können : ~할 수 있다

① 능력

Können Sie gut Deutsch **sprechen**? 당신은 독일어를 잘 말하시나요?

Sie können sehr gut Deutsch **sprechen**. 당신은 독일어를 아주 잘 말합니다.

Sie können gut Fußball **spielen**. 당신은 축구를 잘 하시네요.

Können Sie gut Fußball **spielen**? 당신은 축구를 잘 하시나요?

Kann die Frau gut **tanzen**? 그 여인은 춤을 잘 출 수 있나요?

Nein, sie kann nicht so gut **tanzen**. 아뇨, 그녀는 춤을 잘 추지 못해요.

② 부탁

Können Sie mir bitte **helfen**? 저 좀 도와주실 수 있나요?

Ja, ich kann Ihnen gerne **helfen**. 네, 기꺼이 도와드릴 수 있어요.

③ 가능성

Kann man hier gute Möbel **kaufen**? 여기서 좋은 가구들을 살 수 있나요?

Kann ich hier Bier **bestellen**? 여기서 맥주를 주문할 수 있나요?

④ 허가

Wir können jetzt nach Hause **gehen**. 우리는 지금 집으로 갈 수 있어.

Du kannst mein Buch **lesen**. 너는 내 책을 읽어도 돼.

2 wollen : ~할 것이다

① 의지

Was wollen Sie **trinken**? 당신은 무엇을 마실 건가요?

Ich will eine Tasse Tee **trinken**. 저는 차 한 잔 마실게요.

② 계획

Was wollen Sie dieses Jahr **machen**? 당신은 올해 무엇을 하실 건가요?

Ich will dieses Jahr Deutsch **lernen**. 저 올해 독일어를 공부할 거예요.

③ 소원

Willst du einen Computer? 컴퓨터 한 대를 원하니?

Ja, ich will einen PC. 네, 나는 컴퓨터를 원해요

3 möchten : ~을 원하다, ~하고 싶다

	mögen	möchten
ich	**mag**	**möchte**
du	magst	möchtest
er, sie, es	**mag**	**möchte**
wir	mögen	möchten
ihr	mögt	möchtet
sie, Sie	mögen	möchten

» möchten

möchten은 mögen(좋아하다)의 접속법 II식 형태로서 '공손한 표현'으로 주로 사용됩니다.

möchten - 조동사 ~을 하고 싶다

möchten - 본동사 ~을 원하다

Trinkst du gern Kaffee? 너 커피를 즐겨 마시니?

→ Möchtest du Kaffee **trinken**? 너 커피 마시고 싶어?

Das möchte ich **wissen**. 전 그것이 알고 싶어요.

Möchten Sie das auch **wissen**? 당신도 그것이 알고 싶으세요?

Ich möchte in Deutschland **studieren**. 전 독일에서 공부하고 싶어요.

Möchten Sie auch in Deutschland **studieren**? 당신도 독일에서 공부하고 싶으세요?

Ich möchte eine Tasse Milchkaffee. 저는 카페라떼 한 잔을 원해요.

Was möchten Sie **trinken**? 당신은 무엇을 마시고 싶으신가요?

실전 문제

정답 p. 348

제시된 우리말을 참고하여, 빈칸을 채워 보세요.

1 Kannst du gut ________? 넌 노래를 잘 부르니?

2 Was ________ Sie essen? 무엇을 드실 건가요?

3 Er ________ etwas trinken. 그는 무언가를 마시고 싶어한다.

4 ________ Sie mir bitte helfen? 저를 좀 도와줄 수 있나요?

5 ________ du mich? 너는 나를 좋아하니?

6 Hallo, ich ________ bitte eine Tasse Schwarztee. 저기, 저는 홍차 한 잔을 원합니다.

7 Er ________ diesen Monat fleißig Deutsch lernen. 그는 이번 달에 독일어를 열심히 배우려 한다.

8 Du ________ meinen Wagen nehmen. 너는 내 차를 타도 된다.

9 Sie ________ später in Deutschland studieren. 그녀는 나중에 독일에서 전공 공부하고 싶어한다.

10 ________ ich hier eine Postkarte kaufen? 여기서 엽서 한 장 살 수 있을까요?

singen 노래하다 | **essen** 먹다 | **trinken** 마시다 | **helfen** ~에게 도움을 주다 | **mögen** 좋아하다 | **e. Tasse** 찻잔 | **r. Schwarztee** 홍차 | **r. Monat** 월, 달 | **fleißig** 부지런한, 열심인 | **r. Wagen** 차량, 수레 | **studieren** 전공하다 | **e. Postkarte** 엽서 | **kaufen** 사다

Lektion 난이도 : 기초

13 나는 공부해야 돼.

Ich muss lernen.

화법 조동사 ② | 이번 과에서는 나머지 화법 조동사를 학습합니다. 1인칭, 3인칭 단수 및 복수의 동사 형태는 12과에서 소개한 화법 조동사와 마찬가지로 동일합니다. 'sollen'의 용법이 다양하여 한국 학생들이 취약할 수 있지만, 독일에서 자주 사용되는 화법 조동사이므로 용법을 꼭 숙지하세요.

1 화법 조동사의 현재 인칭 어미변화 (2)

können	~할 수 있다	dürfen	~을 해도 된다
wollen	~할 것이다	sollen	~ 해야 한다
möchten	~하고 싶다	müssen	~해야만 한다

	dürfen	sollen	müssen
ich	**darf**	**soll**	**muss**
du	darfst	sollst	musst
er, sie, es	**darf**	**soll**	**muss**
wir	dürfen	sollen	müssen
ihr	dürft	sollt	müsst
sie, Sie	dürfen	sollen	müssen

2 화법 조동사 문장 활용

1 dürfen : ~해도 된다

① 허가

Sie dürfen jetzt **gehen**. 지금 가셔도 됩니다.

Du darfst nach Hause (**gehen**). 너는 집에 가도 좋아.

Tipp 예측이 가능한 본동사는 자주 생략합니다.

Dürfen wir ins Kino **gehen**? 저희가 영화관으로 가도 될까요?

Ja, ihr dürft ins Kino **gehen**. 응, 너희는 영화를 보러 가도 돼.

★**dürfen nicht** ~하면 안 된다 (금지)

Darf ich hier **rauchen**? 여기서 담배 피워도 될까요?

Nein, Sie dürfen hier nicht **rauchen**. 아뇨, 당신은 여기서 흡연하시면 안 됩니다.

Darf ich hier **parken**? 여기에 주차해도 될까요?

Nein, Sie dürfen hier nicht **parken**. 아뇨, 여기에 주차해서는 안 돼요.

Darf man hier baden? 여기서 물놀이를 해도 되나요?

Man darf hier nicht **baden**. 여기는 물놀이 금지입니다.

② 정중한 제안 및 부탁

Darf ich Ihnen eine Frage **stellen**? 질문 하나만 해도 될까요?

Darf ich Ihnen **helfen**? 제가 도와드려도 될까요?

2 sollen : 해야 한다

① 충고

Sie sollen nicht so viel **trinken**. 당신은 그렇게 많이 (술을) 드시면 안 됩니다.

Du sollst mehr **schlafen**. 너는 잠을 더 많이 자야 해.

② 제안

Was soll ich jetzt **machen**? 제가 지금 뭘 해야 할까요?

Soll ich Äpfel **kaufen**? 사과 여러 개를 사야 할까요?

Wann soll ich mein Auto **reparieren**? 언제 내 자동차를 고쳐야 할까?

③ 도덕적 의무

Man soll seine Eltern **ehren**. 자신의 부모를 공경해야 한다.

④ 소문

Sie soll sehr reich **sein**. 그녀는 매우 부자라고 한다.

⑤ 타인의 의지

Mama sagt, ich soll **Sport treiben**. 엄마가 나보고 운동하라고 하셔.

Der Arzt sagt, ich soll mehr **schlafen**. 의사 선생님이 나보고 더 많이 자라고 하셔.

Vokabeln

man (보편적인) 사람들은 | **ehren** 공경하다 | **reich** 부유한

3 müssen : ~해야만 한다

① 필수

Sollen wir in die Disko gehen?	우리 디스코 갈까?
Nein, ich muss **lernen**.	아니, 나는 공부해야 해.
Ich muss nach Hause. Meine Mutter ist krank.	난 집에 가야 해. 어머니가 아프셔.
Ich muss morgen früh **aufstehen**.	나는 내일 일찍 일어나야 해.

② 의무

Sie müssen hier in der Bibliothek leise **sein**.	여기 도서관에선 조용히 하셔야 해요.
Ich muss das Medikament **nehmen**.	나는 저 약을 복용해야 해.

★**müssen nicht** ~할 필요가 없다

Sie muss morgen nicht **arbeiten**.	그녀는 내일 일할 필요가 없다.
Er muss nicht **kochen**.	그는 요리할 필요가 없다.
Ich muss morgen nicht zur Schule **gehen**.	나는 내일 학교에 갈 필요가 없다.
Er muss kein Deutsch **lernen**.	그는 독일어를 배울 필요가 없다.

③ 필연성

Alle Menschen müssen **sterben**.	모든 인간은 죽기 마련이다.

Vokabeln

e. Disko (Disco) 클럽, 무도회

실전 문제

정답 p. 348

제시된 우리말을 참고하여, 빈칸을 채워 보세요.

1 Bei Grün ________ man über die Straße gehen. 초록 불일 때 길을 건너도 됩니다.

2 Man ________ hier nicht parken. 여기서 주차하면 안 된다.

3 Papa sagt, ich ________ heute zu Hause bleiben. 아빠가 나보고 오늘 집에 있으래.

4 Morgen habe ich frei. Ich ________ nicht arbeiten. 내일 나는 쉰다. 나는 일할 필요가 없다.

5 Du bist sehr müde. Du ________ lieber schlafen. 너는 매우 피곤하다. 차라리 자는 게 좋겠어.

6 Alle Menschen ________ sterben. 모든 인간들은 죽을 수밖에 없다.

7 Die Ärztin ________ ledig sein. 저 여의사는 미혼이라고 한다.

8 Wann ________ ich dich anrufen? 내가 너에게 언제 전화할까?

9 Morgen habe ich eine Prüfung. 내일 나는 시험이 있다.
Ich ________ viel lernen. 나는 많이 공부해야만 한다.

10 **제시된 우리말에 해당하는 문장을 고르세요.**

내일 비가 온대요.

① Morgen darf es regnen.

② Morgen soll es regnen.

③ Morgen muss es regnen.

Vokabeln

über die Straße gehen 길을 건너다 | **s. Grün** 초록색 | **parken** 주차하다 | **frei haben** (학교, 직장 등을) 쉬다 | **müde** 피곤한, 지친 | **lieber** 차라리 (gern의 비교급) | **sterben** 죽다 | **ledig** 미혼인 | **anrufen** 전화를 걸다 | **e. Prüfung** 시험

Lektion 14

난이도 : 기초

나는 집으로 간다.

Ich gehe nach Hause.

전치사 ① | 전치사 파트까지 왔다는 것은 그만큼 어느 수준에 이르렀다고 봐야 합니다. 전치사에도 격에 따라 쓰이는 전치사가 다양하게 있습니다. 전치사는 관련 단어의 격을 지배하므로, 전치사와 그 뒤의 명사나 대명사가 지니는 관사나 격의 조합을 같이 암기해 두면 훨씬 독일어 이해에 도움이 될 것입니다.

1 전치사

전치사는 대부분 명사나 대명사 앞에 오며 장소, 시간, 방법, 원인 등의 의미를 나타내는 품사입니다. 전치사는 뒤에 오는 (대)명사의 격을 지배하는데, 이는 2격, 3격, 4격 혹은 3·4격 지배 전치사가 존재한다는 것을 의미합니다. 가끔은 전치사가 명사나 대명사보다 후치하는 경우도 있으니 주의할 필요가 있습니다.

2 3격 지배 전치사

1 3격 지배 전치사의 종류

ab	aus	zu
bei	von	gegenüber
mit	seit	nach

2 정관사와 부정관사 3격 복습

일반적으로 알고 있는 사실을 나타낼 경우, 전치사는 정관사와 결합합니다. 그러나 처음 언급되는 경우, 전치사는 부정관사와 결합하고 부정관사가 복수형이면 무관사가 사용됩니다.

	단수 (Sg.)			복수 (Pl.)
	남성	여성	중성	
정관사 Dat.	dem	der	dem	den
부정관사 Dat.	einem	einer	einem	-

3 3격 지배 전치사의 축약형

이 전치사들은 항상 관사와 합쳐지는 특징이 있고, 떨어져 사용되면 '지시' 혹은 '강조'의 의미를 나타냅니다.

3격 지배 전치사		정관사		축약형
bei		dem		**beim**
von	+	dem	=	**vom**
zu		der		**zur**
zu		dem		**zum**

❸ 3격 지배 전치사 문장 활용

1 ab : (시간, 공간)부터

Ab morgen mache ich eine Diät. 내일부터 난 다이어트를 한다.

Der Bus fährt **ab** München. 이 버스는 뮌헨에서부터 출발한다.

2 aus : ~출신의, (안에서) 밖으로

Sie kommt **aus** der Schweiz. 그녀는 스위스에서 왔어요.

Sie kommen **aus** den Niederlanden. 그들은 네덜란드에서 왔어요.

3 zu : (사람, 건물)로, (시간)때에, ~하기 위해

Wie komme ich **zum** Flughafen? 저는 어떻게 공항으로 가죠?

Was machst du **zu** Weihnachten? 너는 성탄절에 뭐할 거니?

Heute bin ich den ganzen Tag **zu** Hause. 나는 오늘 하루 종일 집에 있다.

★ Tipp zu Hause는 '집으로'가 아닌 '집에(서)'라는 의미이므로 주의하세요!

4 bei : (사람, 사물, 장소) 곁에, (직장)에, (시간의 경과)때에

Sie wohnt **bei** ihren Eltern. 그녀는 부모님 집에 거주한다.

Potsdam liegt **bei** Berlin. 포츠담은 베를린 근처에 있다.

Beim Essen soll man nicht viel reden. 식사 때에는 많이 얘기하지 말아야 한다.

5 von : (장소, 사람, 시간)부터, (소유) ~의

Ich komme gerade **von** meinem Vater. 나는 막 아빠에게서 오는 길이다.

Von Montag bis Freitag arbeite ich hier im Café. 나는 월요일부터 금요일까지 여기 카페에서 일한다.

Das ist die Tasche meiner Frau. = Das ist die Tasche **von** meiner Frau. (구어체)
이건 내 부인의 가방이에요.

6 gegenüber : (장소) 맞은편에, (사람, 사물)에 관해서

Das Restaurant liegt **gegenüber** der Post. 레스토랑은 우체국 맞은편에 있어요.

Ihr **gegenüber** ist das Kind höflich. 그 아이는 그녀에 관해서는 예의가 바르다.

Tipp 인칭대명사와 함께 쓰일 경우, 전치사는 항상 후치합니다.

7 mit : (사람)과 함께, (교통수단)을 타고, ~을 동반한

Ich gehe heute **mit** meiner Mutter einkaufen. 나는 오늘 엄마와 장보러 간다.

Wir fahren **mit** dem Bus nach Hamburg. 우린 버스를 타고 함부르크로 갑니다.

Ich trinke gern schwarzen Tee **mit** Milch. 전 우유를 곁들인 홍차를 즐겨 마셔요.

8 seit : (시간, 과거~현재) ~부터

Seit drei Wochen lerne ich schon Deutsch. 3주 전부터 독일어를 배우고 있어요.

Seit einem Monat wohnt er in Berlin. 그는 한달 전부터 베를린에서 산다.

9 nach : (국가, 도시)로, ~이후에, ~에 따르면

Fahren Sie heute **nach** Berlin? 오늘 베를린으로 가시나요?

Ich will jetzt **nach** Hause (gehen). 나는 지금 집으로 갈 거예요.

Tipp '~로 가다'라는 표현을 할 때 Hause는 국가나 도시가 아님에도 nach와 함께 쓰입니다.

Nach dem Essen trinken wir immer Kaffee.
식사 이후에 우린 항상 커피를 마십니다.

Nach einer Studie essen die Deutschen wenig Obst.
어느 연구에 따르면 독일인들은 과일을 적게 먹는다.

Vokabeln

r. Bus 버스 | **e. Post** 우체국 | **einkaufen gehen** 장보러 가다 | **e. Studie** 연구 | **höflich** 공손한 | **s. Obst** 과일

실전 문제

정답 p. 348

제시된 우리말을 참고하여, 빈칸을 채워 보세요.

1 Sie geht heute ________ Arzt.

그녀는 오늘 병원으로 간다.

2 ________ ________ Schule geht er schwimmen.

방과 후에 그는 수영하러 간다.

3 ________ 9 bis 12 Uhr arbeite ich.

9시부터 12시까지 나는 일한다.

4 Sie geht mit ________ Mann spazieren.

그녀는 그녀의 남편과 함께 산책을 간다.

5 Sie ist jetzt ________ Friseur.

그녀는 지금 미용실에 있다.

6 Seit ________ Woche ist sie krank.

그녀는 일주일 전부터 아프다.

7 Nächstes Jahr fliege ich ________ Österreich.

내년에 나는 오스트리아로 날아간다.

8 ________ wann wirst du denn hier arbeiten?

너는 대체 여기서 언제부터 일하게 되니?

9 Ihm ____________ stehen zwei Mädchen.

그의 건너편에 두명의 소녀들이 서있다.

10 Peking ist die Hauptstadt ________ China.

북경은 중국의 수도이다.

Vokabeln

r. Arzt 의사 | **e. Schule** 학교 | **schwimmen gehen** 수영하러 가다 | **spazieren gehen** 산책하러 가다 | **r. Friseur** 미용사, 이발사 | **krank** 아픈 | **Österreich** 오스트리아 | **s. Mädchen (Pl. Mädchen)** 소녀 | **e. Hauptstadt** 수도

Lektion **15** 난이도 : 기초

너를 위한 꽃이야.
Blumen für dich.

전치사 ② | 4격과 2격 지배 전치사도 각각의 격과 결합하는 관사가 무엇인지 생각하게 된다면 뒤에 오는 명사의 성을 쉽게 유추할 수 있습니다. 자주 사용되는 4격, 2격 지배 전치사들을 살펴 봅시다.

1 4격 지배 전치사

1 4격 지배 전치사의 종류

bis	ohne	gegen	um
durch	für	entlang	

2 정관사와 부정관사 4격 복습

	단수 (Sg.)			복수 (Pl.)
	남성	여성	중성	
정관사 Akk.	den	die	das	die
부정관사 Akk.	einen	eine	ein	-

3 4격 지배 전치사의 축약형

일상에서 속어로 사용되는 전치사의 축약형으로, 공식적으로는 대개 분리된 상태로 사용합니다.

4격 지배 전치사	+	정관사	=	축약형
um	+	das	=	**ums**
durch	+	das	=	**durchs**
für	+	das	=	**fürs**

2 4격 지배 전치사 문장 활용

1 bis : (시간, 공간의 종착점) ~까지

Er arbeitet von 2 **bis** 5 Uhr. 그는 2시부터 5시까지 일합니다.

Der Zug fährt nur **bis** nach München. 그 기차는 뮌헨까지만 운행합니다.

2 ohne : ~없이 (대개 무관사)

Meine Eltern reisen oft **ohne** mich. 내 부모님은 나 없이 자주 여행한다.

Der Mann lacht **ohne** Grund. 그 남자는 이유도 없이 웃는다.

Das Kind geht **ohne** Regenschirm aus. 그 아이는 우산 없이 외출한다.

3 gegen : ~ 무렵에, ~에 대항하여, ~를 마주 향하여

Der Lehrer kommt **gegen** 12 Uhr an. 그 선생님은 12시 즈음에 도착하신다.

Das Fahrrad fährt **gegen** einen Jungen. 저 자전거가 어느 소년을 향해 돌진한다.

4 um : (시간) 정각에, 둘레에, 주위에

Ich treffe sie **um** 6 Uhr. 나는 그녀를 6시 정각에 만납니다.

Wir sitzen **um** den Baum und singen zusammen. 우리는 나무에 둘러 앉아 함께 노래한다.

Um 1970 ist meine Mutter geboren. 1970년도 즈음에 나의 어머니가 태어났다.

Tipp um은 년도 앞에서 대략적인 시간을 나타냅니다.

5 durch : ~를 통과하여, 때문에

Ich gehe **durch** den Park. 나는 공원을 통과해서 간다.

Ein Pferd läuft **durch** die Stadt. 말 한 마리가 도시를 통과해 달린다.

Durch einen Unfall kam er ums Leben. 그는 사고로 목숨을 잃었다.

6 für : ~을 위해, ~에 찬성하는, ~동안

Sie arbeitet **für** ihre Familie. 그녀는 가족을 위해 일한다.

Ich bin da**für**. 나는 그것에 찬성이다.

Ich bleibe **für** eine Woche in München. 나는 일주일 동안 뮌헨에 머문다.

7 entlang : ~을 따라서 (평행하게) → 후치사로 사용 (과거에는 2격 지배 전치사)

Den Fluss **entlang** fährt er gern Rad. 그는 강을 따라 자전거를 즐겨 탄다.

3 2격 지배 전치사

1 2격 지배 전치사의 종류

statt	trotz	während	wegen

2 정관사와 부정관사 2격 복습

	단수 (Sg.)			복수 (Pl.)
	남성	여성	중성	
정관사 Gen.	des -(**e**)**s**	der	des -(**e**)**s**	der
부정관사 Gen.	eines -(**e**)**s**	einer	eines -(**e**)**s**	-

4 2격 지배 전치사 문장 활용

1 statt: 대신에

Statt eines Kuchens macht er eine Torte.
케이크 하나 대신에 그는 쇼트케이크를 만든다.

2 trotz : ~에도 불구하고

Trotz des Regens spielen die Kinder Fußball.
비에도 불구하고 저 아이들은 축구를 한다.

3 während : ~동안에

Während der Pause trinkt er eine Tasse Kaffee.
휴식 동안 그는 커피 한 잔을 마신다.

4 wegen : ~때문에

Wegen der Prüfung gehe ich in die Bibliothek.
시험 때문에 나는 도서관으로 간다.

Vokabeln

r. Kuchen 케이크 | **e. Torte** 쇼트케이크, 파이

실전 문제

정답 p. 348

제시된 우리말을 참고하여, 빈칸을 채워 보세요.

1 __________ Berlin sind es noch 50 Kilometer.

베를린까지는 아직 50km가 남았다.

2 __________ wen ist das Geschenk?

이 선물은 누구를 위한 것이니?

3 __________ 9 Uhr beginnt der Unterricht.

수업은 9시 정각에 시작한다.

4 Die Katze geht __________ den Garten.

저 고양이는 정원을 지나서 간다.

5 __________ des Schnees spielen wir Fußball.

눈이 옴에도 불구하고 우리는 축구를 한다.

6 Das Auto fährt __________ den Baum.

저 자동차가 저 나무를 들이 받는다.

7 __________ Brille sehe ich schlecht.

안경없이 나는 시력이 좋지 않다.

8 Sie geht oft den Rhein ______________ spazieren.

그녀는 자주 라인 강을 따라서 산책한다.

9 ____________ ________ Erkältung geht er nicht zur Uni.

감기 때문에 그는 대학교에 가지 않는다.

10 Können Sie mir bitte __________ morgen Bescheid sagen?

저에게 내일까지 확답을 줄 수 있나요?

Vokabeln

r. Kilometer 킬로미터 | **s. Geschenk** 선물 | **r. Unterricht** 수업 | **r. Schnee** 눈 | **e. Brille** 안경 | **sehen** 보다 | **schlecht** 나쁜, 좋지 않은 | **r. Rhein** 라인 강 | **e. Erkältung** 감기 | **e. Universität [Uni]** 대학교 | **Bescheid sagen** (확실하게) 말하다, 알리다

Lektion **16** 난이도 : 기초

나는 영화관으로 간다.
Ich gehe ins Kino.

전치사 ③ | 3·4격을 지배하는 전치사는 일반적으로 학생들이 혼란스러워하는 부분으로, 수능 시험 및 일반 작문 영역에서 종종 점수 감점 요인이 되기도 합니다. 그러나 이를 올바르게 이해하고 숙지한다면 어려운 부분이라고 생각되지 않을 것입니다.

1 3·4격 지배 전치사

1 3·4격 지배 전치사의 종류

auf	in	unter
an	über	zwischen
neben	hinter	vor

2 정관사와 부정관사 3·4격 복습

	단수 (Sg.)			복수 (Pl.)
	남성	여성	중성	
3격 Dat.	dem	der	dem	den
	einem	einer	einem	-
4격 Akk.	den	die	das	die
	einen	eine	ein	-

3 3·4격 지배 전치사와 정관사의 축약형

아래 전치사들은 항상 관사와 합쳐지는 특징이 있고, 떨어져 사용되면 '지시' 혹은 '강조'의 의미를 나타냅니다.

3·4격 지배 전치사		정관사		축약형
in	+	dem	=	**im**
in	+	das	=	**ins**
an	+	dem	=	**am**
an	+	das	=	**ans**

4 의문사 wo와 wohin 비교

wo 어디에	
정지를 나타내는 동사 (3격)	**lie**gen ~에 놓여 있다 | **si**tzen ~에 앉아 있다 | **ste**h**en** ~에 서 있다 | hängen ~에 걸려 있다

wohin 어디로	
이동을 나타내는 동사 (4격)	**le**gen ~을 놓다 | **se**tzen ~을 앉히다 | **stel**l**en** ~을 세우다 | hängen ~을 걸다

2 3·4격 지배 전치사 문장 활용

1 in : ~안에

① 3격 (정지, 위치)

Wo ist der Knochen? 그 뼈다귀가 어디에 있죠?

Er liegt **im** Korb. 그것은 바구니 안에 놓여 있어요.

Wo ist sie? 그녀는 어디 있죠?

Sie ist **im** Zimmer. 그녀는 방 안에 있어요.

② 4격 (이동)

Wohin legt er den Knochen? 그가 그 뼈다귀를 어디에 놓죠?

Er legt ihn **in** den Korb. 그는 그 뼈다귀를 그 바구니 안으로 놓아요.

Wohin geht sie? 그녀는 어디로 갑니까?

Sie geht **ins** Zimmer. 그녀는 방 안으로 갑니다.

2 an : ~옆에 (접촉)

① 3격 (정지, 위치)

Wo liegt der Ball? 저 공은 어디에 있니?

Er liegt **am** Laptop. 그건 노트북 옆에 놓여 있어.

Wo wohnt sie? 그녀는 어디에 삽니까?

Sie wohnt **am** See. 그녀는 호숫가에 살아요.

Vokabeln

r. Knochen 뼈(다귀) | **r. Korb** 바구니 | **r. Ball** 공

② 4격 (이동)

Wohin legt er den Ball? 그는 저 공을 어디에 놓니?

Er legt ihn **an** den Laptop. 그는 저것을 노트북 옆에 놓아.

Wohin fährt sie? 그녀는 어디로 갑니까?

Sie fährt **ans** Meer. 그녀는 바닷가로 갑니다.

3 neben : ~옆에 (비접촉)

① 3격 (정지, 위치)

Wo steht die Pflanze? 저 화초는 어디에 서 있니?

Sie steht **neben** dem Tisch. 그건 탁자 옆에 서 있어.

Wo steht mein Regenschirm? 내 우산이 어디에 서 있지?

Er steht **neben** dem Schrank. 그건 장롱 옆에 있어.

② 4격 (이동)

Wohin stellt er die Pflanze? 그는 어디로 그 화초를 세우니?

Er stellt sie **neben** den Tisch. 그는 탁자 옆에 그걸 세워.

Wohin stellt er seinen Schirm? 그는 그의 우산을 어디로 세워 두나요?

Er stellt ihn **neben** den Schrank. 그는 그것을 장롱 옆으로 세워 둡니다.

4 auf : ~ 위에 (접촉)

① 3격 (정지, 위치)

Wo sitzt der Hund? 그 개가 어디에 앉아 있지?

Er sitzt **auf** dem Stuhl. 그 개는 의자 위에 앉아 있어.

Wo liegt mein Kugelschreiber? 내 볼펜이 어디에 있지?

Er liegt **auf** dem Schreibtisch. 그것은 책상 위에 있어.

② 4격 (이동)

Wohin setzt er den Hund? 그는 저 개를 어디로 앉히나요?

Er setzt ihn **auf** den Stuhl. 그는 저 개를 의자 위에 앉힙니다.

Vokabeln

r. Laptop 노트북 | **e. Wand** 벽 | **s. Meer** 바다 | **r. See** 호수 | **e. Pflanze** 화초, 식물 | **r. Tisch** 탁자 | **r. Regenschirm [Schirm]** 우산 | **r. Schrank** 장롱, 옷장 | **r. Hund** 개 | **r. Stuhl** 의자 | **r. Kugelschreiber [Kuli]** 볼펜

Wohin legen Sie das Buch? 당신은 저 책을 어디로 놓나요?

Ich lege es **auf** den Tisch. 저는 그걸 탁자 위에다가 놓습니다.

5 über : ~위에 (비접촉)

① 3격 (정지, 위치)

Wo hängt die Uhr? 저 시계는 어디에 걸려 있죠?

Sie hängt **über** dem Regal. 그것은 책 선반 위에 걸려 있어요.

② 4격 (이동)

Wohin hängt er denn die Uhr? 그는 대체 저 시계를 어디로 겁니까?

Er hängt sie **über** das Regal. 그는 그걸 그 선반 위로 겁니다.

6 unter : ~ 아래에

① 3격 (정지, 위치)

Wo liegt der Ball? 그 공은 어디에 놓여 있나요?

Er liegt **unter** dem Tisch. 그것은 책상 밑에 놓여 있어요.

② 4격 (이동)

Wohin legt er den Ball? 그는 저 공을 어디로 놓아 두니?

Er legt ihn **unter** den Tisch. 그는 그것을 책상 밑에 놓아 둬.

7 vor : ~ 앞에

① 3격 (정지, 위치)

Wo steht der Hund? 저 개는 어디에 서 있나요?

Er steht **vor** dem Tisch. 그 개는 탁자 앞에 서 있어요.

Wo steht sie? 그녀는 어디에 서 있나요?

Sie steht **vor** der Tür. 그녀는 문 앞에 서 있어요.

② 4격 (이동)

Wohin stellt er den Laptop? 그는 저 노트북을 어디에 세워 두나요?

Er stellt ihn **vor** den Tisch. 그는 그것을 탁자 앞에다가 세워요.

Vokabeln

s. Buch 책 | r. Schreibtisch 책상

Wohin stellt sie ihr Fahrrad? 그녀는 그녀의 자전거를 어디로 세워 두나요?

Sie stellt es **vor** die Haustür. 그녀는 그것을 현관문 앞으로 세웁니다.

8 hinter: ~뒤에

① 3격 (정지, 위치)

Wo steht die Kommode? 그 서랍장은 어디에 서 있나요?

Sie steht **hinter** dem Tisch. 그건 탁자 뒤에 있어요.

Wo steht der Baum? 그 나무는 어디에 서 있나요?

Er steht **hinter** dem Haus. 그건 집 뒤에 있어요.

② 4격 (이동)

Wohin stellt sie die Kommode? 그녀는 그 서랍장을 어디로 세워 두나요?

Sie stellt sie **hinter** den Tisch. 그녀는 그걸 탁자 뒤로 세워 둡니다.

Wohin geht sie? 그녀는 어디로 갑니까?

Sie geht **hinter** das Haus. 그녀는 집 뒤로 갑니다.

9 zwischen : ~사이에

① 3격 (정지, 위치)

Wo steht der Laptop? 그 노트북은 어디에 서 있나요?

Er steht **zwischen** dem Ball und dem Kaktus. 그건 공과 선인장 사이에 있어요.

Der Baum steht **zwischen** den Häusern. 저 나무는 두 집 사이에 서 있어요.

② 4격 (이동)

Wohin stellt sie den Laptop? 그녀는 그 노트북을 어디로 세워 두니?

Sie stellt ihn **zwischen** den Ball und den Kaktus. 그녀는 그것을 공과 선인장 사이에 세워 둬요.

Wohin stellt sie ihr Fahrrad? 그녀는 그녀의 자전거를 어디로 세워 두니?

Sie stellt es **zwischen** die beiden Autos. 그녀는 그녀의 자전거를 차 두 대 사이에 세워 둬요.

Vokabeln

e. Haustür 현관문 | **e. Kommode** 서랍장 | **r. Kaktus** 선인장

실전 문제

정답 p. 349

제시된 단어와 우리말을 참고하여, 빈칸을 채워 보세요.

1 Er steht lange vor ________ Bank.

그는 오랫동안 은행 앞에 서 있다. (die Bank)

2 Sie legt den Bleistift ________ ________ Buch.

그녀는 연필을 책 위에 놓는다. (das Buch)

3 Das Auto steht in ________ ____________.

그 자동차는 차고 안에 서 있다. (die Garage)

4 Wegen der Prüfung geht sie ________ ________ ____________.

시험 때문에 그녀는 도서관 안으로 간다. (die Bibliothek)

5 Sie geht jetzt ________ Meer spazieren.

그녀는 지금 바닷가에서 산책한다. (das Meer)

6 Sie fährt morgen ________ Meer.

그녀는 내일 바닷가로 간다. (das Meer)

7 Meine Katze liegt ________ ________ Sofa.

내 고양이는 소파 밑에 누워 있다. (das Sofa)

8 Der Mann sitzt __________ dem Kind und ____ Dame.

저 남성은 저 아이와 저 숙녀 사이에 앉아 있다. (die Dame)

9 ____ Garten stehen viele Bäume.

정원 안에 수많은 나무들이 서 있다. (der Garten)

10 Ich hänge das Bild ____ __________ Wand.

나는 저 그림을 벽에 건다. (die Wand)

Vokabeln

lange 오랫동안 | **e. Bank** 은행, 벤치 | **e. Garage** 주차장 | **e. Prüfung** 시험 | **e. Bibliothek** 도서관 | **spazieren gehen** 산책하다 | **s. Sofa** 소파 | **e. Dame** 숙녀, 여자 | **r. Garten** 정원

Lektion **17** 난이도 : 기초

내가 너를 내일 방문할게.
Ich besuche dich morgen.

복합동사-비분리동사 | 독일어는 대개 '그림'의 언어라고 합니다. 가령 '서 있다'라는 의미의 토대동사인 stehen에 '위로 또는 개방'의 뜻을 지니는 auf가 결합해, '기상하다'라는 분리동사를 만들어 냅니다. 이렇듯 분리가 되거나 또는 그러지 못하는 전철(Vorsilbe)과 동사가 결합하여 다양한 의미의 복합동사를 만들어내기 때문에, 기본적인 토대동사를 알고 자주 사용되는 전철과의 결합된 의미를 잘 이해하고 활용한다면 언어에서 중요한 동사를 섭렵할 수 있습니다.

1 복합동사

1 복합동사란?

복합동사는 기본적인 동사에 전철이 붙어 다양한 뜻을 나타내는 동사를 말합니다.

전철		기본동사		복합동사
auf	+	stehen	=	aufstehen
ver				verstehen

2 복합동사의 구조

① 비분리전철 + 토대동사 = 비분리동사 예 Ich verstehe dich. 나는 너를 이해해.

② 분리전철 + 토대동사 = 분리동사 예 Ich stehe früh auf. 나는 일찍 일어난다.

3 비분리동사와 분리동사의 특징

비분리동사	분리동사
① 현재형과 과거형에서 항상 비분리 ② 강세가 전철에 오지 않음 ③ 과거 분사에서 ge-가 나오지 않음	① 현재형과 과거형에서 항상 분리 ② 강세가 전철에 있음 ③ 과거 분사에서 ge-가 나옴

4 분리동사와 비분리동사의 비교

① 비분리동사 bekommen

Ich komme ein Geschenk be. (X)

→ Ich bekomme ein Geschenk. (O) 나는 선물 하나를 받는다.

② 분리동사 ankommen

Ich ankomme in Berlin. (X)

➜ Ich komme in Berlin an. (O) 나는 베를린에 도착한다.

2 비분리동사

1 비분리전철의 대표적인 예

be-	ver-	er-	ent-
ge-	emp-	zer-	miss-

2 비분리동사 문장 활용

① be- : 기본동사 강조, 상태 유지, 타동사

besuchen 방문하다	Heute **besuche** ich meine Eltern. 오늘 나는 부모님을 방문한다.
bekommen 받다	Was **bekommen** Sie? 무엇을 받으시겠어요? (웨이터가 주문을 받을 때)
bezahlen 지불하다	Ich **bezahle** den Maler. 나는 페인트공에게 (돈을) 지불한다.

② ver- : 대리, 경과, 낭비, 4격 목적어

verkaufen 팔다	Er **verkauft** sein Auto. 그는 그의 자동차를 판다.
verstehen 이해하다	Ich **verstehe** dich sehr gut. 나는 너를 매우 잘 이해한다.
vergessen 잊다	**Vergessen** Sie mich nicht! 나를 잊지 마세요!

③ er- : 도달, 완성, 종결

erzählen 이야기하다	Er **erzählt** seinem Kind ein Märchen. 그는 그의 아이에게 동화를 하나 들려준다.
erleben 체험하다	Ich habe schon vieles **erlebt**. 나는 이미 많은 것을 체험했다.
erkennen 인식하다	**Erkennen** Sie meine Schwester? 제 누나를 알아보시겠어요?

④ ent- : 벗김, 없앰, 시작

entdecken 발견하다	In der Garage **entdecke** ich das Auto. 나는 차고에서 그 차를 발견한다.
entschuldigen 용서하다	**Entschuldigen** Sie bitte! 실례합니다 / 죄송합니다!
entfernen 벗겨내다	Ich **entferne** die Flecken auf dem Hemd. 나는 셔츠 위의 얼룩을 벗겨낸다.

⑤ ge- : 일치, 성공

gefallen 마음에 들다	Das Haus **gefällt** mir sehr gut. 저 집은 제게 매우 마음에 들어요.
gehören (누구의) 것이다	Das Haus **gehört** mir. 저 집은 내 겁니다.

⑥ emp- : 시작

empfehlen 추천하다	Können Sie mir bitte ein gutes Hotel **empfehlen**? 호텔을 하나 추천해 주실 수 있나요?
empfangen 응대하다	Er **empfängt** Gäste sehr herzlich. 그는 손님들을 매우 따뜻하게 맞이한다.

⑦ zer- : 가치 하락

zerstören 파괴하다	Die Bomben **zerstören** die Stadt. 이 폭탄들이 도시를 파괴하고 있다.
zerreißen 갈기갈기 찢다	Sie **zerreißt** den Brief. 그녀는 저 편지를 갈기갈기 찢는다.

⑧ miss- : 오류

misslingen 실패하다	Ihm **misslingt** das Experiment. 그는 저 실험에 실패한다.
missbrauchen 오용하다	Er **missbraucht** die Macht. 그는 권력을 남용한다.

실전 문제

제시된 보기와 우리말을 참고하여, 빈칸을 채워 보세요.

보기

verstehen | vergessen | verkaufen | besuchen | bezahlen
beginnen | gelingen | gehören | gefallen | empfehlen

1 Mein Mann ______________ immer meinen Geburtstag. 내 남편은 내 생일을 항상 잊어버린다.

2 Er ______________ mir einen guten Film. 그가 내게 좋은 영화를 추천한다.

3 Morgen ______________ er mich. 그는 내일 나를 방문한다.

4 Das Handy ______________ meiner Mutter. 저 핸드폰은 내 엄마의 것이다.

5 Ich will mein Haus ______________. 나는 내 집을 팔 것이다.

6 Das Fußballspiel ______________ in 5 Minuten. 축구 경기는 5분 뒤에 시작한다.

7 Ich ______________ das Wort nicht. 나는 저 단어를 이해하지 못한다.

8 Der Kuchen ______________ mir sicher. 난 이 케이크를 반드시 성공할 거다.

9 ______________ Ihnen die Wohnung? 이 집이 당신에게 마음에 드나요?

10 Ich muss die Miete ______________. 나는 월세를 지불해야만 한다.

r. Geburtstag 생일 | **s. Handy** 휴대폰 | **s. Fußballspiel** 축구 경기 | **s. Wort (Pl. Wörter)** 단어 | **r. Kuchen** 케이크 | **sicher** 확실히, 반드시 | **e. Wohnung** 집, 아파트 | **e. Miete** 월세

Lektion **18** 난이도 : 기초

나는 내 아이를 옷 입힌다.
Ich ziehe mein Kind an.

복합동사-분리동사 | 앞서 배운 화법 조동사의 문장 구조에서 본동사가 문장의 뒤에 놓였듯이, '분리동사'도 토대동사는 주어의 인칭 어미변화를 하고 분리전철의 파편 조각이 문장의 맨 뒤에 놓입니다. 문장 구성이 다소 생소하지만 연습하다 보면 자주 사용하는 분리동사를 마주하게 되고 곧 익숙해지게 될 것입니다.

1 분리동사

1 분리전철의 대표적인 예

분리전철의 종류에는 전치사, 부사, 형용사, 명사가 있습니다.

ab-	an-	auf-	aus-
mit-	nach-	vor-	zu-
ein-	weg-	zurück-	fern-

2 분리동사 문장 활용

① ab- : 분리, 이탈, 제거, 경감 등

ab**fahren** 출발하다	Der Zug **fährt** gleich ab. 저 기차는 곧 출발한다.
ab**holen** 데리러 가다	Ich **hole** dich ab. 내가 너를 데리러 갈게.
ab**nehmen** 떼어내다	Ich **habe** 3 Kilo ab**genommen**. 나는 살이 3 kg 빠졌다.

② an- : 근접, 접촉, 시작 등

an**kommen** 도착하다	Ich **komme** heute in Seoul an. 나는 오늘 서울에 도착해.
an**rufen** 전화 걸다	Ich **rufe** dich morgen an. 나는 내일 너에게 전화 걸게.
an**fangen** 시작하다	Der Film **fängt** um 8 Uhr an. 이 영화는 20시에 시작된다.

③ auf- : 위에, 위로, 열려 있는

auf**stehen** 일어나다	Ich **stehe** morgen um 7 Uhr **auf**. 나는 내일 7시에 일어난다.
auf**machen** 열다	Er **macht** die Tür **auf**. 그가 (저) 문을 연다.
auf**räumen** 정리하다	Ich **räume** mein Zimmer **auf**. 나는 내 방을 정리한다.

④ aus- : 밖으로, 소진된, 균형을 이루는

aus**gehen** 외출하다	Sie **geht** bald **aus**. 그녀는 곧 외출한다.
aus**geben** 지출하다	Er **gibt** viel Geld **aus**. 그는 돈을 많이 지출한다.
aus**steigen** 하차하다	Wir **steigen** gleich in Berlin **aus**. 우리는 곧 베를린에서 하차한다.

⑤ ein- : 안(으로)

ein**steigen** 승차하다	Ich **steige** gleich in den Bus **ein**. 나는 곧 버스 안으로 승차한다.
ein**kaufen** 장을 보다	Was **kaufst** du denn **ein**? 너는 대체 무엇을 장 보니?
ein**laden** 초대하다	Ich **lade** ihn zur Party **ein**. 나는 그를 파티에 초대한다.

⑥ mit- : 함께, 동반

mit**kommen** 같이 오다	**Kommst** du **mit** ins Kino? 같이 영화관으로 갈래?
mit**bringen** 데리고 (사) 오다	Kannst du bitte Milch **mitbringen**? 우유를 사 올 수 있니?

Tipp 원칙적으로 분리전철은 문장의 끝에 위치합니다. 하지만 방향을 나타내는 전치사 보충어가 있을 경우 바로 그 앞에 전철을 두는 것이 보편적이나 맨 뒤에 놓이기도 합니다.

⑦ nach- : 이후, 반복, 흉내, 추적, 지속

nach**machen** 흉내내다	Der Junge **macht** seinem Bruder alles **nach**. 그 소년은 형의 모든 걸 따라 한다.

nach**gehen** 늦게 가다	Meine Uhr **geht** fünf Minuten nach. 내 시계는 5분 늦게 간다.

⑧ vor- : 앞선, 앞쪽의, 돌출 등

vor**haben** 계획하다	Was **habt** ihr morgen vor? 너희는 내일 뭐 할 계획이니?
vor**stellen** 소개시키다	Er **stellt** sich uns vor. 그가 우리에게 (스스로를) 소개한다.

⑨ weg- : 분리, 옮김, 철거 등

weg**gehen** 가버리다	Er **geht** einfach weg. 그는 그냥 가 버린다.

⑩ zu- : 방향, 폐쇄, 증가 등

zu**hören** 경청하다	**Hören** Sie mir bitte zu! 제 말에 경청하세요!
zu**machen** 닫다	Können Sie bitte die Tür zu**machen**? 문을 닫아 주실 수 있나요?
zu**nehmen** 증가하다	Sie **hat** zu**genommen**. 그녀는 살이 쪘다.

⑪ fern- : 먼, 멀리

fern**sehen** TV 보다	Sie **sieht** gern fern. 그녀는 TV를 즐겨 본다.

⑫ zurück- : 원래, 되돌아 등

zurück**geben** 돌려주다	Sie **gibt** mir das Buch zurück. 그녀가 내게 저 책을 돌려준다.

⑬ um- : 둘러, 변환, 전복 등 (분리 또는 비분리동사)

um**steigen** 갈아타다	Ich **steige** in Frankfurt um. 나는 프랑크푸르트에서 갈아탄다.
um**fahren** 우회하다	Ich **umfahre** die Innenstadt. 나는 시내를 우회한다.

실전 문제

정답 p. 349

제시된 보기와 우리말을 참고하여, 빈칸을 채워 보세요.

보기

fernsehen | einsteigen | einkaufen gehen | aufstehen | aufmachen
ankommen | anrufen | abholen | vorstellen | umziehen

1 Er ________ das Fenster ______. 그는 저 창문을 연다.

2 Kannst du mich morgen mal ______? 내일 나에게 전화해줄 수 있니?

3 Der Zug ________ in 10 Minuten in Seoul _____. 기차가 10분 뒤면 서울에 도착해.

________ du mich bitte vom Bahnhof _____? 나를 기차역으로 데리러 와 줄래?

4 Sie ________ am Wochenende gern ________. 그녀는 주말에 즐겨 장보러 간다.

5 ________ du gern ________? 너는 TV를 즐겨 보니?

6 Er ________ mich zu seinem Geburtstag ______. 그는 자신의 생일에 나를 초대한다.

7 Er ________ jetzt in die U-Bahn ______. 그는 지금 지하철 안으로 승차한다.

8 Am Sonntag ________ meine Mutter spät ______. 일요일에 내 엄마는 늦게 일어난다.

9 Ich ________ morgen ______. 난 내일 이사해.

10 Darf ich euch bitte meine Eltern ________? 내가 너희에게 내 부모님을 소개해도 될까?

s. Fenster 창문 | **s. Wochenende** 주말 | **Pl. Eltern** 부모님 | **e. U-Bahn** 지하철

Lektion **19** 난이도 : 기초

우리 내일 (서로) 봅시다!
Wir sehen uns morgen!

재귀동사 | 대개 재귀동사를 배운다는 것은 '재귀대명사'를 사용해야 한다는 의미이기도 합니다. 우리말에 '나 씻어' 또는 '나 누울 거야'라는 표현은 독일 직역으로 '나는 나를 씻겨' 그리고 '나는 나를 누일 거다'라는 재귀를 사용합니다. 그 이유는 동사가 4격을 필요로 하는 '타동사'이기 때문입니다. 위의 문장에서도 sehen이 4격을 필요로 하므로 목적어가 없으면 의미가 불충분하게 됩니다. 우리가 내일 보게 되는 이들이 누구일까요? 바로 우리 서로를!

1 재귀동사

재귀는 주어가 행하는 동작의 대상(사람, 사물)이 자기 자신을 가리키는 것을 의미합니다. 예를 들어, '자신을 돌보다'에서 주어인 '자신'이 행하는 동작의 대상이 자기 자신입니다. 재귀동사는 주어와 일치하는 대명사 목적어나 재귀대명사를 목적어로 사용하는 동사를 말합니다. 예를 들어, '나는 나를 씻긴다'에서 '나를'은 주어와 일치하는 목적어로 사용되며, '씻기다'는 재귀동사입니다.

1 재귀동사의 종류

재귀동사에는 재귀대명사 외에도 다른 명사를 목적어로 가질 수 있는 비순수 재귀동사, 목적어로 꼭 재귀대명사만을 가지는 순수 재귀동사가 있습니다.

2 재귀 문장의 어순

일반 문장	주어 + 동사 + 목적어
	⬇
재귀 문장	주어 + 동사 + 재귀대명사

3 재귀대명사 도표

	3격	4격
ich	mir	mich
du	dir	dich
er, sie, es	**sich**	**sich**
wir	uns	uns
ihr	euch	euch
sie, Sie	**sich**	**sich**

2 비순수 재귀 문장

1 4격 목적어를 취하는 경우

① waschen : ~을 씻기다

Ich **wasche** mein Kind. 나는 내 아이를 씻긴다.

Ich **wasche** mich. 나는 나를 씻긴다. (= 나는 씻는다.)

② setzen : ~을 앉히다

Ich **setze** mein Kind. 나는 내 아이를 앉힌다.

Ich **setze** mich. 나는 나를 앉힌다.

③ kämmen : ~의 머리를 빗기다

Sie **kämmt** ihre Tochter. 그녀가 딸의 머리를 빗긴다.

Sie **kämmt** sich selbst. 그녀가 머리를 스스로 빗는다.

Tipp 재귀대명사는 종종 selbst와 함께 사용되어 '스스로'의 의미를 강조합니다.

④ anziehen (옷) 입히다

Ich **ziehe** mein Kind an. 나는 내 아이를 옷 입힌다.

Sie **zieht** sich an. 그녀가 자신을 옷 입힌다.

2 3·4격 보충어를 취하는 경우

① waschen : ~에게 ~을 씻기다

Ich **wasche** meinem Kind die Hände. 나는 내 아이에게 손을 씻긴다.

Ich **wasche** mir die Hände. 나는 나에게 손을 씻긴다. (= 나는 손을 씻는다.)

② anziehen : ~에게 ~을 입히다

Ich **ziehe** meinem Kind die Jacke **an**. 나는 내 아이에게 자켓을 입힌다.

Ich **ziehe** mir die Jacke **an**. 나는 나에게 자켓을 입힌다. (= 나는 자켓을 입는다.)

③ kaufen : ~에게 ~을 사 주다

Ich **kaufe** meinem Kind ein Fahrrad. 나는 내 아이에게 자전거 한 대를 사 준다.

Ich **kaufe** mir ein Fahrrad. 나는 나에게 자전거 한 대를 사 준다. (= 나는 자전거 한 대를 산다.)

④ vorstellen : ~에게 ~을 소개하다

Ich **stelle** Ihnen mein Kind **vor**. 나는 내 아이를 당신들에게 소개한다.

Ich **stelle** mich Ihnen **vor**. 나는 나를 당신들에게 소개한다. (=제 소개를 하겠습니다.)

⑤ widmen : ~에 ~을 바치다

Michael **widmete** seine Leidenschaft der modernen Musik.
미하엘은 자신의 열정을 현대 음악에 바쳤다.

Michael **widmete** sich dem Studium der deutschen Literatur.
미하엘은 독일어 문헌 연구에 자신을 바쳤다. (= 몰두했다.)

⑥ nähern : ~에 ~을 갖다 대다

Er **nähert** seine Hand dem Lichtschalter. 그는 자신의 손을 스위치에 댄다.

Wir **nähern** uns dem Seouler Hauptbahnhof. 우리는 서울역에 근접한다.

3 순수 재귀 문장

순수 재귀 문장은 순수 재귀동사로만 이루어진 문장을 가리킵니다. 이러한 동사는 4격 목적어로 다른 (대)명사를 취할 수 없고, 오직 재귀적 용법으로만 사용됩니다.

① sich beeilen : 서두르다

Ich **beeile mich**. 나는 서두른다.

Ich beeile dich. (x) 나는 너를 서두르게 한다. (x)

② sich erholen : 회복하다

Er **erholt sich** gut. 그는 잘 회복하고 있다.

Er erholt sie gut. (x) 그가 그녀를 잘 회복시킨다. (x)

③ sich verspäten : 늦다

Der Zug **verspätet sich**. 저 기차는 연착한다.

Der Zug verspätet uns. (x) 저 기차가 우리를 연착시킨다. (x)

④ sich für etwas interessieren : ~에 관심이 있다

Ich **interessiere mich für** Deutsch. 나는 독일어에 관심이 있어요.

⑤ sich um etwas kümmern : ~를 돌보다

Er **kümmert sich um** meine Katze. 그가 내 고양이를 돌봐 주고 있다.

실전 문제

정답 p. 349

제시된 우리말을 참고하여, 빈칸을 채워 보세요.

1 Vor dem Essen __________ ich __________ die Hände.

식사 전에 나는 손을 씻는다.

2 Setzen Sie __________ bitte hin.

그리로 앉으세요.

3 Ich putze __________ Tochter die Zähne.

나는 내 딸의 치아를 닦아 준다.

4 Ich putze __________ die Zähne.

나는 치아를 닦는다.

5 Wann trefft ihr __________?

너희들은 언제 서로 만나니?

6 Kennen wir __________?

우리가 서로 아는 사이인가요?

7 Interessierst du __________ für klassische Musik?

너는 고전 음악에 관심이 있니?

8 Zum Geburtstag wünsche ich __________ einen Laptop.

생일에 난 노트북을 하나 원한다.

9 Auf dem Land kann man __________ vom Stress gut __________.

시골에서 사람들은 스트레스에서 잘 회복할 수 있다.

10 Ich stelle __________ Ihnen vor.

당신에게 제 소개를 하겠습니다.

Vokabeln

s. Essen 식사 | **e. Hand (Pl. Hände)** 손 | **r. Zahn (Pl. Zähne)** 이, 치아 | **e. klassische Musik** 고전 음악, 클래식 음악 | **r. Laptop** 노트북 컴퓨터 | **s. Land** 국가, 시골, 지방 | **r. Stress** 스트레스

Lektion **20** 난이도 : 기초

그는 영화관에 있었다.
Er war im Kino.

시제 ① | 독일어 동사의 시제는 6개입니다. 이미 현재형에서 각각의 인칭에 따라 어미가 어떻게 변하는지 배웠습니다. 그럼 앞으로 배워야 할 시제는 무엇이고 그중 중요한 시제는 무엇일까요? 이를 배우기에 앞서 동사에서 꼭 배워야 할 세 가지의 기본 형태인 동사의 3요형을 숙지하시기 바랍니다.

1 시제

과거완료 Plusquam-perfekt	현재완료 Partizip Perfekt	과거 Präteritum	현재 Präsens	미래완료 Futur II	미래 Futur I

시제는 말하는 시간을 중심으로 사건이 일어난 시간을 나타내는 것입니다. 시제는 크게 과거형, 현재형, 미래형 세 가지의 유형으로 나뉩니다. 과거형에는 과거완료, 현재완료, 과거의 형태가 있고, 현재 그리고 미래완료와 미래의 미래형을 합쳐 6개의 시제를 이룹니다. '너 어제 뭐 했니?'라는 질문에 '나는 어제 수영해.'라는 시제가 적절하지 않은 것처럼 상황에 따라 적절한 시제를 사용하는 것은 중요한 포인트가 될 것입니다.

그럼 spielen과 kommen 동사의 시제 변화를 통해 독일어 동사의 6 시제에 대해 살펴봅시다.

시제	spielen	kommen
현재 Präsens	Er spielt heute Fußball. 그는 오늘 축구를 할 거다.	Er kommt heute. 그는 오늘 올 거다.
과거 Präteritum	Er spielte gestern Fußball. 그는 어제 축구를 했다.	Er kam gestern. 그는 어제 왔다.
현재완료 Partizip II	Er hat gestern Fußball gespielt. 그는 어제 축구를 했다.	Er ist gestern gekommen. 그는 어제 왔다.
과거완료 Plusquamperfekt	Er hatte früher Fußball gespielt. 그는 예전에 축구를 했었다.	Er war gestern gekommen. 그는 어제 왔었다.
미래완료 Futur II	Er wird wohl gestern Fußball gespielt haben. 그는 아마 어제 축구를 했음에 틀림없다.	Er wird wohl gestern gekommen sein. 그는 어제 왔음에 틀림없다.
미래 Futur I	Er wird morgen Fußball spielen. 그는 내일 축구를 하게 될 거다.	Er wird morgen kommen. 그는 내일 올 거야.

❷ 과거 시제

1 과거 시제의 특징

과거 시제는 동화, 소설, 성경, 논문 등의 문어체에서 주로 사용됩니다. 구어체에서는 기본동사, 화법 조동사와 몇몇 일반동사만 대개 과거 시제로 사용되는데, 1인칭과 3인칭 단수의 어미 변화 형태가 동일합니다.

Er ging ins Kino und sah sich einen Film an. 그는 영화관으로 가서 한 여인과 싸웠다.

Sie wohnte früher in Köln 그녀는 옛날에 쾰른에 살았다.

Er war im Kino. 그는 영화관에 있었다.

Ich hatte einen Hund und eine Katze. 나는 개와 고양이가 한 마리 있었다.

2 현재 시제와 비교

[현재] Er ist heute zu Hause. 그는 오늘 집에 있다.

[과거] Er war gestern zu Hause. 그는 어제 집에 있었다.

❸ 동사의 3요형

1 기본동사

부정형	의미	과거	과거분사
sein	~이다, ~있다	war	gewesen
haben	~을 가지고 있다	hatte	gehabt
werden	~이 되다	wurde	geworden

2 화법 조동사

부정형	의미	과거	과거분사
können	~할 수 있다	konnte	gekonnt
wollen	~을 원하다	wollte	gewollt
möchten	~을 하고 싶다	wollte	gewollt
müssen	~을 해야만 하다	musste	gemusst
sollen	마땅히 ~해야 하다	sollte	gesollt
dürfen	~해도 된다	durfte	gedurft

3 그 외 동사

부정형	의미	과거	과거분사
mögen	~을 좋아하다	mochte	gemocht
denken	~을 생각하다	dachte	gedacht
wissen	~을 알다	wusste	gewusst
sagen	~을 말하다	sagte	gesagt
geben	~에게 ~을 주다	gab	gegeben
finden	~을 찾아내다	fand	gefunden

Tipp finden의 과거형 fand는 '~을 ~라고 여겼다'라는 의미로, 과거분사 gefunden은 '~을 찾아냈다'라는 의미로 자주 사용됩니다.

4 약변화 동사

약변화 동사는 어간에 변화가 없습니다.

부정형	의미	과거	과거분사
-(e)n		-(e)te	(ge) ··· (e)t
lernen	배우다	lernte	gelernt
kochen	요리하다	kochte	gekocht
wohnen	살다	wohnte	gewohnt
spielen	놀다, 경기하다	spielte	gespielt
lieben	사랑하다	liebte	geliebt
putzen	닦다	putzte	geputzt
fragen	질문하다	fragte	gefragt
hören	듣다	hörte	gehört
kaufen	사다, 구입하다	kaufte	gekauft
machen	만들다	machte	gemacht
suchen	찾다	suchte	gesucht

① 어간 끝: -d, -t, -m, -n

부정형	의미	과거	과거분사
reden	말하다	redete	geredet
antworten	대답하다	antwortete	geantwortet
atmen	호흡하다	atmete	geatmet
öffnen	열다	öffnete	geöffnet

② ~ieren: 외래형 동사에 ge- (x)

부정형	의미	과거	과거분사
fotografieren	사진을 찍다	fotografierte	fotografiert
reservieren	예약하다	reservierte	reserviert
studieren	전공하다	studierte	studiert
telefonieren	전화 통화하다	telefonierte	telefoniert

» 비분리동사와 분리동사의 형태에 주의

부정형	의미	과거	과거분사
-(e)n		-(e)te	(ge) ··· (e)t
besuchen	방문하다	besuchte	besucht
gehören	~에(게) 속하다	gehörte	gehört
verkaufen	팔다	verkaufte	verkauft
aufmachen	열다	machte auf	aufgemacht
einkaufen	장보다	kaufte ein	eingekauft
vorstellen	소개하다, 상상하다	stellte vor	vorgestellt

» 약변화 동사의 인칭별 어미 변화

주어	hören	kochen	warten	öffnen
ich	**hörte**	**kochte**	**wartete**	**öffnete**
du	hörtest	kochtest	wartetest	öffnetest
er, sie, es	**hörte**	**kochte**	**wartete**	**öffnete**
wir	hörten	kochten	warteten	öffneten
ihr	hörtet	kochtet	wartetet	öffnetet
sie, Sie	hörten	kochten	warteten	öffneten

5 강변화 동사

강변화 동사는 어간이 완전히 변화하고, 과거형에서 어미가 붙지 않습니다.

부정형	의미	과거	과거분사
essen	먹다	aß	**ge**gess**en**
geben	주다	gab	**ge**geb**en**
sehen	보다	sah	**ge**seh**en**
lesen	읽다	las	**ge**les**en**
fahren	타고 가다, ~을 몰다	fuhr	**ge**fahr**en**
gehen	가다	ging	**ge**gang**en**
kommen	오다	kam	**ge**komm**en**

① e-a-e

부정형	의미	과거	과거분사
essen	먹다	**a**ß	geg**e**ssen
g**e**ben	주다	g**a**b	geg**e**ben
s**e**hen	보다	s**a**h	ges**e**hen
l**e**sen	읽다	l**a**s	gel**e**sen
tr**e**ten	내딛다	tr**a**t	getr**e**ten

② e,i-a-o

부정형	의미	과거	과거분사
h**e**lfen	돕다	h**a**lf	geh**o**lfen
n**e**hmen	취하다, 가지다	n**a**hm	gen**o**mmen
spr**e**chen	말하다	spr**a**ch	gespr**o**chen
tr**e**ffen	만나다	tr**a**f	getr**o**ffen
schw**i**mmen	수영하다	schw**a**mm	geschw**o**mmen
br**e**chen	부수다	br**a**ch	gebr**o**chen
gew**i**nnen	이기다, 획득하다	gew**a**nn	gew**o**nnen

③ i-a-u

부정형	의미	과거	과거분사
f**i**nden	찾다, ~게 생각하다	f**a**nd	gef**u**nden
s**i**ngen	노래하다	s**a**ng	ges**u**ngen
s**i**nken	가라앉다	s**a**nk	ges**u**nken
spr**i**ngen	튀어오르다	spr**a**ng	gespr**u**ngen
tr**i**nken	마시다	tr**a**nk	getr**u**nken

④ ei-ie-ie (ei-i-i)

부정형	의미	과거	과거분사
bl**ei**ben	머무르다	bl**ie**b	gebl**ie**ben
schr**ei**ben	쓰다	schr**ie**b	geschr**ie**ben
st**ei**gen	올라타다	st**ie**g	gest**ie**gen
str**ei**ten	다투다	str**i**tt	gestr**i**tten

⑤ a-ie, i-a

부정형	의미	과거	과거분사
f**a**llen	떨어지다	f**ie**l	gef**a**llen
l**a**ufen	달리다	l**ie**f	gel**a**ufen
h**a**lten	유지하다, 받치다	h**ie**lt	geh**a**lten
f**a**ngen	붙잡다	f**i**ng	gef**a**ngen

⑥ ie-o-o

부정형	의미	과거	과거분사
fl**ie**gen	날다	fl**o**g	gefl**o**gen
fl**ie**ßen	흐르다	fl**o**ss	gefl**o**ssen
schl**ie**ßen	닫다, 잠그다	schl**o**ss	geschl**o**ssen
z**ie**hen	끌어당기다, 이사하다	z**o**g	gez**o**gen

⑦ a-u-a

부정형	의미	과거	과거분사
laden	싣다	lud	geladen
fahren	~을 타고 가다	fuhr	gefahren
tragen	나르다, 착용하다	trug	getragen
wachsen	자라다	wuchs	gewachsen
waschen	씻다	wusch	gewaschen

» 강변화 동사의 인칭별 어미 변화

주어	sein	haben	werden
ich	**war**	**hatte**	**wurde**
du	warst	hattest	wurdest
er, sie, es	**war**	**hatte**	**wurde**
wir	waren	hatten	wurden
ihr	wart	hattet	wurdet
sie, Sie	waren	hatten	wurden

6 혼합변화 동사

약변화와 강변화의 혼합 형태입니다.

부정형	의미	과거	과거분사
bringen	가져오다	brachte	gebracht
denken	생각하다	dachte	gedacht
kennen	(~의 실체를) 알다	kannte	gekannt
rennen	질주하다	rannte	gerannt
wissen	(~한 사실을) 알다	wusste	gewusst
nennen	~라 이름짓다	nannte	genannt
dürfen	~ 해도 된다	durfte	gedurft
können	~할 수 있다	konnte	gekonnt
mögen	~을 좋아하다	mochte	gemocht

» 혼합변화 동사의 인칭별 어미 변화

주어	bringen	denken	kennen
ich	**brachte**	**dachte**	**kannte**
du	brachtest	dachtest	kanntest
er, sie, es	**brachte**	**dachte**	**kannte**
wir	brachten	dachten	kannten
ihr	brachtet	dachtet	kanntet
sie, Sie	brachten	dachten	kannten

4 과거 시제 문장 활용

1 약변화 동사

Sie **lernte** gestern Deutsch. 그녀는 어제 독일어를 공부했다.

Gestern **hörte** sie Musik. 어제 그녀는 음악을 들었다.

Wo **wohnte** sie? 그녀는 어디에 살았죠?

Sie **wohnte** am See. 그녀는 호숫가에 살았어요.

Heute Vormittag **arbeitete** mein Freund. 내 남자친구는 오늘 오전에 일했다.

Gestern **verkaufte** er sein Auto. 어제 그는 그의 자동차를 팔았다.

Vor 3 Tagen **besuchten** mich meine Eltern. 3일 전에 내 부모님이 나를 방문했다.

Er **stellte** sich uns **vor**. 그가 우리에게 자신을 소개했다.

2 강변화 동사

Sie **war** gestern im Café. 그녀는 어제 카페에 있었다.

Wo **waren** sie? 그들은 어디 있었죠?

Sie **waren** im Kino. 그들은 영화관에 있었어요.

Sie **war** letzte Woche beim Arzt. 그녀는 지난 주에 병원에 갔다.

Wohin **fuhr** sie? 그녀는 어디로 갔나요?

Sie **fuhr** ans Meer. 그녀는 바다로 갔어요.

Wohin **ging** sie? 그녀는 어디로 갔나요?

Sie **ging** ins Kino. 그녀는 영화관으로 갔어요.

Sie **hatte** ein Auto. 그녀는 차가 있었다.

Er **hatte** früher eine Katze. 그는 이전에 고양이 한 마리를 가지고 있었다.

Gestern **hatte** ich einen Arzttermin. 어제 나는 병원 진료 예약이 하나 있었다.

Er **wurde** Professor. 그는 교수가 되었다.

Es **wurde** dunkel. (날이) 어두워졌다.

Ich **konnte** früher gut **singen**. 나는 이전에는 노래를 잘 할 수 있었다.

Ich **musste** fleißig **arbeiten**. 나는 부지런히 일해야만 했다.

3 혼합변화 동사

Sie **brachte** ihre Tochter zum Kindergarten. 그녀는 자신의 딸을 유치원에 데려다 주었다.

Ich **dachte**, du **warst** nicht zu Hause. 난 네가 집에 없었다고 생각했어.

Vokabeln

dunkel 어두운 (↔ **hell** 밝은) | **r. Termin** 일정, 스케줄

실전 문제

정답 p. 349

제시된 보기와 우리말을 참고하여, 빈칸을 동사의 과거형으로 채워 보세요.

1 Was ____________ du heute?

너는 오늘 무엇을 했니? (machen)

2 Heute __________ ich Kaffee und __________ spazieren.

난 오늘 커피를 마셨고 산책을 했어. (trinken, spazieren gehen)

3 Wo __________ du denn?

너는 대체 어디에 있었니? (sein)

4 Er __________ ins Kino gehen, aber er __________ lernen.

그는 영화관으로 가고 싶었지만 공부해야만 했다. (wollen, müssen)

5 Er __________ früher zwei Katzen.

그는 옛날에 두 마리의 고양이가 있었다. (haben)

6 Er __________ Chef.

그는 사장님이 되었다. (werden)

7 Ich __________ die Wohnung sehr teuer.

나는 저 집이 매우 비싸다고 여겼다. (finden)

8 Er war krank. Das __________ ich nicht.

그가 아팠다. 그걸 난 몰랐다. (wissen)

9 Hier __________ es eine Apotheke.

여기에 약국이 하나 있었다. (geben)

10 Sie __________________ mit ihrer Mutter kurz.

그녀는 엄마와 짧게 전화 통화했다. (telefonieren)

heute 오늘 | **r. Kaffee** 커피 | **r. Chef** 사장, 상사 | **e. Apotheke** 약국

Lektion 21

난이도 : 기초

그는 어제 축구를 했다.

Er hat gestern Fußball gespielt.

시제 ② I 저는 현지인들과 독일에서 10년 이상을 함께 호흡하면서 한 가지 느낀 점이 있습니다. 대화를 잘 하려면 기본적으로 현재 그리고 현재완료 시제 두 가지를 잘 사용해야 한다는 것이지요. 왜 지나간 일들은 과거형보다 현재완료를 더 많이 사용하는지 위의 예문이 보여주고 있습니다. '과거분사' gespielt는 모든 인칭에서 반복되기 때문입니다.

1 현재완료 시제

1 현재완료 시제의 특징

현재완료 시제는 주로 구어체에서 사용하는데, 일상 대화, 일기, SNS, 메일, 편지 등 일상 속 문어체에도 자주 사용합니다. 그리고 동사의 3요형 중 과거분사를 활용하기 때문에, 지난 과에서 배웠던 과거 시제와는 차이가 있습니다.

2 과거 시제와 비교

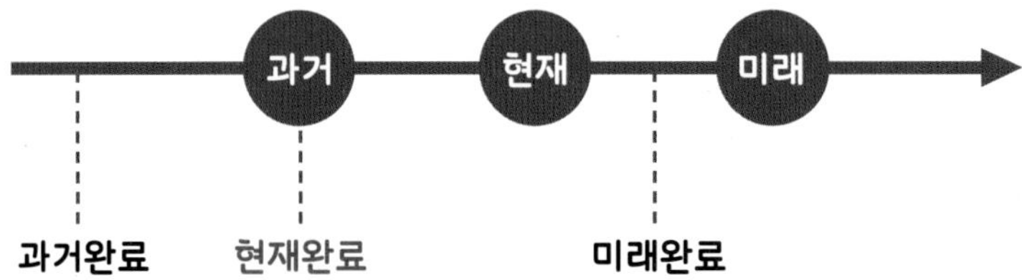

과거 시제와 현재완료 시제 모두 현재보다 한 시제 앞선 시간을 나타내며 '~했다'라는 의미를 표현합니다. 하지만 과거 시제는 주로 성경, 신문, 도서와 같이 문서화된 문어체에서 사용되고, 동사의 3요형 중 과거형을 사용합니다. 반면에 현재완료 시제는 기본동사 및 화법조동사 등의 몇몇 동사에서 빈번히 쓰이며 주로 구어체에서 사용하고, 'haben/sein + ... + 과거분사(P.P)' 형태를 취합니다.

[과거] Er lernte gestern Deutsch. 그는 어제 독일어를 배웠다.

[현재완료] Er hat gestern Deutsch gelernt. 그는 어제 독일어를 배웠다.

3 현재완료 시제 문장 만들기

현재완료 시제	**haben/sein** + ... + 과거분사(P.P)

① haben: 4격의 보충어가 있는 타동사, 화법 조동사, sein과 결합하는 동사 외의 나머지 (자)동사들

Er **hat gelernt**. (haben + lernen)

② sein : 장소의 이동 및 상태 변화를 나타내는 동사가 쓰였을 때

Er **ist gegangen**. (sein + gehen)

» sein과 결합하는 주요동사의 원형과 과거분사

장소의 이동	fahren(gefahren) | fallen(gefallen) | fliegen(geflogen) | gehen(gegangen) | kommen(gekommen) | laufen(gelaufen) | reisen(gereist) | rennen(gerannt) | sinken(gesunken) | steigen(gestiegen) 등
상태의 변화	aufstehen(aufgestanden) | einschlafen(eingeschlafen) | schmelzen(geschmolzen) | sterben(gestorben) | wachsen(gewachsen) | werden(geworden) 등
그 외 동사	bleiben(geblieben) | begegnen(begegnet) | gelingen(gelungen) | geschehen(geschehen) | passieren(passiert) | sein(gewesen) 등

② 동사의 3요형

1 약변화 동사

약변화 동사는 어간에 변화가 없습니다.

부정형	의미	과거	과거분사
-(e)n		-(e)te	(ge) … (e)t
lernen	배우다	lernte	gelernt
kochen	요리하다	kochte	gekocht
wohnen	살다	wohnte	gewohnt
spielen	놀다, 경기하다	spielte	gespielt
lieben	사랑하다	liebte	geliebt
putzen	닦다, 청소하다	putzte	geputzt

① 어간 끝: -d, -t, -m, -n

부정형	의미	과거	과거분사
reden	말하다	redete	geredet
antworten	대답하다	antwortete	geantwortet
arbeiten	일하다	arbeitete	gearbeitet
warten	기다리다	wartete	gewartet
atmen	호흡하다	atmete	geatmet
öffnen	열다	öffnete	geöffnet

② ~ieren: 외래형동사 → 과거분사 형태에서 'ge-'가 붙지 않음

부정형	의미	과거	과거분사
fotografieren	사진을 찍다	fotografierte	fotografiert
reparieren	수리하다	reparierte	repariert
reservieren	예약하다	reservierte	reserviert
studieren	전공하다	studierte	studiert
telefonieren	전화 통화하다	telefonierte	telefoniert

》 비분리동사와 분리동사의 형태에 주의!

부정형	의미	과거	과거분사
-(e)n		-(e)te	(ge) ··· (e)t
besuchen	방문하다	besuchte	besucht
gehören	~에(게) 속하다	gehörte	gehört
verkaufen	팔다	verkaufte	verkauft
aufmachen	열다	machte auf	aufgemacht
einkaufen	장보다	kaufte ein	eingekauft
vorstellen	소개하다, 상상하다	stellte vor	vorgestellt

과거분사에 'ge-'의 유무 확인! → 분리동사는 분리 전철 뒤에 'ge-'가 붙고, 비분리동사는 'ge-'가 붙지 않습니다.

》 약변화 동사(hören/warten)의 과거 형태와 과거분사 형태 비교

	hören		warten	
주어	과거 형태	과거분사 형태	과거 형태	과거분사 형태
ich	hörte	haben + ... + gehört	wartete	haben +... + gewartet
du	hörtest		wartetest	
er, sie, es	hörte		wartete	
wir	hörten		warteten	
ihr	hörtet		wartetet	
sie, Sie	hörten		warteten	

2 강변화 동사

강변화 동사는 과거분사형이 -en으로 끝납니다.

부정형	의미	과거	과거분사
essen	먹다	**a**ß	geg**e**ssen
g**e**ben	주다	g**a**b	geg**e**ben
s**e**hen	보다	s**a**h	ges**e**hen
l**e**sen	읽다	l**a**s	gel**e**sen
f**a**hren	타고 가다, ~을 몰다	f**u**hr	gef**a**hren (sein)
g**e**hen	가다	g**i**ng	geg**a**ngen (sein)
k**o**mmen	오다	k**a**m	gek**o**mmen (sein)
fl**ie**gen	날아가다	fl**o**g	gefl**o**gen (sein)
schl**ie**ßen	잠그다	schl**o**ss	geschl**o**ssen
schr**ei**ben	쓰다	schr**ie**b	geschr**ie**ben
st**ei**gen	오르다	st**ie**g	gest**ie**gen(sein)
spr**e**chen	말하다	spr**a**ch	gespr**o**chen
tr**e**ffen	맞히다, 만나다	tr**a**f	getr**o**ffen
h**e**lfen	돕다	h**a**lf	geh**o**lfen

Tipp 강변화 동사의 경우에는 모음의 변화가 있으므로, 모음이 변화되는 양상별로 분류하여 암기하면 좋습니다.

Tipp 과거분사에 괄호로 (sein)이 있는 경우는 현재완료에서 haben이 아닌 'sein … P.P'의 결합이라는 것에 유의하세요!

3 혼합변화 동사

혼합변화 동사는 약변화와 강변화의 혼합 형태를 취합니다.

부정형	의미	과거	과거분사
bringen	가져오다	brachte	gebracht
denken	생각하다	dachte	gedacht
kennen	(실체를) 알다	kannte	gekannt
nennen	언급하다	nannte	genannt
rennen	질주하다	rannte	gerannt (sein)
wissen	(사실을) 알다	wusste	gewusst

» 혼합변화 동사(denken)의 과거 형태와 과거분사 형태 비교

주어	과거 형태	과거분사 형태
ich	dachte	haben + ... + gedacht
du	dachtest	
er, sie, es	dachte	
wir	dachten	
ihr	dachtet	
sie, Sie	dachten	

3 현재완료 시제 문장 활용

1 haben과 함께 쓰이는 동사의 현재완료

과거	Sie lernte gestern Deutsch.	그녀는 어제 독일어를 공부했다.
현재완료	Sie **hat** gestern Deutsch **gelernt**.	

과거	Sie hörte gestern Musik.	그녀는 어제 음악을 들었다.
현재완료	Sie **hat** gestern Musik **gehört**.	

Wo **hat** sie **gewohnt**? 그녀는 어디에 살았죠?

— Sie **hat** am See **gewohnt**. — 그녀는 호숫가에 살았어요.

Heute Vormittag **hat** mein Freund **gearbeitet**. 내 남자친구는 오늘 오전에 일했다.

Gestern **hat** er sein Auto **verkauft**. 어제 그는 그의 자동차를 팔았다.

Vor 3 Tagen **haben** meine Eltern mich **besucht**. 3일 전에 내 부모님이 나를 방문했다.

Er **hat** sich uns **vorgestellt**. 그가 우리에게 자신을 소개했다.

Er **hat** früher eine Katze **gehabt**. 그는 이전에 고양이 한 마리를 가지고 있었다.

Gestern **habe** ich einen Arzttermin **gehabt**. 어제 나는 병원 스케줄 하나가 있었다.

Vokabeln

r. See 호수 | **r. Vormittag** 오전 | **früher** 옛날에 | **r. Arzttermin** 병원 스케줄, 진료 예약

2 화법 조동사의 현재완료

① 본동사로 쓰였을 때

본동사 과거	Ich konnte früher gut Deutsch.	나는 이전에는 독일어를 잘 할 수 있었다.
본동사 현재완료	Ich **habe** früher gut Deutsch **gekonnt**.	

② 조동사로 쓰였을 때

조동사 과거	Ich konnte früher gut singen.	나는 이전에는 노래를 잘 할 수 있었다.
조동사 현재완료	Ich **habe** früher gut singen **können**.	

조동사 과거	Ich musste fleißig arbeiten.	나는 부지런히 일해야만 했다.
조동사 현재완료	Ich **habe** fleißig arbeiten **müssen**.	

3 sein과 함께 쓰이는 동사의 현재완료

① sein이 본동사로 사용된 경우

과거	Wo war sie? — Sie war im Kino.	그녀는 어디 있었죠? - 그녀는 영화관에 있었어요.
현재완료	Wo **ist** sie **gewesen**? — Sie **ist** im Kino **gewesen**.	

Tipp sein 동사는 주로 과거 형태로 많이 쓰이나, 현재완료 형태로도 종종 사용됩니다.

② 기본동사 werden의 현재완료 형태

과거	Er wurde Professor.	그는 교수가 되었다.
현재완료	Er **ist** Professor **geworden**.	

③ sein과 결합하는 동사들

Wohin **ist** sie **gefahren**? 그녀는 어디로 갔나요?

— Sie **ist** ans Meer **gefahren**. — 그녀는 바다로 갔어요.

Wohin **ist** sie **gegangen**? 그녀는 어디로 갔나요?

— Sie **ist** ins Kino **gegangen**. — 그녀는 영화관으로 갔어요.

Wann **ist** sie in Seoul **angekommen**?	언제 그녀가 서울에 도착했나요?
— Sie **ist** gestern Abend in Seoul **angekommen**.	— 그녀는 어제 저녁 서울에 도착했어요.
Ich **bin** heute früh **aufgestanden**.	나는 오늘 일찍 일어났다.
Das Kind **ist** in einem Jahr 10 cm **gewachsen**.	저 아이는 1년 동안 10 cm 성장했다.
Ich **bin** gestern zu Hause **geblieben**.	나는 어제 집에 머물렀다.
Was **ist** denn hier **passiert**?	무슨 일이 대체 여기에서 일어났니?

민쌤의 Episode

독일에 머문 지 얼마 안 되어서 독일인 친구가 "Wo bist du gestern gewesen?"하고 물었습니다. 지금이야 이해했지만 당시에는 들어보지도 못한 단어라서 순간 '왜 베개를 나한테 묻지?'라는 가당치 않은 생각을 했었습니다(진짜입니다). 결국 저는 이 친구에게서 "Wo warst du gestern?"라는 질문만을 예상했기 때문에 순간 위의 문장을 이해하지 못했다는 생각을 하게 되었습니다. 많은 이들이 '기본동사'는 과거만 쓴다는 잘못된 인식을 갖고 있어요. 과거를 더 많이 사용할 뿐 현재완료를 쓰는 사람도 있다는 것을 알아야 합니다. 반대로 일상의 구어체에서도 과거를 좀 더 자주 구사하는 이들이 얼마든지 있을 수 있습니다. 선입견이란 때로는 이해의 문을 닫기도 합니다. 'Das Kopfkissen (머리 쿠션)'이 베개입니다.

실전 문제

제시된 단어와 우리말을 참고하여, 빈칸을 현재완료 형태로 채워 보세요.

1 Was ________ du heute ____________?

너는 오늘 무엇을 했니? (machen)

2 Heute ________ ich Kaffee ____________ und ________ spazieren ____________.

난 오늘 커피를 마셨고 산책을 했어. (trinken, spazieren gehen)

3 Wann ________ der Zug ____________?

그 기차는 언제 출발했니? (abfahren)

4 Er ________ mich zum Abendessen ____________.

그는 나를 저녁 식사에 초대했다. (einladen)

5 ________ du gestern ins Kino ____________?

너는 어제 영화관에 갔니? (gehen)

6 Letzte Woche ________ ich einen Mann ____________.

지난주에 난 한 남자를 만났다. (treffen)

7 ________ er dich gestern ____________?

그가 어제 너에게 전화했니? (anrufen)

8 Ich ________ in den Bus ____________.

나는 버스 안으로 승차했다. (einsteigen)

9 Früher ________ mein Vater in Berlin ____________.

옛날에 아버지는 베를린에 살았다. (leben)

10 Heute ________ er sehr viel ____________.

그는 오늘 매우 많이 일했다. (arbeiten)

früher 예전에 | **jmdn. anrufen** ~에게(4격) 전화를 걸다 | **zu etw. einladen** ~에 초대하다 | **r. Zug** 기차 | **s. Abendessen** 저녁 식사

Lektion 난이도 : 기초

22 내일은 비가 올 것이다

Es wird morgen regnen.

시제 ③ | 우리의 말은 대개 동사에 '뉘앙스'가 담겨 있습니다. 비가 온대, 비가 왔다, 비가 올 거래, 비가 와야 돼 등등. 시제 가운데 미래 용법은 두 가지로 나뉩니다. 단순미래인 Futur I 그리고 미래완료 Futur II입니다. 시간을 나타내는 임시어(부사)를 사용하면 현재형을 사용해서 '미래 용법을 대신'할 수 있지만 단순미래가 갖는 용법을 잘 이해하고 배워 두어야 할 필요는 있습니다. 내일 일은 아무도 모르기 때문입니다.

1 과거완료 시제

1 과거완료 시제의 특징

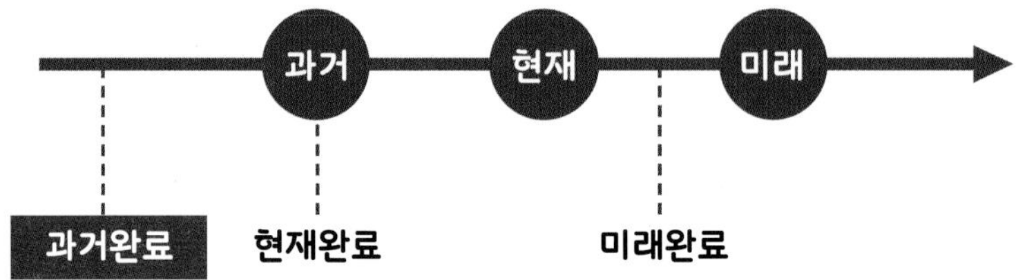

과거완료는 과거와 현재완료보다 더 앞선 사건을 나타내는 시제입니다. 단일 문장으로는 잘 사용되지 않으며, 'hatte / war + ... + 과거분사(P.P)' 형태를 취합니다.

war + 과거분사(P.P)	장소 이동, 상태 변화
hatte + 과거분사(P.P)	war와 결합하는 동사 외의 나머지 동사들

2 과거완료 시제 문장 활용

hatte와 war 동사의 현재 인칭 어미 변화를 확인해 보세요.

인칭대명사	hatte 동사	war 동사
ich	**hatte**	**war**
du	hattest	warst
er, sie, es	**hatte**	**war**
wir	hatten	waren
ihr	hattet	wart
sie, Sie	hatten	waren

Was **hast** du gestern **gemacht**? 넌 어제 무엇을 했니?

— Gestern **habe** ich Deutsch **gelernt**. — 나는 어제 독일어 공부했어.

Davor **hatte** ich Musik **gehört**. 그 전에 나는 음악을 들었어.

Vor einem Jahr **hat** er am See **gewohnt**. 일 년 전에 그는 호숫가에 살았다.

Davor **hatte** er auf dem Land **gewohnt**. 그 전에 그는 시골에 살았었다.

Sie **ist** einkaufen **gegangen**. 그녀는 장 보러 갔다.

Davor **war** sie ins Kino **gegangen**. 그 전에 그녀는 영화관에 갔었다.

Zuerst **hatte** ich mich **gewaschen**. 먼저 나는 씻었다.

Dann **habe** ich **gefrühstückt**. 그러고 나서 아침을 먹었다.

Ich **habe** zu Mittag **gegessen**. 나는 점심을 먹었다.

Davor **hatte** ich eine Tasse Kaffee **getrunken**. 그 전에 나는 커피 한 잔을 마셨었다.

2 미래 시제

1 미래 시제의 특징

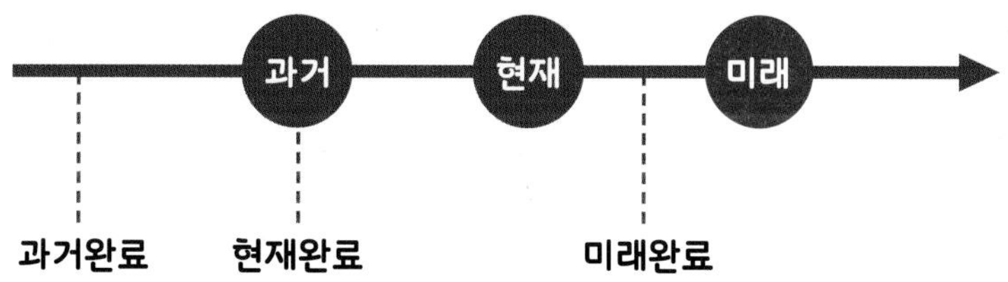

미래 시제는 앞으로 일어날 일에 대한 예측, 약속, 의도, (현재의) 추측을 나타냅니다. 기본적으로 'werden + ... + 동사 원형 (Inf.)'의 형태를 취하지만, 'morgen, nächste Woche'와 같이 '현재 시제 + 미래를 나타내는 부사'로도 미래 시제를 나타내는 것이 가능합니다.

[과거완료] Er hatte Deutsch gelernt. 그는 독일어를 배웠었다.

[미래] Er wird Deutsch lernen. 그는 독일어를 배울 것이다.

2 미래 시제 문장 활용

werden 동사의 현재 인칭 어미 변화를 살펴보겠습니다.

인칭대명사	werden 동사
ich	werde
du	wirst
er, sie, es	wird
wir	werden
ihr	werdet
sie, Sie	werden

① 예측

Morgen **wird** es viel **regnen**. 내일 비가 많이 올 거다.

Du **wirst** bestimmt die neue Wohnung **finden**. 너는 틀림없이 새 집을 찾을 거야.

② 계획, 약속, 의도

Herr Kim **wird** bald in Rente **gehen**. 김 선생님은 곧 은퇴하신다.

Ich **werde** dich am Wochenende **besuchen**. 내가 주말에 너를 방문할 거야.

Ich **werde** bald eine Diät **machen**. 나는 곧 다이어트를 할 거야.

Nächste Woche **werde** ich nach Berlin **fahren**. 다음 주에 나는 베를린에 갈 거야.

③ 현재의 추측

Peter ist nicht zu Hause. 페터는 집에 없어.

— Er **wird** wohl im Büro **sein**. — 그는 아마 사무실에 있을 거야.

Michael ist nicht zum Unterricht gekommen. 미하엘이 수업에 오지 않았어.

— Er **wird** wohl krank **sein**. — 그는 아마도 아픈 것 같아.

» werden vs. wollen

1) werden : 미래의 확실한 계획/약속, 추측
2) wollen : 계획과 의지

㉮ Ich **werde** morgen wandern gehen.
나는 내일 산행을 할 것이다.
→ 내일 산행을 하는 것이 확실하게 약속되어 있음

Ich **will** morgen wandern gehen.
나는 내일 산행을 할 것이다.
→ 내일 산행을 하고자 하는 의지와 계획은 있으나 확정된 약속은 없음

실전 문제

정답 p. 350

제시된 단어와 우리말을 참고하여, 빈칸을 미래 또는 과거완료의 형태로 채워 보세요.

1 Nächstes Jahr ________ ich nach Deutschland ____________ und dort ____________.

나는 내년에 독일에 갈 거고(fliegen) 그 곳에서 대학을 다닐 거다. (studieren)

2 Sie ________ ihn bald ____________.

그녀는 곧 그와 결혼할 거다. (heiraten)

3 Ich bin gestern Nachmittag zur Apotheke gegangen, Davor ________ ich beim Hausarzt ____________.

나는 어제 약국에 갔다. (gehen) 그 전에는 주치의에게 다녀왔다. (sein)

4 Zuerst ________ wir ans Meer ____________. Danach sind wir lange geschwommen.

우선 우리는 바다로 갔었다. 그 이후에 우리는 오랫동안 수영했다. (fahren)

5 Er hat vor 3 Monaten Deutsch gelernt. Davor ________ er Spanisch ____________.

그는 3개월 전에 독일어를 배웠다. 그 전에 그는 스페인어를 배웠었다. (lernen)

6 Sie ______ jetzt wohl in der Schule sein.

그녀는 아마도 학교에 있을 거다. (werden)

7 Ich bin zu spät ins Kino gekommen. Der Film ________ schon ____________.

내가 영화관에 너무 늦게 갔다. 영화가 이미 시작해 있었다. (anfangen)

8 In den Sommerferien ____________ ich ans Meer ____________.

여름방학에 나는 바닷가로 간다. (fahren)

9 Morgen ______ es noch mehr regnen.

내일 좀 더 비가 많이 내릴 거다. (werden)

10 Zuerst ________ ich einen Kaffee ____________. Dann bin ich zur Uni gegangen.

먼저 나는 커피를 마셨다. 그 다음에 나는 대학교로 갔다. (trinken)

Vokabeln

Pl. Ferien 방학 | **wohl** 아마도 | **s. Meer** 바다

Lektion 난이도 : 기초

23 어서 자러 가라!

Geh doch ins Bett!

명령문 | 명령문은 우리가 흔히 생각하는 '군대식'의 명령을 연상하시면 안 됩니다. 물론 그런 식의 표현도 있겠지만 '청원, 부탁'의 의미가 좀 더 많이 내포되어 있습니다. 한 가지 학습 요령을 알려드리자면, 동사 하나를 가지고 명령문의 모든 용법(2인칭 단수, 복수 그리고 존칭)을 연습해야 합니다. Sehen Sie mal! Seht mal! Sieh mal!

1 명령문

1 명령문이란?

명령문은 화자에게 명령, 부탁, 권유 등을 전달하는 문장으로 2인칭에서만 존재합니다. 동사가 문장 맨 앞에 위치하고, 강조의 표시를 위해 문장 끝에 느낌표(!)를 붙여 줍니다.

2 주어에 따른 명령법

① Sie = [동사 원형] + 주어

② ihr = [동사의 어간] + [t] + ~~주어~~

③ du = [동사의 어간] + ~~[st] + 주어~~

3 명령문의 활용: 부사

① doch: 제안, 촉구 (어서)

Schließ doch bitte das Fenster! 어서 좀 창문을 닫아라!

② mal: 친절, 공손 (좀, 한 번)

Ruf mich morgen mal an! 내일 내게 전화 좀 해 줘!

③ bitte: 친절, 예의 (좀, 제발)

Warten Sie bitte! 잠시만 기다려 주세요!

2 명령법 : 동사의 명령형

1 명령법의 기본 형태

동사원형	의미	Sie	ihr	du
		동사원형 + Sie	어간 + [t]	어간
lernen	배우다	Lernen Sie!	Lernt!	Lern!
kommen	오다	Kommen Sie!	Kommt!	Komm!
hören	듣다	Hören Sie!	Hört!	Hör!
fragen	묻다	Fragen Sie!	Fragt!	Frag!

2 명령법의 특별 형태

① 어간이 -d, -t, -m, -n으로 끝나는 동사

동사원형	의미	Sie	ihr	du
		동사원형 + Sie	어간 + [et]	어간 + [e]
reden	말하다	Reden Sie!	Redet!	Rede!
arbeiten	일하다	Arbeiten Sie!	Arbeitet!	Arbeite!
atmen	호흡하다	Atmen Sie!	Atmet!	Atme!
öffnen	열다	Öffnen Sie!	Öffnet!	Öffne!

② 어간이 -el, -er로 끝나는 동사

동사원형	의미	Sie	ihr	du
		동사원형 + Sie	어간 + [t]	어간 e 탈락 + [e]
sammeln	모으다	Sammeln Sie!	Sammelt!	Sammle!
handeln	행동하다	Handeln Sie!	Handelt!	Handle!
feiern	축하하다	Feiern Sie!	Feiert!	Feire! / Feier!
ändern	바꾸다	Ändern Sie!	Ändert!	Ändre! / Änder!

③ 현재 인칭 어미변화에서 어간의 a, o, u가 ä, ö, ü 로 바뀌는 동사

동사원형	의미	Sie	ihr	du
		동사원형 + Sie	어간 + [t]	어간 (변모음화 X)
schlafen	잠을 자다	Schlafen Sie!	Schlaft!	Schlaf!
fahren	운전하다	Fahren Sie!	Fahrt!	Fahr!

Tipp 현재 인칭에서 어간이 변모음으로 바뀌는 동사도 du 명령법에서 변모음으로 바뀌지 않습니다.

㉮ Schläf! (X) → Schlaf! | Fähr! (X) → Fahr!

Schlaf gut! 잘 자!

Fahr langsam! 천천히 운전해!

④ 현재 인칭 어미변화에서 어간의 e가 i, ie로 바뀌는 경우

동사원형	의미	Sie	ihr	du
		동사원형 + Sie	어간 + [t]	어간 (e → i, ie)
nehmen	(무엇을) 취하다	Nehmen Sie!	Nehmt!	Nimm!
essen	먹다	Essen Sie!	Esst!	Iss!
sehen	보다	Sehen Sie!	Seht!	Sieh!
lesen	읽다	Lesen Sie!	Lest!	Lies!

Tipp 현재 인칭에서 어간이 e→i, ie로 바뀌는 동사는 du 명령법에서 바뀐 상태가 그대로 유지됩니다.

㉮ Nemm! (X) → Nimm! | Ess! (X) → Iss! | Seh! (X) → Sieh! | Les! (X) → Lies!

⑤ 분리동사의 경우

동사원형	의미	Sie	ihr	du
		동사원형 + Sie	어간 + [t]	어간
aufmachen	열다	Machen Sie auf!	Macht auf!	Mach auf!
aufstehen	기상하다	Stehen Sie auf!	Steht auf!	Steh auf!
anrufen	전화 걸다	Rufen Sie an!	Ruft an!	Ruf an!
zuhören	경청하다	Hören Sie zu!	Hört zu!	Hör zu!

Tipp 간혹 (분리)동사를 떼어놓지 않고 명령문을 만들 때도 있습니다.

㉮ (Du musst) jetzt einkaufen! (Sie dürfen) nicht einsteigen! Aufstehen! Zähne putzen!

⑥ 기본 동사의 명령형

불규칙한 형태에 주의하세요.

동사원형	의미	Sie	ihr	du
sein	~이다	Seien Sie!	Seid!	Sei!
haben	가지고 있다	Haben Sie!	Habt!	Hab!
werden	~이 되다	Werden Sie!	Werdet!	Werde!

Sei vorsichtig! 조심해!

Werden Sie gesund! 건강하세요!

Habt keine Sorge! 너희 걱정 마!

3 명령법을 대신하는 명사와 과거분사

Hilfe! 도와줘!

Achtung! 조심해!

Ruhe! 조용히 해!

Rauchen verboten! 흡연 금지!

Geld oder Leben! 돈이냐 목숨이냐!

Spenden gern gesehen! 기부 환영!

3 명령법의 문장 활용

1 du 명령법

Geh doch ins Bett! 어서 자러 가거라!

Guck mal! Da ist deine Mutter. 봐봐! 저기 너네 어머니야.

Sag mal, wie viele Kinder hast du denn? 있잖아, 너 대체 아이가 몇이니?

Antworte uns doch schnell! 우리에게 어서 빨리 대답해 줘!

Mach doch bitte das Fenster **zu**! 어서 창문 좀 닫아 줘!

Gib mir bitte mein Geld **zurück**! 내 돈 좀 돌려 줘!

2 ihr 명령문

Fragt doch euren Lehrer! 너희 선생님에게 좀 여쭤봐 줘!

Wartet bitte! 너희 잠시만 기다려 줘!

Ruft mich morgen **an**! 너희 내일 내게 전화해!

3 Sie 명령문

Dann **essen Sie** doch etwas!	그럼 뭐라도 좀 드세요!
Nehmen Sie bitte im Wartezimmer Platz!	대기실에서 자리를 잡으세요!
Atmen Sie bitte tief **ein**!	숨을 깊게 들이마셔요!
Probieren Sie mal den Mantel **an**!	저 외투를 한 번 입어 보세요!

대개 외국어를 배우려는 이들, 특히 남성들에게 언어적 관심사는 의아하게도 '욕'입니다. 왜 그렇게 욕설을 알고 싶어할까요? 한 독일 친구가 기숙사에서 누구에게서 배웠는지 우리말 욕을 시원스럽게 하던 모습이 기억납니다. 서글펐습니다. 감정을 드러내는 표현에도 명령법을 통해 주의를 환기시킬 수 있는 것이 있습니다. Geh weg! 저리 가라!, Halt den Mund! 입을 멈춰라! 이렇게 점잖은 표현에 다양한 비속어를 추가해서 Hau ab! 꺼져라, Halt die Schnauze!를 비속어로 사용합니다. Schnauze는 동물의 튀어나온 입의 모양, 즉 주둥이입니다. 친한 상대가 이해한다면 모를까 분명 비속어와 저속한 표현은 자신의 주변을 똑같이 물들입니다. 비속어를 잘 한다고 해서 독일어를 잘 하는 것은 절대 아님을 꼭 알아 두길 바랍니다.

실전 문제

제시된 단어와 우리말을 참고하여, 빈칸을 채워 보세요.

1	__________ doch den Kaffee!	너 이 커피 좀 마셔! (trinken)
2	Kinder, __________ euch die Zähne!	아이들아, 양치질해라! (putzen)
3	__________ Sie doch rein!	안으로 들어오세요! (kommen)
4	__________ gut, Peter!	피터야, 잘 자! (schlafen)
5	__________ mich bitte gleich ______!	내게 바로 전화해 줘! (anrufen)
6	Anna und Otto, __________ mir bitte schnell!	안나와 오토야, 내게 빨리 답해 줘! (antworten)
7	__________ mir bitte, Eva!	에바야, 나를 좀 도와줘! (helfen)
8	__________ Sie bitte keine Angst, Herr Schmidt!	두려워 마세요, 슈미트 씨! (Angst haben)
9	Kinder, __________ die Tür sofort!	얘들아, 문을 즉시 열어라! (öffnen)
10	__________ doch ins Bett, Julia!	율리아, 어서 자러 가거라! (gehen)

e. Angst 두려움 | **r. Zahn** 치아 | **Zähne putzen** 양치질하다 | **sofort** 즉시

Lektion 난이도 : 기초

24 지금 나는 독일어를 배운다.

Jetzt lerne ich Deutsch.

부사 | 부사는 'Adverb'이라고 해서 동사인 'Verb'을 추가로(additional) 수식한다고 보면 됩니다. 게다가 이 품사는 같은 부사와 형용사를 수식해 주기도 합니다. 이 부사가 '정보' 면에서 시간, 장소 등과 같이 중요한 내용을 담고 있긴 하지만 문장을 구성할 때에는 반드시 필요한 것은 아닙니다.

1 부사

1 부사란?

부사는 동사, 형용사, 부사 또는 문장 전체를 꾸며주는 품사로, 시간, 순서, 장소, 방법, 원인 등 부가적인 의미를 나타냅니다. 대부분의 부사는 형태가 변하지 않는다는 특징을 가지고 있습니다.

2 부사의 종류

① 시간 부사 ② 빈도 부사 ③ 순서 부사 ④ 방법 부사 ⑤ 장소 부사 ⑥ 원인, 양보 부사

2 시간 부사(구)

1 날짜와 관련된 표현

아침마다, 아침에	morgens	저녁마다, 저녁에	abends
밤마다, 밤에	nachts	월요일마다(에)	montags
하루에	täglich (am Tag, pro Tag)	일주일에	wöchentlich (in der Woche, pro Woche)
한 달에	im Monat	일년에	jährlich (im Jahr, pro Jahr)
매일	täglich (jeden Tag)	매주	wöchentlich (jede Woche)
매달	monatlich (jeden Monat)	매년	jährlich (jedes Jahr)

★ Tipp 부사구: 순수한 부사가 아닌 전치사+관사+명사의 결합된 형태

Abends trinke ich warme Milch. 저녁마다 나는 따뜻한 우유를 마신다.

Sie treffen sich um 8 (Uhr) **morgens**. 그들은 아침 8시에 만납니다.

2 시간 부사의 종류

① 과거

gestern	어제	vorgestern	그저께
damals	그 당시에	neulich	최근에
vorher	이전에	früher	옛날에
(ein)mal	(과거의) 언젠가, 옛날에	vorhin	좀 전에

② 현재

jetzt	지금	nun	이제
gerade	막	bisher	지금까지
heute	오늘(날)	gleich	바로
sofort	당장	zurzeit	요즘

③ 미래

morgen	내일	übermorgen	모레
bald	곧	später	나중에
nachher	가까운 시기에	einmal	언젠가

3 시간 부사 문장 활용

① 과거

Gestern sind wir ins Kino gegangen. 어제 우리는 영화관으로 갔다.

Vorgestern hatte ich Geburtstag. 그저께 나는 생일이었다.

Früher stand hier ein Baum. 예전에 여기에 나무 한 그루가 서 있었다.

Damals habe ich in München gelebt. 그 당시에 나는 뮌헨에 살았다.

② 현재

Gehst du **heute Abend** ins Kino? 너 오늘 저녁에 영화관에 갈래?

Ich lerne **jetzt** Deutsch. 나는 지금 독일어를 공부해.

Was machen Sie jetzt **gerade**? 지금 막 뭐하고 계신가요?

Ich komme **sofort**. 즉시 갈게요.

Bis **gleich**! 곧 다시 만나!

Ich komme **gleich**. 곧 갈게요.

③ 미래

Ich habe **morgen** Geburtstag. 나는 내일 생일이야.

Ab **übermorgen** habe ich Urlaub. 내일 모레부터 난 휴가야.

Später will ich in Deutschland studieren. 나중에 난 독일에서 공부할 거야.

Er wird **bald** Vater. 그는 곧 아빠가 된다.

3 빈도 부사

1 빈도 부사의 종류

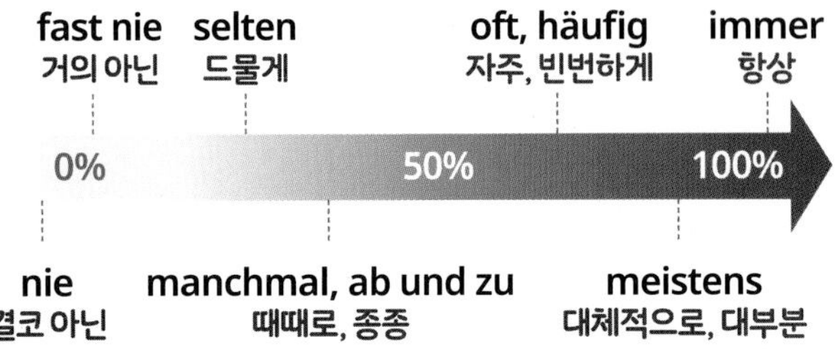

immer	항상	fast immer	거의 항상
meistens (= meist)	대개, 대체적으로	oft	자주, 빈번히
häufig	자주, 빈번히	manchmal	종종, 가끔
ab und zu	때때로, 종종	selten	드물게
fast nie	거의 아닌	nie	결코 아닌

2 빈도 부사 문장 활용

Ich frühstücke **immer**. 나는 항상 아침 식사를 한다.

Meistens kommt sie spät. 그녀는 대체로 늦게 온다.

Nach dem Essen gehe ich **oft** spazieren. 식사 이후에 나는 자주 산책을 한다.

Manchmal spielt er zu Hause Klavier. 그는 때때로 집에서 피아노를 연주한다.

Er geht **selten** ins Café. 그는 드물게 카페를 간다.

Sie isst **fast nie** Fleisch. 그녀는 고기를 거의 안 먹는다.

Ich war noch **nie** in Deutschland. 나는 아직 독일에 가본 적이 없다.

4 순서 부사

1 순서 부사의 종류

zuerst	먼저, 우선	danach	그리고 나서
dann	그 이후에	schließlich	결국
zuletzt	마지막으로		

2 순서 부사 문장 활용

Zuerst habe ich geduscht. 제일 먼저 나는 샤워를 했다.

Dann habe ich gefrühstückt. 그러고 나서 나는 아침을 먹었다.

Danach bin ich einkaufen gegangen. 그 이후에 나는 장을 보러 갔다.

Schließlich war ich sehr müde. 결국 나는 매우 피곤했다.

Zuletzt bin ich früh ins Bett gegangen. 마지막으로 나는 일찍 잠자리에 들었다.

5 방법 부사

1 방법 부사의 종류

bestimmt	확실히	besonders	특히
ganz	완전히	gern	즐겨, 기꺼이
leider	유감스럽게도	sehr	매우
gar nicht	전혀 ~ 아닌	nur	단지, 오직

2 방법 부사 문장 활용

Er kommt **bestimmt**.	그는 틀림없이 온다.
Der Kuchen schmeckt mir **besonders** gut.	저 케이크는 내게 특히 맛있다.
Er hat **ganz** viel Geld.	그는 돈이 완전히 많다.
Es geht mir **ganz** gut.	대체로 잘 지내고 있어.

Tipp 'ganz'는 위 문장에서 '대체로'의 의미로 사용되었습니다.
sehr gut 아주 잘 지냄 > gut 잘 지냄 > ganz gut 대체로 잘 지냄

Ich esse **gern** Schokolade.	나는 초콜릿을 즐겨 먹는다.
Leider habe ich keine Zeit.	아쉽게도 난 시간이 없어.
Er schwimmt **sehr** gut.	그는 수영을 매우 잘 한다.
Das Bild gefällt mir **gar nicht**.	저 그림은 전혀 내 마음에 들지 않는다.
Das Auto kostet **nur** 500 Euro.	저 자동차는 단지 500유로이다.

민쌤의 Episode

만약 '아침을 이미 먹었니?'라는 표현을 하고 싶다면 'Hast du schon gefrühstückt?'라고 하면 됩니다. 이 질문에는 아마도 '안 먹었다면 같이 먹자.'라는 뜻이 숨겨져 있을 수도 있을 겁니다. 헌데 위의 문장에서 schon(이미) 뒤에 mal(한 번)을 붙이게 되면 '~해 본 적이 있는'의 의미가 되어, 상대에게 '아침을 먹어본 적이 있니?'라고 물어보는 문장이 되고 맙니다. '불쌍한 것, 아침은 먹고 다니니?'라는 의미가 된 것이죠. 이는 제 주변에서 일어났던 실제 상황이었습니다. 이렇듯 실수를 통해 배워 나가면 됩니다. 누구도 완벽할 수는 없으니까요.

실전 문제

정답 p. 350

제시된 우리말을 참고하여, 빈칸을 채워 보세요.

1 Sie geht __________ schwimmen.

그녀는 월요일마다 수영하러 간다.

2 Er singt nicht __________.

그는 노래를 즐겨하지 않는다.

3 __________ habe ich wenig Zeit.

유감스럽게도 나는 시간이 별로 없다.

4 __________ war ich sehr klein.

옛날에 나는 매우 작았다.

5 Zweimal ________ ________ Woche spiele ich Tennis.

나는 일주일에 두 번 테니스를 친다.

6 Deutsch ist für mich ________________ schwer.

독일어는 내게 있어서 특히 어렵다.

7 Er hat __________ kein Geld.

그는 전혀 돈을 갖고 있지 않다.

8 Mein Studium ist __________ fertig.

내 학업은 곧 끝이 난다.

9 Ich besuche meine Oma in Busan sehr __________.

나는 부산에 계신 할머니를 매우 드물게 방문한다.

10 Sie frühstückt __________ zwischen sieben und halb acht, aber __________ Morgen um halb neun.

그녀는 대개 7시부터 7시 30분 사이에 아침 식사를 하지만 오늘 아침에는 8시 30분에 (아침 식사를 한다).

Vokabeln

gar 전혀 | **s. Studium** 학업 | **wenig** 적은 | **mit etw. fertig** ~이 끝난

Lektion 25 난이도 : 기초

한 시입니다.
Es ist ein Uhr.

시간 | 우리가 배우는 수사 가운데에는 기수와 서수가 있습니다. 서수는 좀 까다로워서 형용사처럼 어미변화를 하고 기수의 어미에 -(s)t 등을 붙입니다. 기수는 그와는 달리 어미의 변화가 없으며 전화번호, 연도, 수량, 금전을 표현할 때 중요합니다. 게다가 시각을 말할 줄 아는 것은 기본입니다.

1 시간 표현

1 숫자 표현

null	0	neun	9	achtzehn	18
eins	1	zehn	10	neunzehn	19
zwei	2	elf	11	zwanzig	20
drei	3	zwölf	12	einundzwanzig	21
vier	4	dreizehn	13	fünfundzwanzig	25
fünf	5	vierzehn	14	dreißig	30
sechs	6	fünfzehn	15	vierzig	40
sieben	7	sechzehn	16	fünfzig	50
acht	8	siebzehn	17	sechzig	60

Tipp eins 뒤에 다른 단어가 붙으면 'ein-'의 형태로 사용됩니다.

2 시간과 관련된 표현

Uhr	Zeit
시각, 시계	(추상적인) 시간, 시대

Wie viel **Uhr** ist es denn? 대체 지금 몇 시죠?

Es ist ein **Uhr**. 지금은 한 시입니다.

Ich habe eine **Uhr**. Sie ist schön. 나는 시계 하나를 가지고 있다. 그것은 아름답다.

Ic habe viele **Uhren**. 나는 시계를 많이 가지고 있다.

Ich habe wirklich keine **Zeit**. 나는 정말 시간이 없다.

Zur **Zeit** des Karnevals ist in Köln viel los. 사육제의 시기에 쾰른에서는 많은 일들이 일어난다.

Stunde	Minute	Sekunde
1/24 시간, (수업 등) 시간	분	초

Eine **Stunde** hat sechzig **Minuten**. 한 시간은 60분이다.

Ich habe gestern zwei **Stunden** lang Deutsch gelernt. 나는 어제 두 시간 동안 독일어를 공부했다.

Eine **Sekunde**, bitte! 잠시만 기다려 주세요!

3 시간과 관련된 정확한 표현

나는 한 시간을 공부했다.

Ich habe eine Uhr gestudiert. (X)

Ich habe eine Stunde studiert. (X)

→ Ich habe eine **Stunde gelernt**. (O)

4 시간을 묻는 표현

Entschuldigung, **wie spät** ist es denn jetzt?

= **Wie viel Uhr** ist es denn jetzt? 실례지만, 지금 대체 몇 시인가요?

Es ist ein Uhr.

= Es ist eins. 지금은 1시입니다.

2 공식적, 비공식적 시각

1 공식적 시각

[시 + Uhr + 분]으로 읽기		
오전	7. 00 Uhr	Es ist sieben Uhr.
	8. 10 Uhr	Es ist acht Uhr zehn.
	9. 15 Uhr	Es ist neun Uhr fünfzehn.
오후	15. 25 Uhr	Es ist fünfzehn Uhr fünfundzwanzig.
	19. 30 Uhr	Es ist neunzehn Uhr dreißig.
	22. 35 Uhr	Es ist zweiundzwanzig Uhr fünfunddreißig.
	00. 40 Uhr	Es ist null Uhr vierzig.

2 비공식적 시각

[분 + (전치사) + 시]로 읽기		
오전	7. 00 Uhr	Es ist sieben (Uhr).
	8. 10 Uhr	Es ist zehn nach acht.
	9. 15 Uhr	Es ist Viertel nach neun.
오후	15. 25 Uhr	Es ist fünf vor halb vier.
	19. 30 Uhr	Es ist halb acht.
	22. 35 Uhr	Es ist fünf nach halb elf.
	00. 40 Uhr	Es ist zehn nach halb eins. / zwanzig vor eins.

시간 개념		
vor & nach 전&후	11.50 Uhr	zehn vor zwölf
	4.20 Uhr	zwanzig nach vier / zehn vor halb fünf
halb ~반	6.30 Uhr	halb (auf) sieben
	3.30 Uhr	halb vier
Viertel 15분 (4분의 1)	7.15 Uhr	Viertel nach sieben
	10.45 Uhr	Viertel vor elf

Tipp halb (auf) sieben = 6:30 → '7시가 되기까지 반밖에 못 왔음'을 의미합니다.

3 문장 활용

Ich muss morgen **um sieben Uhr dreißig** aufstehen. (= um halb acht)

나는 내일 7시 30분에 일어나야 한다.

Ich komme heute **gegen 15.30 Uhr** in Seoul an. (= gegen halb vier)

나는 오늘 오후 3시 30분 즈음에 서울에 도착한다.

Morgen **um 19 Uhr** treffe ich mich mit ihm. (= um sieben abends)

나는 내일 저녁 7시에 그를 만난다.

Ich bin **um 2 Uhr** ins Bett gegangen. (= um zwei (Uhr))

나는 새벽 2시에 잠자리에 들었다.

Von 15.30 Uhr bis 17 Uhr habe ich Unterricht. (= von halb vier bis fünf)

나는 3시 30분부터 5시까지 수업이 있다.

시각을 말할 때 많은 분들이 헷갈려 하는 게 'halb(30분)'입니다. 'halb sieben'하면 당연히 30분에 7이니 '7시 30분'이라고 생각이 들겠지만 그렇게 쉬운 독일어였다면 에피소드에 언급하지 않았겠지요? 정답은 7시를 향해 가는 도중에 반 밖에 못 왔으므로 '6시 30분'이 되겠습니다. 2000년 초반 스마트폰이 없던 시절, 저녁 6시 30분까지 독일 남자 친구를 만나야 하는 한국 여성분이 착각해서 7시 30분에 나갔더니 바람맞았다며 눈물흘렸던 이야기를 제가 종종 하곤 합니다. 물론 지어낸 이야기이지만 언제든 여러분에게 일어날 수 있는 일이기 때문에 유의하셔야 합니다. 특히 6시 30분에 만나자고 했을 때, 그게 아침인지 저녁인지 오락가락 할 경우를 대비해서 독일인들은 다음과 같이 정확한 표현을 만들었답니다. Wir treffen uns um halb sieben abends. 절대 아침에 나가시면 안 되겠지요?

실전 문제

제시된 우리말을 참고하여, 빈칸을 채워 보세요.

1 Wie ________ ist es denn jetzt?

도대체 지금 몇 시인가요?

2 Er steht immer ________ 6 Uhr auf.

그는 항상 6시에 기상한다.

3 Bis nach Berlin dauert es dreieinhalb (3,5) ________.

베를린까지 3시간 반이 걸린다.

4 Eine Stunde hat ____________ Minuten.

한 시간은 60분을 가지고 있다.

5 _____ _____ _____ _____ fängt der Film an?

이 영화는 몇 시에 시작하는가?

6 Um halb ________ frühstücke ich.

7시 30분에 나는 아침 식사를 한다.

7 Ich habe heute ________ Zeit.

나는 오늘 시간이 많다.

정답 p. 350

제시된 이미지에 해당하는 시간을 적어 보세요.

8 

____

9 

____

10 

____

anfangen 시작하다 | **eineinhalb** 1,5 (→ **dreieinhalb** 3,5) | **aufstehen** 기상하다

Lektion **26** 난이도 : 기초

이게 그 멋진 시계군요.

Das ist die schöne Uhr.

형용사 어미변화 ① | 형용사는 꽤 중요한 품사입니다. 공부하는 팁을 알려드리자면 우선 반대의 표현을 많이 학습한 후, 명사를 수식하는 형용사의 다양한 용법을 학습할 것을 추천드립니다. 중고급편에서는 비교급과 최상급을 배우게 되고 최종적으로 이런 형용사를 '명사화'하여 '저 아픈 자', 즉 환자라는 명사를 탄생시킬 수 있습니다.

1 형용사 어미변화

1 형용사 어미변화란?

형용사가 명사를 수식할 때 형용사의 어미가 변화하는 것을 형용사 어미변화라고 합니다. 형용사가 명사 앞에 놓이면 대부분 어미가 변화하는데, 명사 앞에 쓰인 관사의 종류와 명사의 성, 수, 격에 따라 형용사가 다르게 변화합니다. 그리고 정관사류 / 부정관사류 / 무관사의 세 가지 경우에도 형용사가 변화한다는 것을 기억해 두시기 바랍니다.

① 형용사가 술어적, 부사적 용법으로 쓰일 때에는 어미변화가 일어나지 않습니다.

Das Buch ist interessant. 그 책은 흥미롭다.

Die Tasche ist teuer. 그 가방은 비싸다.

② 형용사가 명사를 수식할 때 어미변화가 일어납니다.

Das Buch ist interessant. 그 책은 흥미롭다.

\+

Es gehört mir. 그 책은 나의 것이다.

↓

Das interessante Buch gehört mir. 그 흥미로운 책은 나의 것이다.

2 형용사 어미변화의 종류

① 정관사류 어미변화 das alte Haus

② 부정관사류 어미변화 ein altes Haus

③ 무관사 어미변화 alte Häuser

2 정관사류 형용사 어미변화

1 특징

정관사류에는 'der, welch-, all-, jed-' 등이 있는데, 정관사류의 형용사 어미변화는 약변화 형태를 따릅니다.

2 정관사류 형용사 어미변화 도표

	m.	f.	n.	Pl.
Nom.	e	e	e	en
Gen.	en	en	en	en
Dat.	en	en	en	en
Akk.	en	e	e	en

예

	m.	f.	n.	Pl.
Nom.	der große Mann	die alte Frau	das große Kind	die großen Männer
Gen.	des großen Mannes	der alten Frau	des großen Kindes	der großen Männer
Dat.	dem großen Mann	der alten Frau	dem großen Kind	den großen Männern
Akk.	den großen Mann	die alte Frau	das große Kind	die großen Männer

3 문장 활용 예시

① 정관사류 1격

Der nette Mann steht vor der Schule. 저 친절한 남자가 학교 앞에 서 있다.

Die alte Frau spielt jedes Wochenende Klavier. 저 노부인은 주말마다 피아노를 연주한다.

② 정관사류 4격

Er verkauft den alten Tisch. 그는 저 낡은 테이블을 판다.

③ 정관사류 3격

Die Wohnung hat der jungen Frau gefallen. 저 집은 저 젊은 부인의 마음에 들었다.

Er antwortet den klugen Kindern. 그는 그 똑똑한 아이들에게 답변한다.

④ 정관사류 2격

Ich liebe die hübsche Tochter des netten Mannes. 나는 그 친절한 남자의 예쁜 딸을 사랑한다.

3 정관사류 - 서수

1 특징

사람과 사물의 순서를 나타내는 서수 역시 명사 앞에서 정관사류의 어미변화를 합니다.

2 독일어 서수

1.~19. : [숫자 + t]				20. ~ : [숫자 + st]	
erst	1.	neunt	9.	zwanzigst	20.
zweit	2.	zehnt	10.	einundzwanzigst	21.
dritt	3.	elft	11.	fünfundzwanzigst	25.
viert	4.	zwölft	12.	dreißigst	30.
fünft	5.	sechzehnt	16.	vierzigst	40.
sechst	6.	siebzehnt	17.	fünfzigst	50.
siebt	7.	achtzehnt	18.	neunundneunzigst	99.
acht	8.	neunzehnt	19.	hundertst	100.

Welches Datum ist heute? 오늘은 며칠인가요?

Heute ist **der 05. 11.(fünfte November)** 오늘은 11월 5일입니다.

Den wievielten haben wir morgen? 내일은 며칠인가요?

Morgen haben wir **den 06. 11.(sechsten Elften)** 내일은 11월 6일입니다.

In welchem Stock wohnen Sie? 당신은 몇 층에 사십니까?

Ich wohne **im 3.(dritten) Stock**. 저는 3층에 삽니다.

Vokabeln

s.Datum 날짜 | **r. Stock** 층

실전 문제

제시된 단어와 우리말을 참고하여, 빈칸을 채워 보세요.

1 Ich gehe gern ins ________ Café.

나는 그 작은 카페를 즐겨 간다. (klein)

2 Hast du den ________________ Film gesehen?

너는 그 흥미로운 영화를 보았니? (interessant)

3 Ich habe dem ________ Mann geholfen.

나는 저 늙은 남성을 도왔다. (alt)

4 Das ________ Buch gehört mir.

저 두꺼운 책은 내 것이다. (dick)

5 Der Besitzer des ________ Hundes ist nett.

저 작은 개의 주인은 친절하다. (klein)

6 Er wohnt im 3. Stock. → ________

그는 3층에 산다.

7 Ich möchte mir das ________ Auto kaufen.

나는 저 빠른 자동차를 사고 싶다. (schnell)

8 Der Junge hat dem ________ Mädchen gefallen.

저 소년이 저 예쁜 소녀에게 마음에 들었다. (hübsch)

9 Wegen des ________ Wetters bleiben wir zu Hause.

저 나쁜 날씨 때문에 우리는 집에 머무른다. (schlecht)

10 Die ________ Fußballschuhe gefallen mir gar nicht.

저 비싼 축구화는 내 마음에 전혀 들지 않는다. (teuer)

r. Besitzer 소유주 | **schnell** 빠른 | **teuer** 비싼 | **r. Fußballschuh** 축구화 | **schlecht** 나쁜 (↔ **gut** 좋은) | **dick** 뚱뚱한, 두꺼운 (↔ **dünn** 마른, 얇은) | **hübsch** 예쁜 (↔ **hässlich** 못생긴)

Lektion 난이도 : 기초

27 이것은 좋은 시계입니다.
Das ist eine schöne Uhr.

형용사 어미변화 ② | 앞에서 정관사의 형용사 어미변화를 배웠다면 지금은 부정관사와 무관사의 형용사 변화 차례입니다. 무엇보다 형용사의 어미를 제대로 쓰는 것도 중요하지만, '왜?' (부)정관사가 붙고 또 무관사를 사용하는지 그 '감각'을 익혀야 합니다. 처음 사물과 사람을 언급하는 경우 '특정 지어지지 않은' 부정관사가 필요합니다.

1 부정관사류 형용사 어미변화

1 특징

부정관사류에는 'ein-, kein-, mein-' 등이 있는데, 부정관사류의 형용사 어미변화는 혼합변화 형태를 따릅니다.

2 부정관사류 형용사 어미변화 도표

	m.	f.	n.	Pl.
Nom.	er	e	es	en
Gen.	en	en	en	en
Dat.	en	en	en	en
Akk.	en	e	es	en

예

	m.	f.	n.	Pl.
Nom.	ein großer Mann	eine alte Frau	ein großes Kind	meine großen Kinder
Gen.	eines großen Mannes	einer alten Frau	eines großen Kindes	meiner großen Kinder
Dat.	einem großen Mann	einer alten Frau	einem großen Kind	meinen großen Kindern
Akk.	einen großen Mann	eine alte Frau	ein großes Kind	meine großen Kinder

3 문장 활용 예시

① 부정관사류 1격

Das ist ein teurer Tisch. 이것은 비싼 탁자이다.

Das ist eine gute Idee. 그건 좋은 생각이다.

Das ist ein guter Film. 그건 좋은 영화야.

② 부정관사류 2격

Das ist der Ball eines kleinen Kindes. 그건 어느 작은 아이의 공이다.

Das ist der Hund einer schönen Frau. 이건 어떤 아름다운 여인의 개다.

③ 부정관사류 3격

Er hilft einer alten Frau. 그는 한 노부인을 돕는다.

Die Uhr gehört einer alten Frau. 이 시계는 어느 노부인의 것이다.

④ 부정관사류 4격

Er trägt heute einen dicken Mantel. 그는 오늘 두꺼운 외투를 입는다.

Sie kauft sich eine billige Tasche. 그녀는 싼 가방 하나를 산다.

2 무관사 형용사 어미변화

1 특징

무관사의 형용사 어미변화는 강변화 형태를 따르는데, 정관사 어미변화와 유사합니다.

2 무관사 형용사 어미변화 도표

	m.	f.	n.	Pl.
Nom.	er	e	es	e
Gen.	en	er	en	er
Dat.	em	er	em	en
Akk.	en	e	es	e

Tipp 남성과 중성 2격의 정관사가 des이므로 형용사의 어미도 -es가 되어야 하지만, 이 두 명사의 끝에도 -es가 붙기 때문에 형용사까지 -es가 되면 발음이 좋지 않아 예외적으로 -en을 사용합니다.

예

	m.	f.	n.	Pl.
Nom.	guter Wein	gute Wurst	frisches Obst	gute Leute
Gen.	guten Weins	guter Wurst	frischen Obstes	guter Leute
Dat.	gutem Wein	guter Wurst	frischem Obst	guten Leuten
Akk.	guten Wein	gute Wurst	frisches Obst	gute Leute

3 문장 활용 예시

① 무관사 1격

Deutscher Wein schmeckt gut. 독일 와인은 맛있다.

Deutsche Wurst schmeckt sehr gut. 독일 소시지는 매우 맛있다.

② 무관사 2격

Der Duft guten Weins ist wirklich anders. 좋은 와인의 향기는 정말 다르다.

③ 무관사 3격

Sie hilft einigen Schülern. 그녀는 몇몇의 학생들을 돕는다.

④ 무관사 4격

Ich brauche frische Luft. 나는 신선한 공기가 필요하다.

Ich esse gern frisches Obst. 나는 신선한 과일을 즐겨 먹는다.

민쌤의 Episode

많은 분들이 형용사 어미변화를 시도할 때 식은땀을 흘립니다. 열 손가락도 이용해 보고, 동공을 치켜 뜨고 천장을 보면서 어미변화를 떠올리는 모습을 보면 안쓰럽기까지 합니다. 만약 '저 낡은 자동차가 우리 아빠 거다'라는 작문을 하시려면 적어도 쉬운 단어가 머릿속에 자리 잡혀야 합니다. Das alte Auto gehört meinem Vater. 만약에 어미변화가 생각이 안 난다면 대화할 때 조금 흘리면서 해도 무방합니다. 허나 시험에서는 조금 감점이 있겠지요. 혹은 Das Auto ist alt und es gehört meinem Vater. 두 문장을 만들어도 좋겠지요?

실전 문제

정답 p. 351

제시된 단어와 우리말을 참고하여, 빈칸을 채워 보세요.

1 Ich habe mir ein ____________ Auto gekauft.

난 값비싼 자동차를 하나 샀다. (teuer, das Auto)

2 Ich bin mit meinem ___________ Hund spazieren gegangen.

나는 나의 귀여운 개를 데리고 산책을 갔다. (süß, der Hund)

3 Ich trinke nicht gern ____________ Wasser.

난 차가운 물을 즐겨 마시지 않는다. (kalt, das Wasser)

4 Das ist mein _______ Auto.

이것은 나의 새로운 자동차이다. (neu, das Auto)

5 Ich brauche oft ________ Luft.

나는 자주 신선한 공기가 필요하다. (frisch, die Luft)

6 Er isst gern __________ Wurst.

그는 독일 소시지를 즐겨 먹는다. (deutsch, die Wurst)

7 Wir wollen unser _____________ Haus verkaufen.

우리는 우리의 큰 주택을 팔려고 한다. (groß, das Haus)

8 Meinen ______ PC gebe ich meinem _____________ Bruder.

나는 내 낡은 컴퓨터를 나의 남동생에게 준다. (alt, der PC / jünger, der Bruder)

9 Mein Vater trinkt gern _____________ Tee.

아버지는 녹차를 즐겨 마신다. (grün, der Tee)

10 Ein _____________ Mann trägt einen _____________ Mantel.

어느 키가 큰 남자가 긴 외투 한 벌을 입고 있다. (groß, der Mann / lang, der Mantel)

Vokabeln

e. Luft 공기, 항공 | **r. PC** 컴퓨터 | **r. Mantel** 외투 | **e. Wurst** 소시지 | **brauchen** 필요로 하다 | **tragen** 옮기다, 착용하다

Lektion 난이도 : 기초

28 그녀는 오늘 그녀의 여자친구와 영화관으로 간다.

Sie geht heute mit ihrer Freundin ins Kino.

문장의 어순 | 긴 문장을 만들어 보려고 할 때 어떤 문장 성분(주어, 서술어, 목적어 등)을 좀 더 앞에 혹은 뒤에 둘지 난감한 경우가 있습니다. 사실 짧은 문장을 사용하면 제일 좋습니다만 부득이하게 긴 문장을 시도해 보고자 한다면, 맨 먼저 동사의 위치를 파악하고 부사(임시어)와 nicht의 위치만이라도 유의한다면 좀 더 자연스러운 문장이 나올 겁니다.

1 문장의 구성성분

1 문장 구성성분이란?

문장을 이루는 기본 요소를 문장 성분이라고 하는데, 문장 내에서 어떤 기능을 하느냐에 따라 주어, 서술어, 보충어, 임시어 등으로 나뉩니다. 보충어는 주어와 술어로는 부족한 의미를 보완해 주는 문장 성분으로, 목적어라고도 합니다. 그리고 임시어는 임의적으로 모든 문장 성분을 돕는 수식어로, 문장에 꼭 필요한 성분은 아닙니다.

2 기본 어순

주어 + 서술어 + 임시어 + 보충어 + (서술어)
Sie geht heute mit ihrer Freundin ins Kino. 주어 서술어 임시어 보충어

2 기본 어순

1 동사는 기본적으로 두 번째에 위치

주어 이외의 문장 성분도 첫 번째 자리에 올 수 있는데, 이 경우 주어는 대개 동사 뒤에 위치합니다.

Pos. 1	Pos. 2	Pos. 3	Mittelfeld	Satzende
Der Mann	schläft.			
Ich	besuche		meine Oma.	
Der Junge	arbeitet		nicht.	
Der Mann	fährt		nach Berlin.	
Morgen	gehe	ich	dorthin.	
Seit gestern	lernt	er	schon Deutsch.	

2 의문문, 명령문에서는 동사가 맨 앞에 위치!

의문사가 없는 의문문과 명령문일 경우 동사가 맨 앞에 위치합니다.

Pos. 1	Pos. 2	Pos. 3	Mittelfeld	Satzende
Kommt	er		aus Korea?	
Besuchst	du		sie?	
Lesen	Sie		doch das Buch!	
Seid			bitte leise!	

3 의문사가 있는 의문문에서는 의문사가 맨 앞!

동사는 그대로 두 번째에 위치합니다.

Pos. 1	Pos. 2	Pos. 3	Mittelfeld	Satzende
Wann	gehst	du	nach München?	
Seit wann	lernt	er	schon Deutsch?	

4 동사가 2개인 평서문에서는 두번째와 마지막에 위치!

화법 조동사, 현재완료/과거완료/미래 시제, 분리동사의 경우에 해당합니다.

Pos. 1	Pos. 2	Pos. 3	Mittelfeld	Satzende
Ich	kann		sehr gut Fußball	spielen.
Er	muss		sofort nach Hause	gehen.
Ich	habe		gestern die Hausaufgaben	gemacht.
Ich	werde		dieses Jahr nach China	fliegen.
Er	ruft		heute Abend seine Eltern	an.

3 임시어의 순서

시간 → 원인 → 방법 → 장소

Ich war gestern im Café.

나는 어제 카페에 있었다.

Ich war gestern mit Freunden im Café.

나는 어제 친구들과 카페에 있었다.

Er ist gestern mit dem Auto einkaufen gegangen.

그는 어제 자동차를 타고 장 보러 갔다.

Er ist gestern wegen der Prüfung mit dem Zug zur Uni gefahren.

그는 어제 시험 때문에 기차를 타고 대학교로 갔다.

4 nicht의 위치

1 기본 위치 : 문장의 맨 끝

Ich schlafe **nicht**. 나는 잠을 자지 않는다.

Ich wasche mich **nicht**. 나는 씻지 않는다.

2 후치된 분리 전철, 동사원형 및 P.P 앞에 위치

Ich gehe **nicht** aus. 나는 외출을 하지 않는다.

Ich gehe **nicht** spazieren. 나는 산책을 하지 않는다.

Ich kann **nicht** lesen. 나는 읽을 수 없다.

Ich habe **nicht** gelernt. 나는 공부를 하지 않았어.

3 전치사와 함께 쓰이는 보충어와 임시어 앞에 위치

Ich wohne **nicht** in Berlin. 나는 베를린에 살지 않아.

Ich spreche **nicht** gut Deutsch. 나는 독일어를 잘 하지 못해.

Ich kann **nicht** gut schwimmen. 나는 수영을 잘 할 수 없어.

Ich esse **nicht** gern Pizza. 나는 피자를 즐겨 먹지 않는다.

» 부정관사 + 명사 / 무관사 + 명사를 부정할 땐 kein- + 명사

예 Ich esse keine Pizza. 나는 피자를 먹지 않는다.

민쌤의 Episode

독일어로 긴 문장을 구사하는 것이 쉽지는 않지만, 저는 '현재완료형'의 경우 한글과 어순이 상당히 유사하다는 생각에 희열이 느껴졌습니다. 거기에 '시원방장'을 기억한다면 문장을 쉽게 만들 수 있습니다. '어제 나는 1시에 친구들과 영화관으로 갔다.'라는 예문을 만들 때 가장 먼저 생각나는 단어의 조합이 'Gestern bin ich'라면 이미 절반은 성공한 셈입니다. 그 이유는 동사의 위치가 일반 평서문에서 항상 두 번째라는 것과 '가다'라는 동사의 완료형 조동사가 sein이라는 사실을 알아낸 것이니까요. 그리고 시간, 방법, 장소의 정보를 순서대로 표현하면 됩니다. Gestern bin ich um eins mit Freunden ins Kino gegangen. 물론 앞의 문장에서 복수 Freunde는 3격에서 Freunden이 되고, in은 3·4격 지배전치사 가운데 이동의 뜻을 나타내면 4격이 되어 'ins Kino'가 되며, gehen의 과거분사 형태를 정확히 알아야 완벽한 문장이 되겠지요. 그래도 '실수는 성공의 어머니'이니 시도를 계속 해 보시면 좋겠습니다.

실전 문제

정답 p. 351

1 제시된 우리말을 참고하여, 어순에 맞게 제시된 표현을 배열해 보세요.

보기
mit meinen Freunden / am letzten Samstag / im Park

Ich habe ______________________________ Fußball gespielt.

나는 지난주 토요일에 내 친구들과 공원에서 축구를 했다.

2 '그는 내일 병원에 간다.'라는 문장의 어순이 올바른 것은?

① Er geht zum Arzt morgen.

② Morgen er geht zum Arzt.

③ Morgen geht er zum Arzt.

3 nicht의 위치가 바르지 않은 문장은?

① Sie fährt nicht nach Berlin.

② Sie schläft gut nicht.

③ Heute kann sie nicht arbeiten.

4 다음 의문문 가운데 문장의 어순이 올바른 것은?

① Gefällt Ihnen die Lampe?

② Was er ist von Beruf?

③ Wann der Unterricht anfängt?

5 다음 문장 가운데 올바르게 쓰인 것은?

① Kannst du mich bitte anrufst?

② Man darf hier nicht parkt.

③ Er soll heute zum Arzt gehen.

Vokabeln

leider 유감스럽게도 | **r. Unterricht** 수업 | **anfangen** 시작하다 | **parken** 주차하다 | **anrufen** 전화 걸다

Lektion **29** 난이도 : 기초

나는 25살이고 대학생이다.
Ich bin 25 Jahre alt und Student von Beruf.

등위 접속사 | 만약 자신을 소개할 때 'ich'라는 주어가 계속 반복된다면 그리 매끄럽지 못한 표현이 될 수 있습니다. 따라서 이번 과에서는 때에 따라 주어를 생략할 수 있으면서 좀 더 문장과 문장을 잇는 접속사를 배웁니다. 다음에 학습할 접속사는 등위 혹은 병렬(대등) 접속사라고 불리며 이는 부사가 아니므로 뒤이어 나오는 문장 성분의 위치에 영향을 주지 않습니다. 미리 말씀드리지만 중고급 때에는 종속 접속사를 배우는데, 이 접속사가 있는 문장을 '부문장'이라 말하고 동사는 항상 맨 뒤에 위치합니다.

1 접속사

1 접속사란?

접속사는 문장의 구성 성분들을 서로 연결해 주는 역할을 하는 품사입니다. 접속사의 종류에 따라 역할과 의미가 달라지는데, 이번 과에서는 등위 접속사부터 차례대로 살펴보겠습니다.

2 등위 접속사란?

등위 접속사는 병렬 접속사라고도 하는데, 두 개의 문장을 동등하게 이어주는 접속사입니다. 이 접속사는 문장의 어순에 영향을 끼치지 않고, 중복되는 주어+동사는 생략되기도 합니다. 자주 사용되는 등위 접속사에는 'und, aber, oder, denn, nicht A, sondern B' 등이 있습니다.

2 등위 접속사 문장 활용

1 und : 그리고, A와 B

Sie ist 28 Jahre alt **und** (sie ist) Angestellte von Beruf.

그녀는 28살입니다, 그리고 직업상 회사원입니다.

Ich esse eine Pizza **und** (ich) trinke eine Cola dazu.

나는 피자 하나를 먹는다, 그리고 콜라 한 잔을 곁들여 마신다.

Ich habe gestern einen Freund getroffen **und** (ich habe) eine Tasse Kaffee getrunken.

나는 어제 친구를 만났다, 그리고 커피를 마셨다.

Meine Mutter **und** ich sind gestern spazieren gegangen.

나의 엄마와 나는 어제 산책하러 갔다.

Ich habe einen großen Bruder **und** eine kleine Schwester.

나는 오빠 한 명과 여동생 한 명을 가지고 있다.

2 aber : 그러나, 그렇지만

Meine Tochter ist erst acht Jahre alt, **aber** sehr groß.

내 딸은 고작 8살이다, 그러나 키가 매우 크다.

Sie ist nett, **aber** ihr Mann ist unfreundlich.

그녀는 친절하다, 그러나 그녀의 남편은 불친절하다.

Ich habe gerade zu Mittag gegessen, **aber** habe immer noch Hunger.

나는 막 점심을 먹었다, 하지만 아직 배가 고프다.

Ich kaufe mir einen Tisch, **aber** mein Bruder kauft eine Kommode.

나는 탁자 하나를 산다, 그러나 내 남자 형제는 서랍장 하나를 산다.

3 oder : A 혹은 B

Kommst du aus China **oder** aus Japan?

너는 중국에서 왔니, 혹은 일본에서 왔니?

Gehst du heute spazieren **oder** hörst du zu Hause Musik?

오늘 너는 산책을 가니 아니면 집에서 음악을 듣니?

Fährst du heute nach München **oder** (fährst du) morgen?

너는 뮌헨으로 오늘 가니, 아니면 내일 가니?

Wollen Sie ein- **oder** aussteigen?

승차하실 건가요, 아니면 하차하실 건가요?

4 denn : 왜냐하면

Ich bleibe zu Hause, **denn** ich bin krank.

나는 집에 머무른다, 왜냐하면 나는 아프기 때문이다.

Er lernt Deutsch, **denn** er möchte in Deutschland studieren.

그는 독일어를 배워, 왜냐하면 그는 독일에서 공부하고 싶거든.

Warum sind Sie heute spät aufgestanden?

당신은 왜 오늘 늦게 일어나셨죄?

— **Denn** in der Nacht habe ich zwei Tassen Kaffee getrunken.

왜냐하면 밤에 커피 두 잔을 마셨거든요.

5 nicht A, sondern B : A가 아니라 B

Wir kommen **nicht** aus Japan, **sondern** aus Korea.

저희는 일본이 아니라 한국에서 왔어요.

Das ist **kein** Bleistift, **sondern** ein Kugelschreiber.

이것은 연필이 아니라 볼펜입니다.

Hast du einen Hund?

너는 개를 가지고 있니?

— Nein, ich habe **keinen** Hund, **sondern** zwei Katzen.

아니, 난 강아지가 아니라 고양이 두 마리가 있어.

독일 현지에서 저는 독일어를 잘 하는 사람으로 알려졌습니다. 하지만 독일에 처음 와서 대화를 하다가 aber를 부사로 착각해서 항상 'aber habe ich ...' 이런 순서로 문장을 만들곤 했습니다. 그럴 때마다 좋은 친구들이 잘못된 표현을 지적해 주곤 해서 잘못된 습관을 고칠 수 있었습니다. 게다가 대화를 하면서 한 문장을 끝냄과 동시에 저도 모르게 aber를 붙이는 버릇이 있었어요. 이러한 짧은 단어의 잘못된 사용은 표현의 의미를 왜곡시킬 수 있는 소지가 있으니 유의해야 합니다. aber는 '반전'의 내용을 담은 '하지만'의 뜻이지만 '양태불변화사'라고도 불리며 뚜렷한 해석이 없고 단지 '감탄, 놀람'의 뉘앙스를 담고 있기도 합니다.

실전 문제

정답 p. 351

제시된 우리말을 참고하여, 빈칸을 채워 보세요.

1 Wir gehen jetzt spazieren, ________ das Wetter ist heute schön.

우리는 지금 산책을 하러 간다. 왜냐하면 날씨가 좋기 때문이다.

2 Wir gehen ________ ins Kino, ________ lernen in der Bibliothek Deutsch.

우리는 영화관으로 가지 않고 도서관에서 독일어를 공부한다.

3 Deutsch ist schwer, ________ interessant.

독일어는 어렵다, 그러나 흥미롭다.

4 Möchtest du Bier ________ Wein trinken?

맥주 마실래 아니면 와인 마실래?

5 Er ist 28 Jahre alt ________ noch ledig.

그는 28살이고 아직 미혼이다.

6 Er bleibt zu Hause, ________ heute ist das Wetter sehr schlecht.

오늘 날씨가 매우 나빠서 그는 집에 머무른다.

7 Das Haus von Otto ist nicht neu, ________ doch schön.

오토의 주택이 새것은 아니지만 그래도 멋있다.

8 Wollt ihr Kaffee ________ Tee?

너희는 커피와 차 중에서 어느 것을 원하니?

9 Nicht er hat mich angerufen, ________ sein Bruder.

그가 아니라 그의 형이 내게 전화했다.

10 Mein Vater und ich ________ zusammen ins Kino.

아빠와 나는 함께 영화관으로 간다.

Vokabeln

s. Wetter 날씨 | **e. Bibliothek** 도서관 | **aber doch** 하지만 그럼에도

종합 연습문제

1 보기 중 빈칸에 들어갈 sein 동사의 형태로 알맞은 것은?

Er _______ sehr groß,
aber du _______ zu klein.

① bist, ist
② ist, bist
③ sind, bist

2 보기 중 빈칸에 들어갈 동사의 어미변화로 알맞은 것은?

Paula komm _____ aus Berlin
und lern _____ Koreanisch.

① e, e
② t, st
③ t, t

3 보기 중 빈칸에 들어갈 동사의 형태로 알맞은 것은?

A: Was macht er gern in der Freizeit?
B: Er _______ gern und _______ Rad.

① liest, fahrt
② lest, fährt
③ liest, fährt

4 빈칸에 들어갈 적절한 관사를 적어 보세요.

Hast du ____ Bruder?

Nein, ich habe ___ Bruder.

5 보기 중 빈칸에 들어갈 적절한 관사와 대명사로 알맞은 것은?

________ Tisch ist sehr modern und praktisch.
________ kommt aus Italien und ist sehr teuer.

① Die, Es
② Der, Er
③ Das, Es

6 보기 중 아래의 우리말 문장을 독일어로 가장 적절하게 옮긴 것은?

그 남자의 자동차는 매우 낡았다.

① Das Auto des Mannes ist sehr alt.
② Der Auto des Mann ist sehr alt.
③ Des Manns Auto ist sehr alt.

7 빈칸에 알맞은 관사를 적어 보세요. (필요 없으면 x로 표시하세요.)

A: Hast du etwas Zeit?
B: Nein, leider habe ich im Moment _______ Zeit.
A: Schade, ich wollte dir _______ interessantes Buch geben.
B: Welches Buch sagst du denn?
A: Meine Oma hat es mir gegeben. ______ Bücher sind ihre guten Freunde.

8 동사의 현재 인칭 어미변화의 유형이 같은 동사들을 선으로 이어 보세요.

fahren	sehen
sprechen	helfen
lesen	schlafen

9 보기 중 빈칸에 들어갈 인칭대명사로 알맞은 것은?

Wie geht's _____, Frau Kim?

Danke, gut. Und ____?

Auch gut, danke.

① Ihnen, du
② Ihnen, Sie
③ Ihnen, Ihnen

10 보기 중 빈칸에 들어갈 소유관사와 동사로 알맞은 것은?

A: Wie heißt sie denn?
B: ____ Name ___ Daniela Schneider.

① Ihr, ist
② Sie, bist
③ Ihre, sein

11 보기 중 빈칸에 들어갈 소유관사의 올바른 형태를 고르세요.

A: Timo, fährst du morgen mit _____ Familie zum Zoo?
B: Nein, ich gehe nur mit _____ Kindern zum Spielplatz.

① deinem, ihren
② deiner, meinen
③ deinen, meinen

12 보기 중 빈칸에 들어갈 대답으로 알맞은 것은?

A: Kommst du nicht aus Berlin?
B: _____, ich bin Berliner.

① Nein
② Ja
③ Doch

13 보기 중 빈칸에 들어갈 소유관사의 형태로 알맞은 것은?

> A: Wo ist ____ Tasche, Frau Kim?
> B: _____ liegt auf der Kommode.

① Ihre, Sie
② deine, Sie
③ Ihr, Sie

14 보기 중 빈칸에 들어갈 알맞은 재귀대명사를 고르세요.

> Wäschst du ___ die Hände?
>
> Ja, ich habe sie ___ schon gewaschen.

① dich, mich
② sich, sich
③ dir, mir

15 주어진 문장 구성성분들을 의문문의 어순에 따라 나열하고 알맞게 형태 변화시키세요.

> 넌 오늘 누구를 돕니?

du	helfen	heute	wer

↓

____

16 보기 중 빈칸에 들어갈 화법 조동사로 가장 적절한 것은?

> A: Was _____ du trinken?
> B: Ich ____ bitte ein Glas Milch.

① willst, mag
② wollst, wolle
③ willst, möchte

17 보기 중 빈칸에 들어갈 화법 조동사로 가장 적절한 것은?

> A: ______ du schon nach Hause?
> B: Ja, ich ____ nicht spät zu Hause sein.
> Meine Eltern warten auf mich.

① Darfst, soll
② Musst, darf
③ Sollst, muss

18 보기 중 빈칸에 들어갈 알맞은 단어를 고르세요.

> A: Rufst du ____ bitte morgen mal ___?
> B: Ja, das mache ich.

① mich, x (없음)
② dich, an
③ mich, an

19 다음 제시된 빈도부사들을 왼쪽부터 빈도가 낮은 순으로 올바르게 나열하세요.

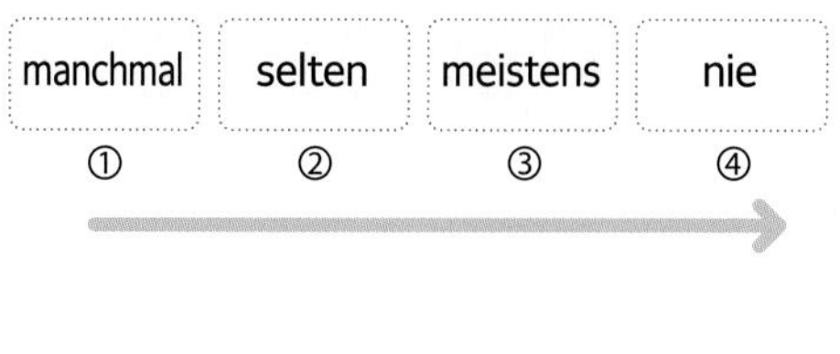

____

20 다음 문장 중 밑줄 친 부분의 전치사와 명사의 결합된 형태가 올바르지 **않은** 것은?

① Ich gehe heute nicht zum Schule.
② Ich höre gerne die Musik von Mozart.
③ Mit meiner Schwester gehe ich ins Kino.

21 보기 중 빈칸에 들어갈 알맞은 전치사를 고르세요.

> A: Ich ziehe übermorgen um. Kannst du mir bitte helfen?
> B: Tut mir leid, ich bin ____ Samstag ___ drei Tage in Berlin.

① vor, für
② ab, für
③ am, in

22 보기 중 빈칸에 들어갈 알맞은 단어끼리 짝지어진 것을 고르세요.

> A: Wo ____ dein Buch?
> B: ____ liegt unter ___ Sofa.

① liegt, Es, dem
② legt, Es, das
③ liegt, Er, dem

23 제시된 동사들의 과거형을 알맞게 적으세요.

lesen → ______
gehen → ______
treffen → ______

24 제시된 동사들이 현재완료로 쓰이면서 변화하는 형태 중 올바른 것을 고르세요.

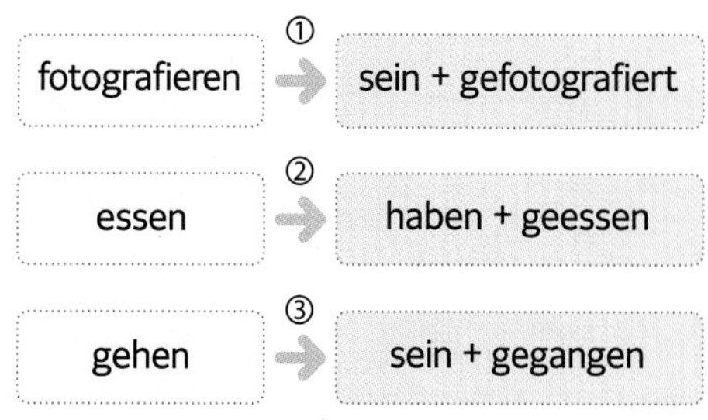

정답 p. 351

25 시제에 맞게 빈칸에 알맞은 동사의 형태를 적어 보세요.

Vor 3 Jahren ______ ich nach Korea ________(fliegen).

Davor ______ ich in den USA Jazz __________ (studieren).

Im nächsten Jahr __________ ich in der Schweiz _______(bleiben).

26 다음 임시어가 문장 속에 위치할 올바른 곳을 고르세요.

im Oktober

Ich bin ① mit Freunden ② oft ③ ins Kino gegangen.

27 다음 중 빈칸에 들어갈 동사의 명령 형태가 올바른 것은?

Kinder, _______ doch sofort ins Bett und _______ eure Augen!

① gehen, schließen
② geh, schließ
③ geht, schließt

28 빈칸에 들어갈 형용사 어미를 올바르게 쓰세요.

Ich will mir eine klein__Tasche kaufen.

Den groß__ Stuhl kaufe ich nicht.

Sie verkaufen nur frisch__ Obst.

29 다음 중 수업이 시작하는 시간으로 알맞은 것은?

A: Wie viel Uhr ist es denn jetzt?
B: Es ist 10 nach halb zehn.
A: Wann fängt der Unterricht an?
B: In 10 Minuten.

① um 10 vor zehn
② um 10 vor elf
③ um halb neun

30 제시된 보기 중 알맞은 등위 접속사를 골라 빈칸을 채워 보세요.

Ich kaufe mir kein Auto, ______ ein Fahrrad.

Ich jogge jeden Tag, _____ sofort muss ich abnehmen.

und | aber | oder | denn

nicht A, sondern B

독일어 실력을 업그레이드 할 수 있는 B1-B2 레벨 독일어 문법

germany.siwonschool.com

Lektion 31~60은 시원스쿨 독일어 사이트에서 민병필 선생님의 [제대로 배우는 독일어 중급 문법] 강의와 함께 공부할 수 있어요.

Lektion **31** 난이도 : 중급

자동차는 자전거보다 더 빠르다.

Das Auto ist schneller als das Fahrrad.

형용사의 비교급과 최상급 | 앞서 말씀드렸듯이 형용사는 쓰임이 많은 품사입니다. 우선 반대적인 표현을 익히고 관사의 유무에 따른 어미변화를 공부했다면, 이제 비교급과 최상급을 학습해 봅시다. 최종적으로 형용사의 명사화를 공부할 때에는 앞서 배운 어미변화가 도움이 될 것입니다.

1 형용사의 원급 - 비교급 - 최상급

원급 (Positiv)	비교급 (Komparativ)	최상급 (Superativ)
-	-er	-st / am -sten
schnell	schneller	schnellst / am schnellsten
빠른	더 빠른	가장 빠른

① 부가어적

명사 앞에서 명사 꾸밈 (어미변화 O), 최상급에서는 정관사 사용

② 술어적, 부사적

동사 뒤에서 술어 역할 or 부사로 사용 (어미변화 X, 최상급 : am –en)

원급 (Positiv)		비교급 (Komparativ)	최상급 (Superativ)
-		-er	-st / am -sten
klein	작은	kleiner	kleinst
schön	아름다운	schöner	schönst
billig	값이 싼	billiger	billigst

1 부가어적: 명사 앞 (어미변화 함)

Mein Kollege kauft sich ein teureres Fahrrad als ich.

나의 동료는 내가 비싼 자전거를 산 것보다 더 비싼 자전거를 산다.

Tipp A … 비교급 + als + B : 비교 대상끼리는 격이 같아야 합니다.

2 술어적, 부사적: 동사 뒤 (어미변화 없음)

Mein Auto ist kleiner als sein Auto.

내 자동차는 그의 자동차보다 작다.

2 비교급과 최상급의 규칙 및 불규칙 변화

1 규칙변화

① 모음 하나가 변모음으로 변화 (주로 1음절인 경우)

원급 (Positiv)		비교급 (Komparativ)	최상급 (Superativ)
alt	오래된, 나이든	älter	ältest
arm	가난한	ärmer	ärmst
jung	어린, 젊은	jünger	jüngst
kalt	차가운	kälter	kältest
kurz	짧은	kürzer	kürzest
lang	긴	länger	längst
warm	따뜻한	wärmer	wärmst

② -d, -t, -s, -ß, -sch, -x, -z로 끝날 때 최상급에 -est

원급 (Positiv)		비교급 (Komparativ)	최상급 (Superativ)
frisch	신선한	frischer	frischest
heiß	뜨거운	heißer	heißest
kalt	차가운	kälter	kältest
kurz	짧은	kürzer	kürzest
laut	시끄러운	lauter	lautest
weit	넓은	weiter	weitest
frisch	신선한	frischer	frischest

③ -el, -er, -en으로 끝날 때 비교급에서 -e 탈락 / -e로 끝날 때 비교급에서 -r만 추가

원급 (Positiv)		비교급 (Komparativ)	최상급 (Superativ)
dunkel	어두운	dunkler	dunkelst
sauer	신 맛이 나는	saurer	sauerst
teuer	비싼	teurer	teuerst
trocken	건조한	trockner	trockenst
leise	조용한	leiser	leisest
weise	현명한	weiser	weisest

2 불규칙변화

원급 (Positiv)		비교급 (Komparativ)	최상급 (Superativ)
groß	큰	größer	größt
gut	좋은	besser	best
hoch	높은	höher	höchst
nah	가까운	näher	nächst
viel	많은	mehr	meist
wenig	적은	weniger	wenigst
		minder	mindest

» 부사의 비교급과 최상급

원급 (Positiv)		비교급 (Komparativ)	최상급 (Superativ)
gern	기꺼이, 즐겨	lieber	am liebsten
wohl	잘, 무사히	besser (wohler)	best
oft	종종	öfter	häufigst
häufig	자주	häufiger	häufigst

3 비교급과 최상급 문장 활용

① 부가어적

Tina ist eine hübsche Schülerin.

티나는 예쁜 학생이다.

Beate ist eine hübschere Schülerin als Tina.

베아테는 티나보다 더 예쁜 학생이다.

Andrea ist die hübscheste Schülerin.

안드레아가 가장 예쁜 학생이다.

② 술어적

Tina ist hübsch.

티나는 예쁘다.

Beate ist hübscher als Tina.

베아테는 티나보다 더 예쁘다.

Andrea ist am hübschesten.

안드레아가 가장 예쁘다.

3 형용사 비교의 용법

구분	용법	의미
동등 비교 (so + 원급 + wie B)	A … so + 원급 + wie B	A는 B처럼 ~하다
	A … genauso/ebenso + 원급 + wie B	A가 B처럼 똑같이 ~하다
	A … doppelt (zweimal) so + 원급 + wie B	A가 B의 두 배로 ~하다
차등 비교 (비교급 + als B)	A … 비교급 + als B	A는 B보다 ~하다
열등 비교	A … nicht so + 원급 + wie B	A는 B처럼 ~하지 않다

1 동등 비교

① so + 원급 + wie

Paul spielt **so** gut Fußball **wie** sein großer Bruder.

파울은 그의 형처럼 축구를 잘 한다.

Lena ist eine **so** kluge Studentin **wie** Michael.

레나는 미하엘처럼 똑똑한 대학생이다.

Ich bin **so** alt **wie** er. = Ich bin **genauso** (=**ebenso**) alt **wie** er.

나는 그와 나이가 (똑)같다.

Der Baum ist **genauso** hoch **wie** das Gebäude.

저 나무는 저 건물처럼 똑같이 높다.

② doppelt (zweimal) so + 원급 + wie

Ich laufe **doppelt so** schnell **wie** sie. = Ich laufe um das Doppelte schneller als sie.

나는 그녀보다 두 배나 빨리 뛴다.

Er hat **doppelt so** viel Geld **wie** du.

그는 너보다 두 배의 많은 돈이 있다.

2 차등 비교: 비교급 + als

Mein Bruder ist älter **als** er.

내 남자 형제가 그보다 나이가 더 많다.

Ich habe viel mehr Stress **als** du.

난 너보다 스트레스가 훨씬 더 많아.

3 열등 비교 : nicht so + 원급 + wie B

Er ist **nicht so** alt **wie** mein Bruder.

그는 내 남자 형제만큼 나이가 들지 않다.

Du hast **nicht so** viel Stress **wie** ich.

너는 나만큼 그렇게 스트레스가 많지 않아.

Vokabeln

hart 딱딱한, 고된 | **süchtig** 중독된 | **schlank** 날씬한

4 형용사 비교급의 그 밖의 형태

1 immer + 비교급 = 비교급 + 비교급: 점점 더 ~해 지다

Die Arbeit wird **immer** härter. = Die Arbeit wird härter und härter.

일이 점점 더 고되진다.

Sie wird **immer** schöner.

그녀는 점점 더 아름다워진다.

2 je + 비교급 + 주어... 동사, desto + 비교급 + 동사 + 주어: ~할수록 ~하다

Je mehr man trinkt, **desto** süchtiger wird man.

(사람은) 술을 많이 마시면 마실수록 더욱더 중독된다.

Je weniger man isst, **desto** schlanker wird man.

적게 먹으면 먹을수록 더더욱 날씬해진다.

혹시 주변에 아는 독일인과 비교급으로 대화해 보신 적 있나요? 재미있게도 독일인들은 '차등'을 표현하는데도 접속사 als 대신 wie를 아주 빈번하게 사용합니다. 왜 그러는지는 자신들도 잘 모른다고 합니다. 마치 우리말 가운데 '다르다 vs. 틀리다'를 구분하지 못하고 사용하는 것과 일맥상통한다고 봅니다. 또한 모든 형용사가 비교급과 최상급을 이루는 것은 아닙니다. '끝난'이란 형용사 fertig는 '더 끝난'이 불가합니다. 그 중에 형용사 einzig는 '유일한, 독보적인'이라는 '절대형'이기 때문에 비교급 및 최상급을 쓸 수 없는데도 많은 원어민들이 대개 최상급을 사용합니다.

실전 문제

제시된 단어와 우리말을 참고하여, 빈칸을 채워 보세요.

1 Kristin ist genauso alt ______ ich.

크리스틴은 나와 같은 나이이다.

2 Der Mont Blanc ist höher ______ die Zugspitze.

몽블랑 산은 추크슈피체 산보다 높다.

3 Herr Meier ist nicht so alt ______ seine Frau.

마이어 씨는 그의 부인처럼 그렇게 나이들지 않았다.

4 Im Urlaub fahre ich lieber in die Berge ______ an den Strand.

휴가 때에 나는 해변가보다는 차라리 산으로 간다.

5 Dieser Baum ist viel ____________ ______ das Gebäude.

이 나무가 저 건물보다 훨씬 더 높다. (hoch)

6 Im Herbst wird die Luft ____________ ______ im Frühling.

가을에 공기가 봄보다 더 차갑다. (kalt)

7 Der Hamster ist ____________ ______ wie die Maus.

햄스터는 쥐만큼 똑같이 작다. (klein)

8 Sie macht viel Sport. Sie fühlt sich fit.

➔ ___ ______ sie Sport macht, ______ ______ fühlt sie sich.

그녀가 운동을 많이 하면 할수록 더 활기 있다고 느낀다. (je, desto)

정답 p. 352

9 Er lernt fleißig. Seine Noten werden gut.

➜ ____ ____________ er lernt, ________ ________ werden seine Noten.

그가 열심히 공부하면 할수록 그의 성적(들)은 더 좋아진다. (je, desto)

10 Wir fahren viel mit dem Fahrrad. Wir schützen gut unsere Umwelt.

➜ ____ ________ wir mit dem Fahrrad fahren, ________ ________ schützen wir die Umwelt.

우리가 더 많이 자전거를 타게 되면 될수록, 우리 환경을 더 잘 보호하게 된다. (je, desto)

r. Urlaub 휴가 | **r. Strand** 해변가 | **s. Gebäude** 건물 | **r. Berg** 산 | **e. Luft** 공기 | **fit** 활기 있는 | **e. Note** 점수(성적) | **jmdn. vor³ schützen** ~을 ~로부터 보호하다

Lektion 난이도 : 중급

32 저 놀고 있는 아이는 내 남자 조카이다.

Das spielende Kind ist mein Neffe.

분사 | 만약 '착한, 큰, 똑똑한, 성실한 아이'처럼 명사를 수식할 수 있는 품사가 형용사 하나만 있다면 단조로울 겁니다. 동사도 명사를 꾸밀 수가 있는데 약간의 변형을 해야 합니다. 이럴 경우 '잠 자는 아이, 꿈 꾸는 아이, 부상당한 아이' 등의 다양한 표현도 가능합니다. 이렇게 동사가 형용사가 되는 현상을 '분사'라 칭하고 현재, 과거 및 미래분사로 나뉩니다.

1 분사의 의미

1 분사(Partizip)

동사가 형용사의 기능을 가질 수 있도록 모양이 변형된 상태를 분사라고 부르며, 일반 형용사처럼 활용됩니다. 그래서 형용사의 역할로 사용될 경우, 명사를 수식하거나 문장의 술어로 사용될 수 있고, 부사의 역할로 사용될 경우에는 문장을 수식하거나 동사를 수식할 수 있습니다.

2 분사의 형태

현재분사	Inf.+ -d	**Das** spielende **Kind** ist mein Neffe. 저 놀고 있는 아이는 내 조카이다.
	~하고 있는, 하는(진행)	
과거분사	P.P	**Das** gekochte **Ei** schmeckt mir nicht gut. 저 삶은(삶겨진) 달걀은 내게 맛이 없다.
	~된(수동), ~했던(능동+완료)	
미래분사	zu Inf.+ -d	Das ist **ein leicht** zu lösendes **Problem**. 이것은 쉽게 풀릴 수 있는 문제다.
	~되어질 수 있는, ~되어야 하는 (수동의 가능성과 필연성)	

★Tipp 미래분사(Gerundivum)는 '미래 시제'와는 관계가 없습니다.

2 분사의 종류

1 현재분사

현재분사는 '동사원형(자동사, 타동사) + d'의 형태를 취하는데, '~을 하고 있는, ~하는' 등의 동시적인 행위와 완료되지 않은 진행 상황을 의미합니다. 일반적으로 명사가 동사의 의미상 주어가 되는데, 분사 자체에 속하는 목적어나 전치사격 보충어 등의 성분을 가질 수 있다는 것이 일반 형용사와는 다른 점입니다.

Der	lernen	d	e	Student	저 공부하는 대학생
Die	reisen	d	e	Frau	저 여행하는 여인
Das	schlafen	d	e	Baby	저 잠자는 아이

① 명사 수식

Der jetzt **lernende** **Schüler** sieht müde aus.

지금 공부하는 저 학생은 피곤하게 보인다.

Die **reisende** **Frau** ist jetzt am Badestrand.

저 여행 중인 부인은 지금 해변가에 있다.

» 전체 문장이 지나간 과거에 관한 것이더라도 현재분사는 '능동'의 의미를 그대로 가집니다.

㉮ Die reisende Frau war gestern am Badestrand.
저 여행 중인 부인은 어제 해변가에 있었다.

② 술어

Es ist **dringend**.

급한 일이예요.

Der Flim ist **spannend**.

저 영화는 흥미진진해.

③ 부사

Sie lösen die Aufgabe **diskutierend**.

그들은 이 과제를 토의하면서 풀어 낸다.

2 과거분사

과거분사는 대개 '~이 되어진, 되어졌던' 등의 이미 종결된 '수동'의 의미를 지니는데, 장소 이동이나 상태 변화를 나타내는 자동사의 완료형의 경우, '~했던'이라는 의미의 시간적 완료를 나타내기도 합니다. 과거분사가 사용된 문장에서는 일반적으로 명사가 동사의 의미상 목적어가 됩니다.

Der	verletzt	e	Fußballspieler	저 다친 축구 선수
Die	repariert	e	Kaffeemaschine	저 수리된 커피 머신
Das	abgefahren	e	Zug	저 출발했던 기차

Tipp 과거분사는 주로 수동의 의미로 해석이 되지만, (sein동사와 결합하는) 장소 이동 및 상태 변화의 의미를 갖는 동사가 과거분사 형태로 된 경우에는 '~했던'으로 해석합니다.

① 명사 수식

Die vor einer Woche reparierte Kaffeemaschine funktioniert im Moment gut.

일주일 전 수리된 저 커피 기계는 현재 잘 작동된다.

Der gerade vor 10 Minuten abgefahrene Zug hatte einen schweren Unfall.

막 10분 전에 출발했던 기차는 커다란 사고를 냈다.

② 술어

Ich bin **gespannt**, ob es ihr gelingt.

그녀가 그것을 할 수 있을지 흥미롭게 느껴진다.

③ 부사

Sie lebt zurzeit von ihrem Mann **getrennt**.

그녀는 현재 남편과 떨어져 살고 있다. (별거 중)

3 미래분사

미래분사는 미래에 대한 상태를 표현하는 것이 아니라 명사를 수식하는 용법으로만 사용됩니다. 이 경우 명사가 목적어 역할을 하는데, 주로 문어체에서 사용됩니다. 주로 '(관사) + zu + 타동사의 현재분사(어미변화) + 명사'의 형태로 사용하며, '~되어질 수 있는, ~되어야 하는' 등의 수동의 가능성 또는 필연성의 의미를 나타냅니다.

ein	zu	korrigieren	d	er	Fehler	수정될 수 있는 / 수정되어야 하는 실수
eine	zu	verkaufen	d	e	Wohnung	팔릴 수 있는 집 / 팔려야 하는 집

Es gibt viele **leicht zu korrigierende Fehler**.

= Man kann viele Fehler leicht korrigieren.

쉽게 수정될 수 있는 실수들이 많이 있다.

Der zu schreibende Test dauert ca. 30 Minuten. (= die schriftliche Prüfung)

저 서면 시험은 대략 30분이 걸린다.

Sie sind **auszubilden**.

그들은 교육되어야 한다.

Vokabeln

circa (= ca.) 대략, 약 | **ausbilden** (특정한 직업, 일을 위해) 교육시키다, 훈련시키다

실전 문제

정답 p. 352

제시된 단어와 우리말을 참고하여, 빈칸을 채워 보세요.

1 Die Feuerwehrleute löschten das ______________ Feuer.

소방관들은 저 타고 있는 불을 껐다. (brennen)

2 Die erfolgreich ______________ Patientin ging heute nach Hause.

성공적으로 치료된 그 환자는 오늘 집으로 갔다. (behandeln)

3 Hat dir die ____________ Sonate von Mozart gefallen?

연주된 모차르트의 소나타가 마음에 들었니? (spielen)

4 Der auf dem Sofa ____________ Mann telefonierte mit seiner Frau.

저 소파에 앉아 있는 남성이 자신의 부인과 전화 통화를 했다. (sitzen)

5 Auf dem Schreibtisch liegen die _____ ____________________ Hausaufgaben.

책상 위에 수정되어야 할 숙제들이 놓여 있다. (korrigieren)

6 Ich sitze neben dem ____________________ Studenten.

나는 책을 읽는 남자 대학생 옆에 앉아 있다. (lesen)

7 Wo kann man hier _________________ Autos kaufen?

여기 어디서 사람들은 중고차를 살 수 있을까요? (gebrauchen)

8 Das Kind verlässt _______________ sein Zimmer.

저 아이가 미소를 지으며 방을 떠난다. (lächeln)

9 Unser Klassenlehrer gibt uns das ____ ___________ Buch.

우리 담임 선생님은 우리에게 저 읽어야 하는 책을 준다. (lesen)

10 Am _________________ Samstag treffe ich mich mit meinem Freund.

오는 토요일에 나는 내 남자 친구를 만난다. (kommen)

Vokabeln

löschen (불 등을) 끄다, 삭제하다 | **s. Feuer** 불 | **brennen** 타다, 태우다 | **erfolgreich** 성공적인, 성공적으로 | **behandeln** 다루다, 치료하다 | **gebrauchen** 사용하다 | **r. Gebrauchtwagen** 중고차 | **verlassen** ~을 떠나다 | **lächeln** 미소 짓다 | **r. Klassenlehrer** 담임 선생님

Lektion **33** 난이도 : 중급

저 아이는 한 여행객과 대화 중이다.
Der Kleine spricht mit einem Reisenden.

형용사와 분사의 명사화 | 형용사를 명사화 시킬 수 있습니다. 즉, 형용사가 명사의 역할을 대신하므로 정확한 정보는 모를 수 있습니다. 위의 문장처럼 '저 작은 자'는 해석에 따라 아이가 될 수 있으나 직업이 무엇일지 알 도리는 없습니다. 뒤에 나오는 '한 여행객'도 마찬가지입니다. 아울러 문법적으로 이 명사의 뿌리는 '형용사'라서 꼭 '어미변화'를 해 주어야 한다는 것을 잊으면 안 됩니다.

1 형용사의 명사화

deutsch 독일의	➡	**ein Deutscher**
ein deutscher Mann 한 독일인 남성		

위 예시에서 'ein Deutscher'는 형용사 뒤에 Mann이나 Frau, 복수에서는 Leute가 생략된 형태입니다. 이처럼 형용사가 명사처럼 사용되는 것을 '형용사의 명사화'라고 합니다. 형용사가 명사화되었을 때도 명사이기 때문에 첫 글자는 대문자로 사용하지만, 형용사와 동일하게 어미변화를 합니다. 그렇다면 'arbeitslos 실직의, deutsch 독일의, jugendlich 연소한, 젊은이의' 이 세 단어를 통해 살펴봅시다.

	m.	f.	Pl.
Nom.	der Arbeitslos**e** ein Arbeitslos**er**	die Deutsch**e** eine Deutsch**e** Deutsch**e**	die Jugendlich**en** keine Jugendlich**en** Jugendlich**e**
Gen.	des Arbeitslos**en** eines Arbeitslos**en**	der Deutsch**en** einer Deutsch**en**	der Jugendlich**en** keiner Jugendlich**en** Jugendlich**er**
Dat.	dem Arbeitslos**en** einem Arbeitslos**en**	der Deutsch**en** einer Deutsch**en**	den Jugendlich**en** keinen Jugendlich**en** Jugendlich**en**
Akk.	den Arbeitslos**en** einen Arbeitslos**en**	die Deutsch**e** eine Deutsch**e**	die Jugendlich**en** keine Jugendlich**en** Jugendlich**e**

Tipp Deutsche는 독일 여성 → 신분과 직업에는 관사가 없으므로 강변화하며, 남성은 Deutscher입니다.

Der Arbeitslose hat endlich einen guten Job gefunden.

저 실업자가 마침내 좋은 직업을 찾아 냈다.

Die meisten Deutschen essen gern Brot.

대부분의 독일인들이 빵을 즐겨 먹는다.

2 분사의 명사화

분사가 명사화가 된 경우도 형용사와 동일하게 어미변화 합니다. 그리고 첫 글자도 대문자로 사용됩니다.

현재분사 (**Inf. + -d**)	vorsitzen + d	der Vorsitzend**e** die Vorsitzend**e**	저 남자 의장이 저 여자 의장이
	reisen + d	der Reisend**e** die Reisend**e**	저 남자 여행객이 저 여자 여행객이
과거분사 (**P.P**)	behindert	der Behindert**e** die Behindert**e**	저 남자 장애인이 저 여자 장애인이
	erwachsen	der Erwachsen**e** die Erwachsen**e**	저 남자 성인이 저 여자 성인이

1 현재분사

㉮ studierend (대학) 전공하는

	m.	f.	Pl.
Nom.	der Studierend**e** ein Studierend**er**	die Studierend**e** eine Studierend**e**	die Studierend**en** meine Studierend**en** Studierend**e**
Gen.	des Studierend**en** eines Studierend**en**	der Studierend**en** einer Studierend**en**	der Studierend**en** meiner Studierend**en** Studierend**er**
Dat.	dem Studierend**en** einem Studierend**en**	der Studierend**en** einer Studierend**en**	den Studierend**en** meinen Studierend**en** Studierend**en**
Akk.	den Studierend**en** einen Studierend**en**	die Studierend**e** eine Studierend**e**	die Studierend**en** meine Studierend**en** Studierend**e**

2 과거분사

㉮ angestellt 고용된

	m.	f.	Pl.
Nom.	der Angestellt**e** ein Angestellt**er** Angestellt**er**	die Angestellt**e** eine Angestellt**e** Angestellt**e**	die Angestellt**en** meine Angestellt**en** Angestellt**e**
Gen.	des Angestellt**en** eines Angestellt**en** Angestellt**en**	der Angestellt**en** einer Angestellt**en** Angestellt**er**	der Angestellt**en** meiner Angestellt**en** Angestellt**er**

Dat.	dem Angestellt**en** einem Angestellt**en** Angestellt**em**	der Angestellt**en** einer Angestellt**en** Angestellt**er**	den Angestellt**en** meinen Angestellt**en** Angestellt**en**
Akk.	den Angestellt**en** einen Angestellt**en** Angestellt**en**	die Angestellt**e** eine Angestellt**e** Angestellt**e**	die Angestellt**en** meine Angestellt**en** Angestellt**e**

Ich habe **meine Verwandten** besucht. Die beiden Cousinen sind **Angestellte**.

나는 나의 친척들을 방문했다. 두 여자 사촌은 회사원이다.

Die Reisenden waren alle sehr nett.

그 여행객들은 모두 매우 친절했다.

3 etwas/nichts + 형용사

독일어에서 etwas와 nichts는 각각 '어떤 ~것'과 '~것은 없다, 아니다'를 의미합니다. 이 두 단어와 형용사가 결합될 때, 형용사는 중성 강변화 규칙을 따릅니다. 또한, 이 경우 2격 형태는 존재하지 않습니다. etwas와 nichts는 무관사로 사용되며, 이때 중성의 정관사 어미변화를 따르게 됩니다.

	어떤 ~것	~것은 없다, 아니다
Nom.	etwas Neu**es**	nichts Neu**es**
Gen.	-	-
Dat.	etwas Neu**em**	nichts Neu**em**
Akk.	etwas Neu**es**	nichts Neu**es**

Gestern habe ich **etwas Interessantes** erlebt.

어제 나는 뭔가 흥미로운 것을 체험했다.

Man erwartet die Entwicklung von **etwas Neuem**.

사람들은 뭔가 새로운 것의 발전을 기대한다.

Es ist **nichts Schlimmes** passiert.

그 어떤 심각한 것도 일어나지 않았다.

Vokabeln

e. Entwicklung 발전, 개발

실전 문제

정답 p. 352

제시된 단어와 우리말을 참고하여, 빈칸을 채워 보세요.

1 Der ________________ schwitzt viel.

저 춤꾼은 땀을 많이 흘린다. (tanzend)

2 Die ________________ in Deutschland jobben in den Ferien.

독일의 청소년들은 방학 때에 아르바이트를 한다. (jugendlich)

3 Die kluge ________________ ist meine Nachbarin.

저 똑똑한 여자 대학생은 내 이웃이다. (studierend)

4 Der Arzt hat schon vielen ________________ geholfen.

저 의사는 이미 많은 환자들을 도왔다. (krank)

5 In dieser Stadt gibt es leider viele ________________.

이 도시에는 유감스럽게도 많은 노숙인들이 있다. (obdachlos)

6 Eine ________________ von mir ist vor einer Woche nach Deutschland geflogen.

내가 아는 여성 지인이 일주일 전 독일로 갔다. (bekannt)

7 ________________ verbieten Kindern vieles.

성인들은 아이들에게 많은 것을 금지시킨다. (erwachsen)

8 Am Wochenende habe ich ________________ ________________ gemacht.

주말에 나는 별다른 것을 하지 않았다. (neu)

9 Der Staat ist der Arbeitgeber aller ________________.

국가는 모든 공무원들의 고용주이다. (beamtet – 불규칙)

10 Der Notarzt kümmerte sich um einen ________________.

저 구급의(사)는 어느 중상 입은 환자를 돌보았다. (schwerverletzt)

Vokabeln

schwitzen 땀을 흘리다 | **jobben** 아르바이트를 하다 | **r. Nachbar** 남자 이웃 | **obdachlos** 집이 없는 | **bekannt** 알려진 | **erwachsen** 다 자란, 성인의 | **r. Staat** 국가 | **r. Arbeitgeber** 고용주 | **Pl. Beamte** 공무원들 | **sich um⁴ kümmern** ~를 돌보다, 신경을 쓰다

Lektion

34 그는 중국인이다. 나는 저 중국인을 보고 있다.

난이도 : 중급

Er ist Chinese. Ich sehe den Chinesen.

N- 변화 | 혹시 '대학생(Student)'이라는 단어를 배웠다면 '나는 저 대학생을 사랑한다.'는 어떻게 작문을 할 수 있을까요? 그래도 정관사와 '사랑하다(lieben)'라는 동사가 몇 격을 지배하는지 안다면 대개 'Ich liebe den Student.'와 같은 문장을 만들 겁니다. 하지만 'Ich liebe den Studenten.'이 정답입니다. N- 변화 명사이기 때문입니다.

1 N- 변화의 의미

N- 변화는 특정한 접미사를 가지는 남성명사에서 일어나는 현상으로, 1격을 제외한 나머지 격과 복수의 모든 격에 (e)n이 붙습니다. 대개 외래명사의 직업과 신분을 가리키는 명사에 많은데, 아래 예시를 통해 N- 변화의 형태를 살펴봅시다.

	N- 변화가 일어나지 않는 명사		N- 변화가 일어나는 명사	
	단수	복수	단수	복수
Nom.	der Mann	die Männer	der Junge	die Jungen
Gen.	des Mannes	der Männer	des Jungen	der Jungen
Dat.	dem Mann	den Männern	dem Jungen	den Jungen
Akk.	den Mann	die Männer	den Jungen	die Jungen

2 N- 변화가 일어나는 명사

1 특정 어미를 갖는 명사

① -e으로 끝나는 국적을 나타내는 남성명사

der Chinese	중국인	der Türke	튀르키예인
der Russe	러시아인	der Pole	폴란드인

Der Pole arbeitet in Deutschland. 저 폴란드인은 독일에서 일한다.

Sie gibt **dem Polen** Wasser. 그녀가 저 폴란드인에게 물을 준다.

Ich liebe **den Schweden**. 나는 저 스웨덴 남자를 사랑한다.

② -e로 끝나는 남성명사

der Löw**e**	사자	der Has**e**	산토끼
der Jung**e**	소년	der Kolleg**e**	동료
der Neff**e**	조카	der Kund**e**	남성 고객

Tipp -e로 끝나는 남성명사 중에는 2격에서 -s가 붙는 경우도 있습니다.

㉮ des Namens, des Gedankens, des Willens 등

Ich helfe **meinem Kollegen**. 나는 내 동료를 돕는다.

Ich besuche **meinen Neffen** in Deutschland. 나는 독일에 사는 내 조카를 방문한다.

③ -oge, -at 등으로 끝나는 남성명사

der Pädag**oge**	교육가	der Bi**ologe**	생물학자
der Autom**at**	자동판매기	der Sold**at**	군인

Ich bin **am Geldautomaten** und hebe Geld ab. 나는 ATM에서 돈을 인출한다.

④ -ent, -ant, -and로 끝나는 남성명사

der Stud**ent**	대학생	der Pati**ent**	환자
der Demonstr**ant**	시위자	der Doktor**and**	박사 지망생

Der Arzt operiert **den Studenten**. 저 의사 선생님이 저 대학생을 수술한다.

⑤ -ist로 끝나는 남성명사

der Tour**ist**	관광객	der Journal**ist**	기자
der Poliz**ist**	경찰관		

Der Polizist ruft **den Touristen**. 저 경찰이 저 관광객을 부른다.

2 예외 (특정 어미가 붙지 않는 명사)

① 대표적인 예시

der Bauer	농부	der Fotograf	사진작가
der Mensch	인간	der Nachbar	이웃
der Herr	신사, ~씨	der Philosoph	철학가
der Held	히어로	der Bär	곰

Darf ich mit **Herrn Schmidt** sprechen?

제가 슈미트 씨와 대화를 나눌 수 있을까요?

Tipp Herr의 복수형은 Herren입니다.

Ich lade **meinen Nachbarn** zu meiner Geburtstagsparty ein.

나는 내 이웃을 생일 파티에 초대한다.

② 혼합된 변화 (2격에서 - s가 명사 뒤에 붙음)

der Name	이름	der Wille	의지
der Friede	평화	der Gedanke	생각

N- 변화가 논리적으로 쉬운 이유는 보편적으로 남성과 중성명사의 2격에서 명사 뒤에 -(e)s가 붙는 현상이 없기 때문입니다. 예를 들어 '저 남자의 아들이 독일에서 산다.'라는 문장을 다음과 같이 만들 수 있습니다. Der Sohn des Mannes lebt in Deutschland. 이렇게 만들면 독일 친구들이 여러분들의 독일어 실력을 치켜 세울 것입니다. 그만큼 2격이 어렵다는 반증이겠지요? 하지만 오늘의 주제에 해당하는 명사는 다음과 같은 2격에서도 -(e)n이 붙습니다. '저 대학생의 여자친구는 한국 출신이다.' Die Freundin des Studenten kommt aus Korea. 숨쉴 틈 없는 독일어입니다.

실전 문제

정답 p. 353

제시된 단어와 우리말을 참고하여, 빈칸을 채워 보세요.

1 Ich besuche den ____________.

나는 저 중국인을 방문한다. (Chinese)

2 Wir helfen unserem ____________________.

우리는 우리의 실습생을 돕는다. (Praktikant)

3 Der Arzt untersucht seinen ____________.

그 의사는 자신의 환자를 진료한다. (Patient)

4 Das Mädchen hilft einem ____________. Der ____________ ist mein Bruder Sven.

그 소녀가 한 소년을 도와준다. 그 소년은 내 남동생 스벤이다. (Junge)

5 Kennst du den ____________________?

넌 그 남자 대학생을 아니? (Student)

6 Meine Mutter holt Eier direkt vom ____________.

어머니는 달걀(들)을 직접 농부에게서 사 가지고 오신다. (Bauer)

7 Ich bin jetzt am ____________________, denn ich muss Geld abheben.

나는 돈을 인출해야만 해서 ATM 기계에 있다. (Geldautomat)

8 Der Reisende hat den ____________________ nach dem Weg zum Bahnhof gefragt.

저 여행객은 경찰관에게 기차역으로 가는 길을 물었다. (Polizist)

9 Ich möchte bitte ____________ Schmidt sprechen.

슈미트 씨와 통화하고 싶어요. (Herr)

10 Der freundliche Student gefällt dem ____________________.

저 상냥한 대학생이 저 프랑스인의 마음에 든다. (Franzose)

Lektion **35** 난이도 : 중급

그는 어제부터 아프다.
Seit gestern ist er krank.

동사의 6시제 ① | 앞서 20~22과에서 독일어 동사의 6가지 시제에 대해 배웠습니다. 사실 제 생각에는 현재와 현재완료만이라도 완벽하게 구사할 수 있다면 주저 말고 독일에 가도 좋을 것 같습니다. 그만큼 독일어의 시제를 정확하게 이해하는 것이 쉽지 않다는 의미겠지요. 그래서 이번 과에서는 독일어의 6시제에 대해 한 번 더 복습하고, 현재와 과거 시제의 용법을 좀 더 상세히 살펴보도록 하겠습니다.

1 동사의 6시제

1 시제의 분류

과거완료 Plusquam-perfekt	현재완료 Partizip Perfekt	과거 Präteritum	현재 Präsens	미래완료 Futur II	미래 Futur I

시제	의미
현재	현재의 사실, 진리, 지속관계, 미래
과거	과거의 사실 – 문어체 (z.B. 성경, 동화 등)
현재완료	과거의 사실 – 구어체 및 짧은 글
과거완료	과거의 사실 이전의 사실
미래	미래에 대한 예측, 약속, 계획, 현재에 대한 추측
미래완료	종결된 사건의 진단

2 시제별 문장 구조

시제	문장 구조				
현재		동사			
과거		동사 과거형			
현재완료		sein / haben		P.P	
과거완료		war / hatte		P.P	
미래		werden		동사원형(Inf.)	
미래완료		werden		P.P	sein / haben

㉮

시제	문장 구조			
현재	Sie	spielt	Klavier.	
과거	Sie	spielte	Klavier.	
현재완료	Sie	hat	Klavier	gespielt.
과거완료	Sie	hatte	Klavier	gespielt.
미래	Sie	wird	Klavier	spielen.
미래완료	Sie	wird	Klavier	gespielt haben.

시제	문장 구조			
현재	Er	bleibt	in Deutschland.	
과거	Er	blieb	in Deutschland.	
현재완료	Er	ist	in Deutschland	geblieben.
과거완료	Er	war	in Deutschland	geblieben.
미래	Er	wird	in Deutschland	bleiben.
미래완료	Er	wird	in Deutschland	geblieben sein.

2 현재 시제

1 용법

① 항상 유효한 진리

Köln liegt am Rhein.

쾰른은 라인 강변에 놓여 있다.

② 현재의 사실

Monika ist im Arbeitszimmer.

모니카는 서재에 있다.

③ 현재까지의 지속 상태

Seit drei Jahren wohne ich in Seoul.

3년 전부터 난 서울에서 산다.

④ 가까운 미래의 일

Morgen fährt sie nach München.

내일 그녀는 뮌헨으로 간다.

2 현재 시제 규칙 변화 vs 불규칙 변화

① 규칙 변화

Er antwortet ihr gleich auf die E-Mail.

그는 그녀에게 이메일로 바로 답변한다.

Mama hört gern Musik.

엄마는 음악을 즐겨 듣는다.

Wie heißt du denn?

대체 넌 이름이 뭐야?

② 불규칙 변화

Sie lädt mich zum Abendessen ein.

그녀는 나를 저녁 식사에 초대한다.

Er sieht gern fern und schläft gern.

그는 텔레비전을 즐겨 보고 잠을 즐겨 잔다.

Triffst du gern Freunde oder liest du lieber?

너는 친구들을 즐겨 만나니 아니면 책을 더 즐겨 읽니?

3 과거 시제

1 용법

과거 시제는 동사의 3요형 가운데 과거형을 사용합니다.

① 과거의 사실 (문어체)

Er ging ins Kino und sah sich einen interessanten Film an.

그는 영화관으로 가서 흥미로운 영화 한 편을 관람했다.

② 기본동사 및 화법조동사

Er war im Kino.

그는 영화관에 있었다.

Ich hatte einen Hund und eine Katze.

나는 개와 고양이가 한 마리 있었다.

Er wurde Hausarzt.

그는 주치의가 되었다.

Sie wollte gestern ins Kino gehen.

그녀는 어제 영화관에 가고 싶어 했다.

Das wusste ich nicht.

그걸 난 몰랐다.

Tipp 기본동사와 화법 조동사는 과거를 표현할 때 현재완료형보다는 주로 과거형을 사용합니다.

2 과거 시제 규칙 변화 vs 불규칙 변화

① 규칙 변화

Er lernte gestern Deutsch.

그는 어제 독일어를 공부했다.

Mein Freund arbeitete gestern viel.

내 친구는 어제 많이 일했다.

Endlich verkaufte er ein Auto.

그는 마침내 자동차 한 대를 팔았다.

Meine Eltern wohnten kurz auf dem Land.

내 부모님은 잠시 시골에 거주하셨다.

② 불규칙 변화

Sie ging am Strand spazieren.

그녀는 해변가에서 산책했어요.

Sie fuhr ans Meer.

그녀는 바다로 갔어요.

Die Frau traf sich gestern mit ihrer Mutter.

그 여인은 어제 자신의 어머니를 만났다.

Das Haus gefiel ihm nicht gut. Es war zu alt.

저 집은 그에게 마음에 들지 않았다. 그건 너무 낡았다.

실전 문제

제시된 단어와 우리말을 참고하여, 빈칸을 채워 보세요.

1 Sie ________ früher arm. Daher ________ sie nur wenig Geld.

그녀는 예전에 가난했다. 그래서 그녀는 단지 돈이 적었다. (과거 / sein, haben)

2 Seit vier Tagen ________ es sehr viel.

4일 전부터 매우 많이 비가 내리고 있다. (현재 / regnen)

3 Vor drei Jahren ________ er in der Bank.

3년 전에 그는 은행에서 일했다. (과거 / arbeiten)

4 Er ________ gleich seine Mutter ________.

그는 즉시 그의 어머니에게 전화를 걸어야만 했다. (과거 / müssen, anrufen)

5 Mein Sohn ________ immer um 6 ________ und dann ________ er sich.

내 아들은 항상 여섯 시에 기상하고 이후에 씻는다. (현재 / aufstehen, waschen)

6 Am Samstagabend ________ ________ einen schweren Unfall auf den Autobahn A6.

일요일 저녁에 고속도로 A6에서 대형 사고가 있었다. (과거 / es gibt)

7 Er ________ nicht, dass seine Mutter sehr krank ________.

그는 자신의 어머니가 아프다는 걸 몰랐다. (현재 & 과거 / wissen, sein)

8 Am letzten Freitag ________ sie ihren Geburtstag mit Familie und Freunden zusammen.

지난 금요일에 그녀는 자신의 생일을 가족 그리고 친구들과 함께 축하했다. (과거 / feiern)

9 Er __________ den ganzen Tag im Bett liegen, denn er __________ Kopfschmerzen.

그는 하루 종일 침대에 누운 채 머물러 있었다. 왜냐하면 두통이 있었기 때문이다. (과거 / bleiben, haben)

10 In ein paar Wochen __________ er nach Deutschland und __________ in Berlin Mathe.

몇 주 뒤면 그는 독일로 날아가고 베를린에서 수학을 전공하게 된다. (현재 / fliegen, studieren)

Vokabeln

arm 가난한 | **wenig** 적은 | **e. Bank** 은행 | **jmdn. anrufen** ~에게(4격) 전화를 걸다 | **aufstehen** 기상하다 | **sich waschen** (스스로를) 씻다 | **es gibt + etw.**[4] ~이 있다 | **r. Unfall** 사고 | **e. Autobahn** 고속도로 | **Pl. Kopfschmerzen** 두통 | **liegen bleiben** 누운 채로 머무르다 | **e. Mathe** 수학(Mathematik)

Lektion **36** 난이도 : 중급

그는 집으로 갔음에 틀림없다.
Er wird bestimmt nach Hause gegangen sein.

동사의 6시제 ② | 지난 과에 이어서 이번 과에서는 나머지 네 가지 시제에 대해 상세히 살펴보겠습니다. 특히 미래완료에 대한 시제가 여러분들에게 생소할 수 있지만 연습을 거듭할수록 시제에 대한 자신감이 생기게 마련입니다. 무엇보다 중요한 것은 꾸준한 반복 학습이라는 점, 잊지 마시기 바랍니다.

1 현재완료 시제

1 용법

현재완료 시제는 동사의 3요형 가운데 과거분사를 활용합니다. 현재완료 시제는 구어체에서 주로 사용하지만, 일기, SMS, 메일, 편지 등 일상 회화의 문어체에도 자주 사용됩니다.

장소 이동, 상태 변화를 나타내는 동사	sein + P.P
타동사, 일반 자동사	haben + P.P

① 과거의 사실을 나타내는 일상 회화 & 대화

Was habt ihr gestern gemacht? — Wir haben Fußball gespielt.

너희들은 어제 뭐 했니? — 우리는 축구를 했어.

② 기본동사는 현재완료도 종종 사용

Wo bist du gestern gewesen? — Ich war im Kino.

너 어제 어디에 있었니? — 영화관에 있었어.

2 P.P형 - 약변화 동사

Ich habe	Musik	gehört.
Wir haben	viel	gelernt.
Die Frau hat	Obst	eingekauft.
Haben Sie	Ihr Fahrrad	verkauft?
Haben Sie	auf mich	gewartet?
Ich habe	Medizin	studiert.
Sie hat	das Fenster	aufgemacht.

3 sein + P.P 형태

① 장소의 이동

Sie ist am Strand spazieren gegangen.

그녀는 해변가에서 산책했다.

Ich bin zu spät ins Kino gekommen. Der Film hatte schon angefangen.

내가 영화관에 너무 늦게 왔다. 영화가 이미 시작했다.

Sie ist mit dem Bus zur Uni gefahren.

그녀는 버스를 타고 대학교에 갔다.

Wir sind schon über tausend Kilometer geflogen.

우리는 이미 1,000km 넘게 비행했다.

Er ist heute sehr lange gejoggt.

그는 오늘 매우 오래 조깅했다.

Der Hund ist einem Dieb hinterhergelaufen.

그 개는 도둑을 뒤쫓아 달렸다.

Der Ball ist auf den Boden gefallen.

그 공이 바닥으로 떨어졌다.

② 상태의 변화

Ich bin heute sehr früh aufgestanden.

난 오늘 매우 일찍 일어났다.

Der Unterricht war ganz langweilig und ich bin eingeschlafen.

그 수업은 너무 지루했고 나는 잠이 들었다.

Die Prinzessin ist aus einem tiefen Schlaf aufgewacht.

그 공주는 깊은 잠에서 깨어났다.

Die Butter ist in der Sonne geschmolzen.

저 버터가 햇볕에서 녹았다.

Der Baum ist schief gewachsen.

그 나무는 비스듬하게 자랐다.

Vokabeln

schmelzen 녹다

Mein Nachbar ist an Lungenkrebs gestorben.

내 이웃은 폐암으로 돌아가셨다.

Er ist endlich Arzt geworden.

그는 마침내 의사가 되었다.

③ 그 외

Er ist ihr gestern auf der Straße begegnet.

그는 그녀를 어제 길에서 마주쳤다.

Der Kuchen ist mir nicht gelungen.

나는 그 케이크를 (제대로 만드는 것을) 해내지 못했다.

Ist sie schon mal in Deutschland gewesen?

그녀는 독일에 가 본 적이 있니?

Was ist denn hier passiert?

대체 여기서 무슨 일이 일어났나요?

» sein과 결합하는 동사

장소 이동 | kommen, gehen, fahren, fliegen, joggen, laufen, fallen ...
상태 변화 | aufstehen, einschlafen, aufwachen, schmelzen, wachsen, sterben, werden ...
그 외 | begegnen, gelingen, bleiben, sein, passieren ...

4 haben + P.P 형태

① 타동사

Ich habe dich gesucht.

나는 너를 찾고 다녔다.

Ich habe das Auto gewaschen.

나는 자동차를 세차했다.

② 그 외의 자동사

Er hat sehr lange geschlafen.

그는 매우 오래 잤다.

Es hat viel geregnet.

비가 많이 내렸다.

2 과거완료 시제

과거의 사실 이전의 사실	war + P. P
	hatte + P. P

Ich habe vor drei Monaten Englisch gelernt.

난 석 달 전에 영어를 배웠다.

Davor hatte ich Chinesisch gelernt.

그 전에는 중국어를 배웠었다.

3 미래 시제(Futur I)

미래에 대한 예측, 약속, 계획 현재에 대한 추측	werden + Inf. (동사원형)

Es wird viel regnen.

비가 많이 올 거다.

Ab morgen werde ich eine Diät machen.

나는 내일부터 다이어트 할 거야.

Er wird wohl krank sein.

그는 아마도 아픈 것 같다.

4 미래완료 시제(Futur II)

과거 사실에 대한 추측 미래에 완료될 가정 표현	werden …… P. P + sein
	werden …… P. P + haben

Er wird schon die Zeitung gelesen haben.

그는 이미 신문을 읽었을 거야.

Er wird schon zu Hause angekommen sein.

그는 이미 집에 도착했음에 틀림없다.

Er wird bis morgen das Fahrrad repariert haben.

그는 내일까지 자전거를 고칠 것임에 틀림없다.

실전 문제

제시된 단어와 우리말을 참고하여, 빈칸을 채워 보세요.

1 Das Glas ______ auf den Boden ____________.

그 유리잔이 바닥에 떨어졌다. (현재완료 / fallen)

2 Meine Mutter ______ mir Geld ________. Ich ______ sie schon darum ________.

내 엄마가 나에게 돈을 주었다. 나는 이미 그녀에게 그것을 부탁했다. (현재완료 & 과거완료 / geben, bitten)

3 Das Kind ______ mein Portemonnaie ____________ ________.

저 아이가 내 지갑을 훔쳤음에 틀림없다. (미래완료 / stehlen)

4 Er ______ nächste Woche nach Deutschland ____________.

그는 다음 주에 독일로 날아갈 거다. (미래 / fliegen)

5 Wahrscheinlich ______ es morgen viel ____________.

아마도 내일 눈이 많이 내릴 것이다. (미래 / schneien)

6 Ich bin gerade erst nach Hause gekommen, aber meine Cousine Sara ______ schon ____________.

나는 막 이제서야 집으로 왔는데, 사촌인 사라는 이미 가 버렸다. (과거완료 / gehen)

7 A: Warum ist er so traurig?

그는 왜 저렇게 슬프지?

B: Er ______ bestimmt die Prüfung nicht ____________ ________.

그는 시험을 합격하지 못했을 것임이 분명해. (미래완료 / schaffen)

8 Ich ______ um 8 Uhr ____________. Davor ______ ich ____________ ____________.

나는 8시에 아침을 먹었다. 그 전에 나는 산책을 갔었다. (현재완료 & 과거완료 / frühstücken, spazieren gehen)

정답 p. 353

9 Er ______ seinen Wagen in die Tiefgarage __________.

그는 자신의 차량을 지하 주차장으로 몰았다. (현재완료 / fahren)

제시된 시제를 참고하여, 빈칸을 채워 보세요.

10 Er wartet auf den Bus. (현재)

- Er __________ auf den Bus. (과거)

- Er ______ auf den Bus __________. (현재완료)

r. Boden 바닥 | **s. Portemonnaie** 지갑 | **stehlen** 훔치다 | **wahrscheinlich** 아마도(확률이 높음) **schneien** 눈이 내리다 | **e. Cousine** 여자사촌 | **traurig** 슬픈 | **auf⁴ warten** ~을 기다리다 | **schaffen** 성취하다, (시험에) 합격하다 | **jmdn. um⁴ bitten** ~에게(4격) ~을 부탁하다

Lektion **37** 난이도 : 중급

나는 많이 공부해야만 했다.
Ich habe viel lernen müssen.

화법 조동사의 시제 | 언어에서 동사는 말장난이라고 생각합니다. '공부하다'라는 동사에 느낌을 주어 '공부를 해야만 한다'라는 '다급함'을 표현할 수 있으니까요. 명령의 동사에서는 상대방의 청원과 소원 등을 읽을 수 있기도 하지요. 혹시 화법 조동사가 과거 시제를 많이 사용한다고 해서 완료 용법의 학습을 생략한다면 오산입니다. 이 문장 구조를 이해해야 마지막 과정의 접속법 II식에서의 '언어적 유희'를 이해할 수 있기 때문입니다.

1 화법 조동사의 3요형과 의미

부정형	과거	과거분사	의미
können	konnte	gekonnt	할 수 있다
müssen	musste	gemusst	해야만 한다
mögen	mochte	gemocht	좋아하다
möchten	wollte	gewollt	하고 싶다
dürfen	durfte	gedurft	해도 된다
sollen	sollte	gesollt	해야 한다
wollen	wollte	gewollt	하려고 한다

» möchten의 과거형이 wollte인 이유

mögen의 접속법 II식의 형태가 möchten이며 과거인 mochte에서 파생되어서 결국 '~을 하고 싶다'의 과거형이 없으므로 wollen의 과거형 wollte를 차용합니다.

2 화법 조동사의 시제별 형태

1 현재 (Präsens)

	können	müssen	möchte	mögen	dürfen	sollen	wollen
ich	**kann**	**muss**	**möchte**	**mag**	**darf**	**soll**	**will**
du	kannst	musst	möchtest	magst	darfst	sollst	willst
er, sie, es	**kann**	**muss**	**möchte**	**mag**	**darf**	**soll**	**will**
wir	können	müssen	möchten	mögen	dürfen	sollen	wollen
ihr	könnt	müsst	möchtet	mögt	dürft	sollt	wollt
sie/Sie	können	müssen	möchten	mögen	dürfen	sollen	wollen

2 과거 (Präteritum)

	können	müssen	möchten	mögen	dürfen	sollen	wollen
ich	**konnte**	**musste**	**wollte**	**mochte**	**durfte**	**sollte**	**wollte**
du	konntest	musstest	wolltest	mochtest	durftest	solltest	wolltest
er, sie, es	**konnte**	**musste**	**wollte**	**mochte**	**durfte**	**sollte**	**wollte**
wir	konnten	mussten	wollten	mochten	durften	sollten	wollten
ihr	konntet	musstet	wolltet	mochtet	durftet	solltet	wolltet
sie/Sie	konnten	mussten	wollten	mochten	durften	sollten	wollten

3 화법 조동사의 시제

1 화법 조동사의 특징

화법 조동사는 상황에 적절한 느낌을 가미하는 동사입니다. 과거를 나타낼 때는 현재완료보다 과거를 주로 사용하며, 상황상 본동사 예측이 가능한 경우 화법 조동사가 본동사로 사용되거나 기본 의미를 가지는 본동사가 생략됩니다.

예 본동사: Ich möchte bitte einen schwarzen Kaffee.

본동사 생략: Ich muss nach Hause (gehen). 난 집으로 가야 해.

Ich kann gut Deutsch (sprechen). 나는 독일어를 잘 한다.

현재완료	haben + … + 본동사 원형 + 화법조동사 원형
과거완료	hatte + … + 본동사 원형 + 화법조동사 원형
미래	werden + … + 본동사 원형 + 화법조동사 원형

Tipp 본동사 또는 동사원형 생략 시 일반동사의 현재완료형 및 미래형을 만드는 방법과 동일합니다.

2 화법 조동사가 조동사로 쓰일 때

현재	Sie	kann	gut	schwimmen.	
과거	Sie	konnte	gut	schwimmen.	
현재완료	Sie	hat	gut	schwimmen	können.
미래	Sie	wird	gut	schwimmen	können.

Tipp **können의 과거분사 형태**

조동사로 쓰일 때: können, 본동사로 쓰일 때: gekonnt

3 화법 조동사가 본동사로 쓰일 때

일반 동사의 현재완료 및 미래 시제 용법과 동일합니다.

현재	Ich	kann	gut	Deutsch.	
과거	Ich	konnte	gut	Deutsch.	
현재완료	Ich	habe	gut	Deutsch	gekonnt.
미래	Ich	werde	gut	Deutsch	können.

현재	Ich	will	einen Kuchen.	
과거	Ich	wollte	einen Kuchen.	
현재완료	Ich	habe	einen Kuchen	gewollt.
미래	Ich	werde	einen Kuchen	wollen.

4 화법 조동사의 시제별 문장 만들기

현재	Ich soll jeden Tag das Bad putzen. 나는 매일 욕실 청소를 해야 한다.
과거	Ich sollte jeden Tag das Bad putzen. 나는 매일 욕실 청소를 해야 했다.
현재완료	Ich habe jeden Tag das Bad putzen sollen. 나는 매일 욕실 청소를 해야 했다.
미래	Ich werde jeden Tag das Bad putzen sollen. 나는 (앞으로) 매일 욕실 청소를 해야 할 것이다. (추측)

현재	Er darf nicht ins Kino gehen. 그는 영화관에 가면 안 된다.
과거	Er durfte nicht ins Kino gehen. 그는 영화관에 가면 안 됐다.
현재완료	Er hat nicht ins Kino gehen dürfen. 그는 영화관에 가면 안 됐다.
미래	Er wird nicht ins Kino gehen dürfen. 그는 영화관에 가면 안 될 것이다. (추측)

실전 문제

정답 p. 353

제시된 우리말을 참고하여, 빈칸을 채워 보세요.

1 Sie ________ morgen Fahrrad ____________ ____________.

그녀는 내일 자전거를 탈 수 있을 것이다. (미래 / fahren)

2 Er ________ dieses Auto __________.

그는 이 자동차를 좋아했다. (현재완료 / mögen)

3 Ich ________ allein ins Kino ____________ ____________.

나는 혼자서 영화관으로 가도 되었다. (현재완료 / gehen)

4 Er _______ am Wochenende Golf spielen.

아버지는 주말에 골프를 치고 싶어했다. (과거 / wollen)

5 Er lernt fleißig Englisch. Er ________ in ein paar Monaten gut Englisch ____________ ____________. 그는 부지런히 영어를 공부한다. 몇 달 뒤면 영어를 잘 말할 수 있게 될 거다. (미래 / sprechen)

6 Mein Bruder ________ heute nicht zur Schule ____________.

내 오빠는 오늘 학교에 갈 필요가 없었다. (현재완료 / müssen)

7 Er ist zum Bahnhof gegangen. Davor ___________ er seinen Freund ____________ ____________. 그는 기차역으로 갔다. 그 전에 그는 친구를 만나야만 했다. (과거완료 / treffen)

8 Er _____ gestern den ganzen Tag zu Hause _____________ _____________.

그는 어제 하루 종일 집에 머물러야만 했다. (현재완료 / bleiben)

9 Hier ______ man nicht mehr ___________ ___________.

여기에 더 이상 주차를 하면 안 될 거다. (미래 / parken)

제시된 빈칸에 들어갈 단어를 고르세요.

10 Es ist schon spät. Ich ______ gleich nach Hause.

① darf ② kann ③ muss

Vokabeln

mögen 좋아하다 | **fleißig** 부지런한 (↔ **faul** 게으른) | **müssen nicht** ~할 필요가 없다

Lektion 난이도 : 중급

38 저 대학생은 의사에 의해 수술된다.

Der Student wird vom Arzt operiert.

수동문 ① | 과거분사가 왜 중요한지 이제 뼈저리게 느끼게 됩니다. 현재완료, 분사의 명사화에서도 배웠지만 수동의 핵심은 과거분사입니다. 공식을 외워 잘 응용할 수만 있다면, 훗날 수동문을 능동문으로 혹은 반대로도 문장을 응용하기가 수월할 것입니다. 시제를 앞서 배웠으니 능동문의 시제가 과거면 수동문도 과거, 미래면 그대로 미래를 사용하는 습관을 들이도록 합니다.

1 수동태

1 수동태의 의미

수동태는 행위의 주체보다 대상과 과정이 강조되는 문장 형태입니다.

2 수동태의 종류

원형	상태 수동	동작 수동
특징	행동의 결과	행동 그 자체, 움직임
예문	Die Tür ist schon geschlossen. 문이 이미 닫힌 상태이다. Das Fenster war geputzt. 창문이 청소된 상태였다.	Die Tür wird geschlossen. 문이 닫히고 있다. Das Fenster wurde geputzt. 창문이 청소되었다.
용법	sein + 과거 분사 (P.P)	werden + 과거 분사 (P.P)

2 수동문

1 수동문의 형태

	Pos. I	Pos. II	Mittelfeld	Satzende
능동	누가/무엇이	~한다	누구를/무엇을 언제, 어떻게, 어디서	(분리전철, Inf.)
	Er verkauft sein Auto in Berlin.			
수동 (현재형)	누가/무엇이	werden	누구/무엇에 의해 언제, 어떻게, 어디서	P.P
	Sein Auto wird von ihm in Berlin verkauft.			

2 수동문을 만드는 방법

능동		수동
주어	→	**von + Dat.** (직접적 행위자, 대개 생략) **durch + Akk.** (간접 행위자, 수단, 원인, 방법) ※ man이 주어일 경우 수동에서는 생략
동사	→	werden + ... + 과거분사 (P.P)
4격 보충어	→	주어 ※ 4격 보충어가 없을 땐 형식적으로 가주어 es를 삽입, 생략되기도 함

» 주어 없는 수동문

수동문에서 주어가 없는 경우 형식적으로 es가 삽입되기도 하는데, 이 때 es가 생략되더라도 이 때의 동사는 es에 맞춰서 단수 3인칭의 형태로 사용됩니다.

㉮ Ihr wird geholfen. (= Es wird ihr geholfen.) 그녀가 도움을 받는다.

3 수동문의 기본 공식

- 현재: werden + ... + P.P

- 과거: wurde + ... + P.P

	werden	wurde
ich	werde	wurde
du	wirst	wurdest
er, sie, es	wird	wurde
wir	werden	wurden
ihr	werdet	wurdet
sie, Sie	werden	wurden

4 수동문의 조건

① 4격 보충어가 필요: 3격 보충어와 전치사격 보충어는 그대로 사용됩니다.

② 동사의 과거분사(P.P)를 알고 있어야 합니다.

5 수동문이 불가능한 경우

① 현재완료 시제에서 sein과 결합하는 동사가 쓰인 문장

Er ist ins Kino gegangen.

② 재귀동사가 쓰인 문장

Sie wäscht sich.

③ 적극적 행위가 없는 4격 지배 동사가 쓰인 문장

Ich bekomme ein Stipendium.

Ich habe ein Fahrrad.

3 수동문 만들기

1 수동문의 형태 ①

능동	Der Arzt operiert **den Studenten**. 그 의사는 대학생을 수술한다.
수동	**Der Student** wird vom Arzt operiert. 그 대학생은 의사에 의해 수술 받는다.

능동	Er lädt mich zum Kaffee ein. 그는 나에게 커피를 (마시러 오라고) 초대한다.
수동	Ich werde von ihm zum Kaffee eingeladen. 나는 그에 의해 커피 마시는 것에 초대받는다.

2 수동문의 형태 ② : durch + Akk.

능동	Die Bomben zerstörten die Stadt. 폭탄이 그 도시를 파괴했다.
수동	Die Stadt wurde durch die Bomben zerstört. 그 도시는 폭탄에 의해 파괴되었다.

능동	Eine neue Therapie heilt **den Patienten**. 어떤 새로운 치료법이 그 환자를 치료한다.
수동	**Der Patient** wird durch eine neue Therapie geheilt. 그 환자는 어떤 새로운 치료법에 의해 치료된다.

Tipp N-변화 남성명사에 주의!

능동문일 때: den Studenten, den Patienten (4격 목적어)

수동문일 때: der Student, der Patient (1격 주어)

3 수동문의 형태 ③ : man이 주어일 때 → 생략

능동	**Man** legt den Jungen ins Bett. 사람들이 그 젊은이를 침대로 옮긴다.
수동	Der Junge wird ins Bett gelegt. 그 젊은이는 침대로 옮겨진다.

능동	In Italien isst **man** viel Pizza. 이탈리아에서는 사람들이 피자를 많이 먹는다.
수동	In Italien wird viel Pizza gegessen. 이탈리아에서는 피자가 많이 먹힌다. (= 이탈리아에서는 피자를 많이 먹는다.)

4 수동문의 형태 ④ : 4격 보충어가 없을 때 → 주어 es (생략 가능)

능동	Man arbeitet am Sonntag nicht. 사람들은 일요일에 일하지 않는다.
수동	Es wird am Sonntag nicht gearbeitet. → Am Sonntag wird nicht gearbeitet. 일요일에는 일이 되지 않는다. (= 일요일에는 일하지 않는다.)

능동	Viele Leute warten auf den Bus. 많은 사람들이 그 버스를 기다리고 있다.
수동	Es wird auf den Bus von vielen Leuten gewartet. → Auf den Bus wird von vielen Leuten gewartet. 그 버스는 많은 사람들에 의해 기다려진다.

5 수동문의 형태 ⑤ : 3격과 4격이 모두 있는 문장의 수동문

능동	Ich gebe ihm ein Buch. 나는 그에게 책 한 권을 준다.
수동	Ein Buch wird ihm von mir gegeben. 책 한 권이 나에 의해 그에게 주어진다.

능동	Er empfiehlt ihr einen Film. 그는 그녀에게 영화 한 편을 추천한다.
수동	Ein Film wird ihr von ihm empfohlen. 영화 한 편이 그에 의해 그녀에 추천된다.

★ Tipp 1. 4격을 제외한 다른 격과 전치사격 보충어는 수동문에서도 능동문에서 쓰였던 그대로 사용됩니다.

실전 문제

제시된 우리말을 참고하여, 빈칸을 채워 보세요.

1 Hier spricht man Englisch.

여기서는 사람들이 영어를 쓴다.

→ ______________________________.

여기서는 영어가 쓰인다.

2 Wir diskutieren über Politik.

우리는 정치에 관하여 토론한다.

→ ______________________________.

우리에 의해 정치에 관하여 토론되어진다.

3 Der Arzt operierte gestern den Patienten.

저 의사는 저 환자를 어제 수술했다.

→ ______________________________.

저 환자는 저 의사에 의해 수술되었다.

4 Das Kind hilft der Oma.

저 아이가 할머니를 돕는다.

→ ______________________________.

저 할머니에게 아이로부터 도움이 주어진다.

5 Der Mann lud seine Nachbarn zum Kaffee ein.

그 남자는 커피 마시자며 그의 이웃들을 초대했다.

→ ______________________________.

그의 이웃들은 커피 마시자며 그 남자에 의해 초대되었다.

6 Auf dem Oktoberfest wird viel Bier getrunken.

옥토버페스트 축제에서 많은 맥주가 마셔진다.

→ ______________________________.

옥토버페스트 축제에서 사람들을 많은 맥주를 마신다.

정답 p. 353

7 Anna liebt den Studenten.

안나는 저 대학생을 사랑한다.

→ ______________________________.

저 대학생은 안나에 의해 사랑받는다.

8 Gestern rief er mich nicht an.

어제 그가 나에게 전화하지 않았다.

→ ______________________________.

어제 나는 그에 의해 전화 받지 못했다.

9 Der Hund wurde von meinen Eltern gesucht.

저 개는 내 부모님에 의해 수색되었다.

→ ______________________________.

내 부모님은 저 개를 찾고 다녔다.

제시된 빈칸에 들어갈 단어를 고르세요.

10 Die Schlüssel ____________ wieder ____________.

① wirst, gesuchen ② wird, suchen

③ werden, gesucht ④ wird, gesucht

über[4] diskutieren ~에 대해 토의하다 | **e. Politik** 정치 | **r. Patient** 환자 | **operieren** 수술하다 | **r. Nachbar** 이웃 (N-변화 명사) | **suchen** 찾고 다니다

Lektion **39** 난이도 : 중급

이 집은 즉시 팔려야만 했다.

Die Wohnung musste sofort verkauft werden.

수동문 ② | 수동문에도 화법 조동사가 붙을 수 있습니다. '자전거가 수리되는 중이다.'라는 수동문에 müssen을 적용시키면 '이 자전거는 수리가 시급하다'는 필연적인 느낌을 주게 됩니다. 한 가지 학습자들이 어려워하는 일은 미래완료에서 (잘 쓰이지는 않으나) 무려 5개의 동사가 등장한다는 것입니다.

1 수동문의 시제

1 수동문의 시제 구분

	Pos. Ⅰ	Pos. Ⅱ	Mittelfeld	Satzende		
현재		werden	...	P.P		
과거		wurde	...	P.P		
현재완료		sein	...	P.P	worden.	
과거완료		war	...	P.P	worden.	
미래		werden	...	P.P	werden.	
미래완료		werden		P.P	worden	sein.

Tipp werden의 과거분사 형태

수동문의 완료형 조동사로 쓰일 때 : worden, 본동사로 쓰일 때 : geworden

예

	Pos. Ⅰ	Pos. Ⅱ	Mittelfeld	Satzende		
현재	Das Auto	wird	vom Mann	gewaschen.		
과거	Das Auto	wurde	vom Mann	gewaschen.		
현재완료	Das Auto	ist	vom Mann	gewaschen	worden.	
과거완료	Das Auto	war	vom Mann	gewaschen	worden.	
미래	Das Auto	wird	vom Mann	gewaschen	werden.	
미래완료	Das Auto	wird	vom Mann	gewaschen	worden	sein.

2 수동문의 형태 예시

능동	Er hat mich gestern besucht. 그는 어제 나를 방문했다.
수동	Ich **bin** gestern von ihm **besucht worden**.

능동	Sie malte das Bild. 그녀가 이 그림을 그렸다.
수동	Das Bild **wurde** von ihr **gemalt**.

능동	Sie wird morgen die Tasche verkaufen. 그녀가 내일 이 가방을 팔 거다.
수동	Die Tasche **wird** morgen von ihr **verkauft werden**.

능동	Er übersetzte den Text ins Deutsche. 그가 저 본문을 독일어로 번역했다.
수동	Der Text **wurde** von ihm ins Deutsche **übersetzt**.

2 화법 조동사가 있는 수동문

1 현재

화법 조동사 + ... + P.P + werden

Tipp möchten, wollen은 의미상 불가능합니다.

	Pos. I	Pos. II	Mittelfeld	Satzende
능동	Paula	muss	die Wäsche	waschen.
수동	Die Wäsche	muss	von Paula	gewaschen werden.

	Pos. I	Pos. II	Mittelfeld	Satzende
능동	Paula	konnte	**ihm**	helfen.
수동	**Ihm**	konnte	von Paula	geholfen werden.

2 그 밖의 시제

과거 시제	화법 조동사의 과거형 +...+ P.P + werden
현재완료 시제	haben +...+ P.P + werden + 화법 조동사 원형
과거완료 시제	hatte +...+ P.P + werden + 화법 조동사 원형
미래 시제(Futur Ⅰ)	werden +...+ P.P + werden + 화법 조동사 원형

Tipp 미래완료는 사용하지 않습니다.

3 중요 시제의 문장 구조

현재	능동	**Man**	**muss**	**das Eis sofort**	**essen.**
	수동	Das Eis	muss	sofort	gegessen werden.
과거	능동	Man	musste	das Eis sofort	essen.
	수동	Das Eis	musste	sofort	gegessen werden.
현재완료	능동	Man	hat	das Eis sofort	essen müssen.
	수동	Das Eis	hat	sofort	gegessen werden müssen.
미래	능동	Man	wird	das Eis sofort	essen müssen.
	수동	Das Eis	wird	sofort	gegessen werden müssen.

현재	능동	**Die Kinder**	**sollen**	**das Buch**	**lesen.**
	수동	Das Buch	soll	von den Kindern	gelesen werden.
과거	능동	Die Kinder	sollten	das Buch	lesen.
	수동	Das Buch	sollte	von den Kindern	gelesen werden.
현재완료	능동	Die Kinder	haben	das Buch	lesen sollen.
	수동	Das Buch	hat	von den Kindern	gelesen werden sollen.
미래	능동	Die Kinder	werden	das Buch	lesen sollen.
	수동	Das Buch	wird	von den Kindern	gelesen werden sollen.

현재	능동	**Man**	**darf**	**im Stadtpark**	**grillen.**
	수동	Im Stadtpark	darf		gegrillt werden.
과거	능동	Man	durfte	im Stadtpark	grillen.
	수동	Im Stadtpark	durfte		gegrillt werden.
현재완료	능동	Man	hat	im Stadtpark	grillen dürfen.
	수동	Im Stadtpark	hat		gegrillt werden dürfen.
미래	능동	Man	wird	im Stadtpark	grillen dürfen.
	수동	Im Stadtpark	wird		gegrillt werden dürfen.

현재	능동	**Man**	**kann**	**das Problem leicht**	**lösen.**
	수동	Das Problem	kann	leicht	gelöst werden.
과거	능동	Man	konnte	das Problem leicht	lösen.
	수동	Das Problem	konnte	leicht	gelöst werden.
현재완료	능동	Man	hat	das Problem leicht	lösen können.
	수동	Das Problem	hat	leicht	gelöst werden können.
미래	능동	Man	wird	das Problem leicht	lösen können.
	수동	Das Problem	wird	leicht	gelöst werden können.

민쌤의 Episode

저 역시 독일 현지에서 수동문으로 인해 머리에 쥐가 나는 체험을 했었습니다. 그럼에도 문장 구성을 너무 어렵게 여기지 말기 바랍니다. 독일어의 문장은 동사가 맨 앞과 문장의 끝에 '띠'를 이루는 형식입니다. 여기에 조동사가 추가로 오게 되면 원래 있었던 (조)동사는 맨 뒤에 가면서 모든 인칭에 '동일한' 형태로 바뀝니다. 예를 들어 'Mein Auto wird gewaschen.' 이것은 동작 수동의 현재입니다. 이 문장에 müssen이 들어간다면 wird는 문장의 끝에 '수동형 조동사 원형'의 형태가 된다는 것을 의미합니다. 'Mein Auto muss gewaschen werden.' 이 문장을 현재완료로 변환시킨다면 haben 조동사가 앞에 오고 muss는 어찌 될까요? 여기서도 모든 인칭에 '동일한' müssen의 모습으로 됩니다. 'Das Auto hat gewaschen werden müssen.' 미래 완료를 보고 싶나요? 그냥 알아만 두시라고 적습니다. 'Das Auto wird haben gewaschen werden müssen.' 저 자동차는 세차되어야 했음에 틀림없다.

실전 문제

제시된 우리말과 시제를 참고하여, 빈칸을 채워 보세요.

1 Mein Vater hat das Spielzeug repariert.

내 아빠가 저 장난감을 수리하셨다. (능동 현재완료)

→ Das Spielzeug _____ von meinem Vater __________ __________.

저 장남감은 내 아빠에 의해 수리되었다. (수동 현재완료)

2 Das Kind musste untersucht werden.

그 아이는 진찰받아야만 했다. (수동 과거)

→ Man __________ das Kind ______________.

그 아이를 진찰해야만 했다. (능동 과거)

3 Hier darf man nicht rauchen.

여기서 담배를 피워서는 안 됩니다. (능동 현재)

→ Hier _______ nicht ________________ ________________.

여기서 담배가 피워져서는 안 됩니다. (수동 현재)

4 Die Bücher sollen von Erwachsenen gelesen werden.

이 책들은 성인들에 의해 읽어져야 한다. (수동 현재)

→ ________________ __________ die Bücher __________.

성인들은 이 책들을 읽어야 한다. (능동 현재)

5 Der Student hat dem Kind bei den Hausaufgaben geholfen.

그 대학생이 저 아이의 숙제를 도왔다. (능동 현재완료)

→ _______ Kind _______ vom Studenten bei den Hausaufgaben ________________

________________.

저 아이는 그 대학생에 의해 숙제에 있어 도와졌다. (수동 현재완료)

6 Sie muss die Wäsche waschen.

그녀는 저 빨래를 세탁해야만 한다. (능동 현재)

→ Die Wäsche __________ von ihr ________________ ________________.

저 빨래는 그녀에 의해 세탁되어야만 한다. (수동 현재)

정답 p. 354

7 Im Museum darf nicht fotografiert werden.

박물관에서는 사진이 찍혀서는 안 된다. (수동 현재)

→ Im Museum ______ ______ nicht ______________.

박물관에서 사람들은 사진을 찍어서는 안 된다. (능동 현재)

8 Die Küche hat von meiner Schwester aufgeräumt werden müssen.

부엌이 내 언니에 의해 정리되어야만 했다. (수동 현재완료)

→ Meine Schwester ______ die Küche ______________ ______________.

내 언니가 부엌을 정리해야만 했다. (능동 현재완료)

9 Der Mann wird das Fahrrad repariert haben.

저 남자가 저 자전거를 수리했음에 틀림없다. (능동 미래완료)

→ Das Fahrrad ______ vom Mann ______________ ______________ ______.

저 자전거가 저 남자에 의해 수리되었음이 틀림없다. (수동 미래완료)

10 Bis Ende des Jahres wird das Unternehmen ein neues Smartphone entwickelt haben.

연말까지 저 기업이 새로운 스마트폰을 개발해 놓을 것임이 틀림없다. (능동 미래완료)

→ Bis Ende des Jahres ______ vom Unternehmen ein neues Smartphone ______________ ______________ ______.

연말까지 저 기업에 의해 새로운 스마트폰이 개발될 것임이 틀림없다. (수동 미래완료)

s. Spielzeug 장난감 | **Pl. Erwachsene** 성인들(성인 여자) | **jmdm. bei³ helfen** ~에게 ~하는데 도움을 주다 | **e. Wäsche** 빨랫감 | **reparieren** 수리하다 | **aufräumen** 정리 정돈하다 | **s. Unternehmen** 기업 | **entwickeln** 발전시키다, 개발하다

Lektion

40 강한 비가 옴에도 불구하고 나는 산책하러 간다.

난이도 : 중급

Trotz des starken Regens gehe ich spazieren.

2격 지배 전치사 | 2격 지배 전치사는 초급 수준에서 배우기 어려운 과정이라 이제야 제대로 소개를 합니다. 그 이유는 남성과 중성 명사의 2격에서는 단어의 뒤에 -(e)s가 붙고 문장 전체의 어순도 따져봐야 하기 때문입니다. 대개 격식을 갖춘 표현으로 많이 사용되며, 아이러니하게도 한국에 소개되는 2격 지배전치사는 6~7개 정도이지만 실제로는 전치사 가운데 가장 많은 수를 차지합니다.

1 2격 지배 전치사

(an)statt	~ 대신에	innerhalb	~이내에, ~안에
trotz	~에도 불구하고	dank	~덕분에
während	~하는 동안에	mithilfe	~의 도움을 받아
wegen	~때문에	zugunsten	~을 위해
außerhalb	~외에, ~밖에		

2 2격 지배 전치사 문장 활용

1 (an)statt : ~대신에

Statt Saft trinke ich heute lieber Milch.

나는 오늘은 주스 대신에 우유를 마신다.

2 trotz : ~에도 불구하고

Trotz des beruflichen Erfolgs ist sie nicht glücklich.

직업적인 성공에도 불구하고 그녀는 행복하지 않다.

3 während : ~하는 동안에

Während des Essens sollte man leise sprechen.

밥 먹는 동안에는 조용히 해야 한다.

4 wegen : ~때문에

Wegen der Erkältung bleibt er im Bett liegen.

감기 때문에 그는 침대에 누워 있다.

Wegen ihm sind wir spät angekommen.

그 때문에 우리가 늦게 도착했다.

Tipp 현대 독일어에서는 인칭대명사 2격을 사용하지 않기 때문에, 인칭대명사 3격 또는 부사를 사용합니다.

예 mir, dir, ihm, ihr, uns, euch ... / meinetwegen, deinetwegen, seinetwegen …

5 außerhalb : ~외에, 바깥에

Besuchen Sie ihn bitte **außerhalb** der Sprechstunde!

진료 시간 외에 그를 방문해 주세요!

6 innerhalb : ~내에, 안에

Bezahlen Sie die Miete **innerhalb** einer Woche!

일주일 이내로 월세를 지불하세요!

7 dank : ~덕분에

Dank meines Vaters konnte ich problemlos studieren.

내 아버지 덕분에 내가 문제없이 대학에 다닐 수 있었다.

8 mithilfe : ~의 도움을 받아

Mithilfe des Computers kann man die Aufgabe schneller lösen.

컴퓨터의 도움을 받아 사람들은 그 과제를 더 빨리 해결할 수 있다.

9 zugunsten : ~을 위해

Zugunsten seines großen Bruders hat er auf das Erbe verzichtet.

그의 형을 위해서 그는 유산을 포기했다.

= Seinem großen Bruder **zugunsten** hat er auf das Erbe verzichtet.

실전 문제

제시된 우리말을 참고하여, 가장 어울리는 전치사를 골라 보세요.

1 Nach / Seit / Während der Winterferien musste er pausenlos in der Firma arbeiten.
겨울 방학 동안에 그는 쉬지 않고 회사에서 일해야만 했다.

2 Außerhalb / Innerhalb der Hochsaison sieht man hier nur wenige Touristen.
여기는 성수기를 제외하면 적은 관광객들을 보게 된다.

3 Trotz / Wegen / Dank seiner Krankheit lernt er für die Prüfung in der UB.
아픈데도 불구하고 그는 대학 도서관에서 시험 공부한다.

4 Ich kaufe mir den weißen Rock wegen / trotz / statt des schwarzen.
나는 저 까만 치마 대신에 저 하얀 치마를 구매한다.

5 Wegen / Trotz / Laut einer Studie verdienen Lehrer in Deutschland mehr als Beamte.
어느 연구에 따르면 독일에 있는 선생님들이 공무원(들)보다 더 많이 (돈을) 번다.

6 Auch innerhalb / außerhalb / oberhalb der Öffnungszeiten beraten wir Kunden.
영업 시간 외에도 우리는 고객들을 상담해 드린다.

7 Trotz / Während / Dank deiner Hilfe beim Lernen konnte ich den Test schaffen.
네가 공부를 도와준 덕분에 나는 그 테스트를 통과할 수 있었다.

8 Dank / Während / Außerhalb der Vorlesung sollte man leise sein.
강의 동안에 사람들은 조용히 해야 한다.

9 Zugunsten / Dank / Trotz des starken Regens geht die Nachbarin heute wieder spazieren.

강한 비에도 불구하고 이웃집 여인은 오늘도 산책하러 간다.

제시된 우리말을 참고하여, 어울리지 않는 전치사를 골라 보세요.

10 Wegen / Trotz / Aufgrund der schlechten Wetterlage wurde der Flug gestrichen.

나쁜 기상 상황 때문에 그 비행이 취소되었다.

e. Hochsaison 성수기 | **e. Wetterlage** 기상 상황 | **streichen** 취소하다, 철회하다 | **e. UB** 대학 도서관 (**Uni-Bibliothek**) | **r. Rock** 치마 | **laut** ~에 따르면 | **verdienen** 벌다 | **r. Kunde** 고객 | **beraten** 상담하다 | **Pl. Öffnungszeiten** 영업 시간

Lektion **41** 난이도 : 중급

나는 방금 막 제주에서 왔다.
Ich komme gerade von Jeju.

전치사 심화 ① – 장소 | 이미 기초 문법에서 '문법상에 따른 전치사 분류'를 체험하였습니다. '3격 지배 전치사에는 aus, zu가 있는데...'하면서 배운 문법상 분류 외에, 전치사를 의미상 구분하여 접근해 보도록 합니다. 먼저 '장소적 전치사'에는 어떤 것들이 있는지 알아 봅시다.

1 장소를 나타내는 전치사

1 장소 전치사 (Lokale Präpositionen)

	wohin (어디로)	wo (어디)	woher (어디에서)
Gen. (2격)		innerhalb außerhalb	
Dat. (3격)	nach, zu	ab, bei, gegenüber, von ... aus, zu Hause	aus, von
Akk. (4격)	bis, durch, entlang, gegen, um	um, um ... herum	
3·4격	an, auf, hinter, in, neben, über, unter, vor, zwischen		

2 3격 지배 전치사

ab	**Ab** Stuttgart war die Autobahn frei. 고속도로는 슈투트가르트부터 비어 있었다.
bei	Nürnberg liegt **bei** München. 뉘른베르크는 뮌헨 근처에 있다. Sie wohnt **bei** ihrem Bruder. 그녀는 그녀의 오빠 집에 산다.
gegenüber	Er sitzt mir **gegenüber**. 그가 내 건너편에 앉아 있다. Die Post liegt **gegenüber** dem Kino. 우체국은 영화관 건너편에 있다.

von ... aus	**Von** meinem Fenster **aus** sieht man den Dom. 내 창문에서 (바깥을 볼 때) 대성당이 보인다.
zu Hause	Bei mir **zu Hause** gebe ich morgen eine Grillparty. 우리 집에서 내일 바베큐 파티를 연다.
aus (woher)	Sie kommt **aus** dem Iran. 그녀는 이란에서 왔다. Wann kommst du **aus** der Uni? 넌 언제 대학교에서 오니?
von	Sie kommt gerade **vom** Meer. 그녀는 막 바다로부터 오는 길이다. Mein Sohn kam gerade **vom** Spielplatz. 내 아들은 막 놀이터로부터 왔다.
nach (wohin)	In den Winterferien fahren unsere Kinder **nach** Österreich. 겨울방학에 우리 아이들은 오스트리아로 간다. Fahren Sie bitte **nach** links! 왼쪽으로 가세요!
zu	Wie kommt man **zum** Bahnhof? 어떻게 하면 기차역으로 갈 수 있나요? Ich gehe heute **zu** meinem Freund. 오늘 나는 내 남자친구에게로 간다.

3 4격 지배 전치사

um (wo)	**Um** einen Esstisch sitzen sie. 그들은 식탁에 둘러 앉는다.
um ... herum	Am 01. Mai tanzt man in vielen kleinen Dörfern **um** den Maibaum **herum**. 5월 1일에 여러 작은 마을에서는 산사나무 주위를 돌며 춤춘다.
bis (wohin)	Der Zug fährt nur **bis** nach Frankfurt. 그 열차는 프랑크푸르트까지만 갑니다. Wie weit ist es **bis** zur Bank? 은행까지는 얼마나 먼 가요?
durch	Ich gehe **durch** den Wald nach Hause. 나는 숲을 통과하여 집으로 간다.

entlang	Sonntags laufe ich den Fluss **entlang**. 일요일마다 난 강을 따라 달린다. Fahren Sie die Straße **entlang** bis zur Ampel! 그 길을 따라 신호등까지 운전하세요!
gegen	Der Betrunkene ist **gegen** einen großen Baum gefahren. 그 주정뱅이가 한 커다란 나무를 향해 운전했다.

4 3·4격 지배 전치사

Präp.	wohin + Akk.	wo + Dat.
an	Sie fährt **ans** Meer. 그녀는 바닷가로 간다.	Er steht **am** Meer. 그는 바닷가에 서 있다.
auf	Paul legt sein Buch **auf** den Schreibtisch. 파울은 그의 책을 책상 위에 놓는다.	Dein Heft liegt **auf** dem Schreibtisch. 너의 공책은 책상 위에 놓여 있다.
hinter	Er stellt sein Auto **hinter** das Haus. 그는 그의 자동차를 집 뒤로 세운다.	Sein Auto steht **hinter** dem Haus. 그의 자동차는 집 뒤에 서 있다.
in	Wir gehen **ins** Kino. 우리는 극장 안으로 간다.	Wir sind **im** Kino. 우리는 극장 안에 있다.
neben	Ich stelle die Kommode **neben** das Bett. 나는 그 서랍장을 침대 옆으로 세운다.	**Neben** dem Bett steht eine Kommode. 침대 옆에는 서랍장이 서 있다.
unter	Man kommt **unter** den Baum. 사람들은 나무 밑으로 온다.	Das Geschenk liegt **unter** dem Baum. 그 선물은 나무 아래에 놓여 있다.
vor	Der Mann geht **vor** die Tafel. 그 남자는 테이블 앞으로 간다.	Er steht **vor** der Tafel. 그는 테이블 앞에 서 있다.
über	**Über** das Sofa hängt er die Uhr. 그는 소파 위로 시계를 건다.	**Über** dem Sofa hängt die Uhr. 소파 위에 그 시계가 걸려 있다.
zwischen	Sie setzt sich **zwischen** die Jungen. 그녀는 그 소년들 사이에 앉는다.	Sie sitzt **zwischen** den Jungen. 그녀는 그 소년들 사이에 앉아 있다.

Tipp 3·4격 전치사가 시간을 나타내는 데에 쓰이면 3격과 함께 사용됩니다.

㉉ am Dienstag, am Morgen, im April, in dieser Woche (예외 : bis spät in die Nacht 새벽 늦게까지)

2 특정 장소와 결합하는 전치사

Präp.	wohin	wo	woher
	Ich gehe/fahre ______.	Ich bin/wohne ______.	Ich komme ______.
국가	in die Schweiz, in den Iran	in der Schweiz, im Iran	aus Deutschland
대륙	nach Afrika	in Europa, in Asien	aus Asien
도시	nach Berlin	in Berlin	aus Berlin
건물 I	zum Supermarkt	in der Apotheke	aus der Bank
건물 II	ins Büro	im Büro	aus dem Büro
바다, 호수	ans Meer	am Meer	vom Meer
산	auf die Zugspitze	auf der Zugspitze	von der Zugspitze
섬, 시골	auf die Insel	auf der Insel	von der Insel
장, 터	zum Bahnhof	am Bahnhof	vom Spielplatz
집	nach Hause	zu Hause	von zu Hause
사람	zu meiner Freundin	bei meiner Freundin	von meiner Freundin
활동	zum Sport	beim Sport	vom Sport

88년도 제 고교 시절, 독일어 교재에는 '병원에 가다'를 'ins Krankenhaus gehen'이라고 표현했습니다. 'Krankenhaus'라는 단어는 형용사의 명사형 'Kranke(아픈 자들)'와 'Haus(집)'의 합성어로 '환자들이 치료받고 때로는 입원이 가능한 건물'을 말하는 것이니 일반 병원이 아닌 '종합병원'이 맞는 해석일 겁니다. 독일어로 대학병원은 'Uni-Klinik', 일반 개인병원인 1차 진료소는 'Praxis'라고 합니다. 그래도 현재 가장 많이 사용되는 표현은 병원에 근무하는 의사를 보러 가겠다는 의미를 담고 있는 'Ich gehe zum Arzt.'입니다. 위와 같은 예로 미용실에 가거나 빵을 사러 갈 때에도 zum Friseur, zum Bäcker를 빈번하게 사용합니다. 물론 'in die Bäckerei gehen' 역시 자주 사용되는 표현입니다. 직업을 가진 사람을 향해 갈 때 zu를 응용해서 실용적인 문장을 만들 수 있는 것입니다. 또한 건물 '안으로' 들어가는 것을 강조하면 in + 4격, 건물을 '향해' 갈 때에는 zu를 좀 더 많이 사용한다는 것이 문법 설명으로 나와있지만, 주변의 현지인 대화를 귀 기울여 듣다 보면 어느 표현이 더 우세한지 잘 알 수 있으니 귀를 열고 다니는 것이 독일 생활의 꿀팁입니다.

실전 문제

제시된 우리말을 참고하여, 빈칸에 알맞은 단어를 골라 보세요.

1 Ich gehe zuerst im / ins Bad, wenn ich zu Hause bin.

나는 집에 오면 (집에 있게 되면) 맨 처음 욕실로 간다.

2 Ich fliege nach / in der / in die Niederlande.

나는 네덜란드로 (비행기를 타고) 간다.

3 Mina hat mich eingeladen. Wir essen heute zu / von / bei ihr zu Abend.

미나는 나를 초대했다. 우리는 오늘 그녀의 집에서 저녁을 먹는다.

4 Die Hauptstadt von der / aus / von Schweiz ist Bern.

스위스의 수도는 베른이다.

5 Mein Vater holt den Käse in / aus / bei dem Kühlschrank.

아빠는 냉장고에서 치즈를 꺼내 온다.

6 Er stellt sein Fahrrad hinter das / dem / die Haus.

그는 자신의 자전거를 집 뒤에 세워 둔다.

7 Wenn du Hunger hast, dann kann ich dir etwas aus / von zu / zu Hause mitbringen.

네가 배가 고프면 내가 집에서부터 무엇인가를 가지고 갈 수 있어.

8 Er kommt gerade aus / zu / von seinen Eltern.

그는 막 그의 부모님에게서 오는 길이다.

정답 p. 354

9 Ich fahre mit dem Bus zur / in der / bei der Arbeit.

나는 버스를 타고 일하러 간다.

10 Ich würde gern den Sommerurlaub an dem / an der / in der Ostsee verbringen.

나는 여름 휴가를 동해에서 기꺼이 보내고 싶다.

zuerst 맨 처음, 일단 | **einladen** 초대하다 | **zu Abend essen** 저녁을 먹다 | **e. Hauptstadt** 수도 | **r. Käse** 치즈 | **r. Kühlschrank** 냉장고 | **r. Hunger** 배고픔, 허기 | **mitbringen** 가지고 오다 | **gerade** 지금 막, 방금 | **e. Arbeit** 일, 직업, 직장 | **r. Urlaub** 휴가 (**r. Sommerurlaub** 여름 휴가) | **e. See** 바다 (**e. Ostsee** 동해) | **verbringen** (~하면서) 시간을 보내다

Lektion **42** 난이도 : 중급

5년 전부터 그는 더 이상 담배를 피우지 않는다.

Seit fünf Jahren raucht er nicht mehr.

전치사 심화 ② - 시간 | '나는 1년 전부터 독일어를 배웁니다.'라는 문장을 작문할 때 꽤 많은 학생들이 '~부터'의 전치사를 잘 활용하지 못한다는 것을 경험하게 됩니다. 게다가 각각의 격에 따른 어미의 변화까지 생각한다면 하나의 전치사구를 탄생시키는 것은 마치 하나의 예술 작품을 승화시키는 일과도 흡사합니다. 인내를 가지고 연습하세요. 전치사는 고수로 가는 마지막 단계의 관문과도 같으니까요.

1 시간 전치사

1 시간의 구분과 시간 전치사

구분	의미	전치사의 종류
지속	과거부터 현재까지 어떤 행위가 이어져 오고 있음	seit
기간	특정 시점부터 또 다른 시점까지의 시간	für, über
시점	일시적인 때	an, um, in, nach, aus, vor, gegen, zwischen

2 시간 전치사의 종류

2격 지배 전치사(Gen.)	außerhalb, innerhalb, während
3격 지배 전치사(Dat.)	ab, aus, zu, bei, von, seit, nach
4격 지배 전치사(Akk.)	bis, für, um, gegen
3·4격 지배 전치사(Dat. / Akk.)	in, an, über, vor, zwischen

3 지속과 시점의 의문사

지속	für wie lange: 얼마나 오랫동안 = wie lange: 얼마나 오래
시점	wann: 언제 um wie viel Uhr: 몇 시에

2 시간의 경과 및 시점에 따른 시간 전치사

1 2격 전치사

präp.	의미	예문
während	동안에	**Während** des Frühstücks liest sie die Zeitung. 아침 식사 동안 그녀는 신문을 읽는다.
innerhalb	~이내에	**Innerhalb** eines Monats muss ich die Miete bezahlen. 한 달 안에 나는 집세를 지불해야 한다.
außerhalb	~이외에	**Außerhalb** der Hochsaison sieht man hier nur wenige Touristen. 성수기를 제외하면 여기에선 적은 관광객들을 보게 된다.

2 3격 지배 전치사

präp.	의미	예문
ab (von ... an)	~부터 (현재, 미래)	**Ab** morgen mache ich eine Diät. 내일부터 난 다이어트를 할 거다. **Von** heute **an** habe ich einen langen Urlaub. 오늘부터 난 긴 휴가를 갖는다.
aus	~에서, ~부터	Es werden viele Kunstwerke **aus** dem 17. Jahrhundert ausgestellt. 수많은 17세기 예술품들이 전시되고 있다.
bis zu	~까지	**Bis zum** Ende des Jahres bleibe ich in Berlin. 연말까지 난 베를린에 머무른다.
bei	~할 때	**Beim** Laufen habe ich meine Frau kennengelernt. 달리기를 할 때 나는 내 부인을 알게 되었다. **Beim** Essen sollst du bitte nicht reden. 음식을 먹을 때에는 말하지 않아야 해.
von ... bis	~부터 ~까지	**Von** 8 **bis** 16 Uhr arbeite ich. 8시부터 16시까지 나는 일한다. **Von** Montag **bis** Donnerstag bin ich nicht hier. 월요일부터 목요일까지 저는 여기에 없습니다.
seit	~이래로 (과거~현재)	A: Wie lange sind Sie verheiratet? 당신은 얼마나 오랫동안 기혼이신가요? B: **Seit** 20 Jahren bin ich verheiratet. 20년 전부터 전 결혼한 상태예요.
nach	~후에	**Nach** der Vorlesung gehe ich in die Mensa. 강의 후에 나는 학생 식당으로 간다.

3 4격 지배 전치사

präp.	의미	예문
bis	~까지	Sagen Sie mir bitte **bis** morgen Abend Bescheid. 내일 저녁까지 저에게 확답을 주세요.
für	~동안	Ich bleibe **für** vier Tage in Deutschland. 나는 나흘 동안 독일에 머무른다. Er hat die Wohnung **für** 5 Jahre gemietet. 그는 5년 동안 그 집을 임대했다.
um	~정각에, ~년경에	**Um** 21:45 Uhr fährt der Zug nach Berlin ab. 21시 45분에 그 기차는 베를린으로 출발한다. Das Schloss wurde **um** 1700 gebaut. 그 성은 1700년경에 세워졌다.
gegen	~ 즈음에, ~ 무렵에	So **gegen** 14.00 Uhr treffen wir uns. 그럼 우리 14시 즈음에 만나자. Der Chef kommt erst **gegen** Mittag. 그 사장은 정오 무렵에 비로소 왔다.

4 3·4격 지배 전치사

präp.	의미	예문
zwischen	사이에	**Zwischen** dem 15. und dem 25. 12. wird die Arztpraxis renoviert. 12월 15일과 25일 사이에는 개인 병원이 리모델링 된다.
an	~에 (하루 중) 시간, 요일, 주말, 날짜, 경축일	Ich habe **am** 15. 05. Geburtstag. 나는 5월 15일이 생일이다. **Am** Abend trinke ich immer einen Saft. 나는 밤에 항상 주스 한 잔을 마신다. Was hast du **am** Wochenende gemacht? 넌 주말에 무얼 했니?
in	~에, 후에 (주, 월, 년, 세기, 계절, 미래)	**In** den 70er Jahren gab es in Korea nur wenige Farbfernseher. 70년대에 한국에는 컬러 TV가 적었다. **Im** April fliege ich nach Österreich. 4월에 나는 오스트리아로 간다. Heute **in** einer Woche schreibe ich eine Prüfung. 지금부터 일주일 후에 오늘 나는 시험을 본다.

vor	~전에	**Vor** der Reise freut man sich immer. 여행 전에 사람들은 항상 기뻐한다.
über	~이상 ~에 걸쳐	Das Studium dauert **über** sechs Jahre. 그 학업은 6년 이상 걸린다. **Übers** Wochenende erhole ich mich auf Mallorca. 주말에 걸쳐 나는 마요르카에서 휴식을 취한다.

전치사가 많은 독일어는 헷갈리는 것이 참 많습니다. 가령 '30분 뒤에 돌아온다'는 표현을 어떻게 할까요? Ich komme nach 30 Minuten oder in 30 Minuten. 말하는 화자가 '현재를 기점으로 30분 뒤'라고 한다면 'in 30 Minuten'이 맞습니다. nach는 말하려는 시간의 '기준점'이 무엇이냐가 중요합니다. '강의/식사/산책/여행 후에'라고 한다면 모두 nach를 사용합니다. 'nach der Vorlesung / dem Essen / dem Spaziergang / der Reise'와 같이 말입니다. 또한 '식후 30분'을 때로는 '식사하고 30분 뒤에'라고 표현할 수 있잖아요? 그래도 독일에서 기준이 되는 것은 '식사'가 되어 30 Minuten nach dem Essen이 됩니다. Nehmen Sie diese Arzneimittel 30 Minuten nach jeder Mahlzeit. 매 끼니 후 30분 (있다가) 이 약을 복용하세요.

실전 문제

제시된 우리말을 참고하여, 빈칸에 알맞은 단어를 골라 보세요.

1 Er ist seit / vor / ab 3 Jahren nach Deutschland gekommen.

그는 3년 전에 독일에 왔다.

2 A: Wann kommt er zurück? — B: Nach / In / Vor einer Stunde.

그는 언제 돌아오니? — 한 시간 뒤에.

3 Ich habe für / ab / seit eine Woche Urlaub.

나는 일주일 동안 휴가다.

4 Seit / Von / Ab gestern habe ich starke Bauchschmerzen.

어제부터 나는 심각한 복통이 있다.

5 Mein Sohn ist um / für / gegen Abend nach Hause zurückgekommen.

내 아들은 저녁 무렵에 집으로 돌아왔다.

6 Seit / Ab / Von wann bis wann arbeitest du heute hier?

언제부터 언제까지 넌 오늘 여기서 일하니?

7 In / Bei / Nach der Reise ist er sehr müde. Er muss sich gut erholen.

여행을 마치고 그는 매우 피곤하다. 그는 잘 회복해야만 한다.

8 Vom 3. bis zu / bis zum / bis zur 16. August habe ich Urlaub in Spanien.

8월 3일부터 16일까지 나는 스페인에서 휴가를 갖는다.

정답 p. 354

9 Das Bild wurde in / um / gegen 1850 gemalt.

저 그림은 1850년경에 그려졌다.

10 Ich würde von / ab / für heute einen Tisch reservieren.

저는 오늘 (만남을) 위해 자리 하나를 예약하고 싶어요.

zurückkommen 돌아오다 | **Pl. Bauchschmerzen** 복통 | **müde** 피곤한 | **sich erholen** 회복하다 | **Spanien** 스페인 | **malen** 그리다, 칠하다 | **einen Tisch reservieren** 자리를 하나 예약하다

Lektion **43** 난이도 : 중급

그 의사는 나를 꼼꼼하게 진찰했다.
Der Arzt hat mich sorgfältig untersucht.

복합동사 | 한글에서도 '전철+동사'의 형태로 합성하여 보다 폭넓은 의미를 내는 동사들이 있습니다. 예를 들어 '오다'에 '돌아'를 붙이고 또 '되'를 덧붙여 '되돌아오다'라는 구체적인 의미를 표현할 수 있습니다. 이러한 유형의 기본적인 복합동사를 앞서 17과와 18과에서 배웠다면 이번 과정에서는 좀 더 심화된 형태의 분리 동사, 비분리 동사, 분리·비분리 동사를 공부해 봅시다!

1 복합 동사의 특징

1 복합 동사란?

복합 동사는 기본적인 토대를 이루는 동사에 전철이 붙어 다양한 뜻을 나타내는 동사입니다.

전철		토대 동사		복합 동사
ver	+	stehen	=	verstehen
auf				aufstehen

2 복합 동사의 구조

① 비분리 전철 + 토대 동사 = 비분리 동사

② 분리 전철 + 토대 동사 = 분리 동사

3 분리 동사와 비분리 동사의 특징

분리 동사	비분리 동사
① 현재형과 과거형에서 항상 분리 ② 강세가 전철에 있음 ③ 과거 분사에서 ge-가 나옴	① 현재형과 과거형에서 항상 비분리 ② 강세가 전철에 오지 않음 ③ 과거 분사에서 ge-가 나오지 않음

4 분리·비분리 동사의 특징

분리 동사	비분리 동사
구체적 의미	추상적 의미

2 복합 동사의 시제

1 복합 동사의 시제 비교

① bestehen

	Pos. I	Pos. II	Mittelfeld	Satzende	
현재	Er	besteht	die Prüfung.		
과거	Er	bestand	die Prüfung.		
현재완료	Er	hat	die Prüfung	bestanden.	
과거완료	Er	hatte	die Prüfung	bestanden.	
미래	Er	wird	morgen die Prüfung	bestehen.	
미래완료	Er	wird	gestern die Prüfung	bestanden	haben.

② einkaufen

	Pos. I	Pos. II	Mittelfeld	Satzende	
현재	Sie	kauft	heute viel	ein.	
과거	Sie	kaufte	gestern viel	ein.	
현재완료	Sie	hat	gestern viel	eingekauft.	
과거완료	Sie	hatte	damals viel	eingekauft.	
미래	Sie	wird	morgen viel	einkaufen.	
미래완료	Sie	wird	gestern viel	eingekauft	haben.

2 화법 조동사와 함께 사용되는 복합 동사의 시제 비교

① bestehen

	Pos. I	Pos. II	Mittelfeld	Satzende		
현재	Er	muss	die Prüfung	bestehen.		
과거	Er	musste	die Prüfung	bestehen.		
현재완료	Er	hat	die Prüfung	bestehen		müssen.
과거완료	Er	hatte	die Prüfung	bestehen		müssen.
미래	Er	wird	die Prüfung	bestehen		müssen.
미래완료	Er	wird	die Prüfung	haben	bestehen	müssen.

3 비분리 전철과 비분리 동사

1 비분리 전철

전철	의미와 특징	자주 쓰이는 비분리 동사	
be-	대부분 4격 목적어를 취함	bekommen ~을 받다 besichtigen 관람하다 bezahlen 지불, 지급하다	bestellen 주문하다 besuchen 방문하다 beachten 유의하다
ent-	벗김, 없앰, 시작	entdecken 발견하다 entscheiden 결정하다	entwickeln 발전시키다 entschuldigen 용서하다
er-	4격 목적어를 취함, 완성	erfahren 경험하다 erwarten 기대하다	erleben 체험하다 erlernen 습득하다
ge-	일치, 성공	gebrauchen 사용하다 gehören ~에 속하다	gefallen 마음에 들다 gelingen 성취되다, 해내다
ver-	대리, 낭비 (추상적 내용)	verbrauchen 소비하다 vergessen 잊다 vertreten 대표하다 verstehen 이해하다	verbringen (시간 등을) 보내다 vermieten 임대하다 verpassen 놓치다 versprechen (미래 등을) 약속하다
emp-	시작	empfehlen 추천하다	empfangen 응접하다
zer-	가치 하락	zerfallen 붕괴하다 zerstören 파괴하다	zerreißen 갈기갈기 찢다 zerbrechen 부수다, 깨지다
miss-	오류	misslingen 실패되다	missverstehen 오해하다

Tipp be- 전철 중 4격 목적어를 취하지 않는 경우도 있습니다.

예 jmdm. + begegnen ~와 직면하다, 마주치다

3 비분리 동사

Simon hat ein Stipendium bekommen.

시몬은 장학금을 받았다.

Das Experiment ist ihm nicht gelungen.

그는 실험에 실패했다. (직역: 그 실험은 그에게 성공되지 못했다.)

Er hat mir seine Geschichte erzählt.

그는 나에게 자신의 이야기를 전해 주었다.

4 분리 전철과 분리 동사

1 분리 전철

전철	의미와 특징	자주 쓰이는 분리 동사	
an-	접근, 부착, 개시	ankommen 도착하다 anrufen 전화 걸다	anfangen 시작하다 ansehen 주시하다
auf-	위로, 윗면, 옆	aufstehen 기상하다 aufhören 그만두다	aufbauen 건축하다 aufnehmen 녹화하다, 받아들이다
aus-	밖으로, 배출, 소진	ausgehen 외출하다 aussehen ~처럼 보이다 ausatmen 숨을 내쉬다	auslaufen 새다 auspacken 포장 (등을) 풀다 aussteigen 하차하다
ein-	안으로, 수축	einkaufen 장보다 einladen 초대하다 einpacken 짐을 싸다	einsteigen 승차하다 einschlafen 잠들다 einatmen 숨을 들이쉬다
bei-	옆, 동봉	beitragen 기여하다	beiliegen 동봉되다
mit-	동반, 협동	mitbringen 가지고 오다	mitteilen 전달하다
nach-	~ 뒤에, 흉내, 번복	nachprüfen 재심사하다 nachmachen 흉내내다	nachfragen 재차 질문하다, 찢다 nachdenken 숙고하다
vor-	앞에, 선두, 우위 (다른 전철과도 함께 쓰임)	vorbeifahren 지나가다 vorschlagen 제안하다 vorbereiten 준비하다	vorhersagen 예보하다 vorstellen 소개하다
ab-	제거, 이탈, 아래, 감소	abfahren 출발하다 abschreiben 표절하다 absagen 취소하다	abnehmen 감소하다 abschließen 졸업하다 abbauen 축소시키다, 감축시키다
zu-	방향, 첨가, 폐쇄	zugreifen 손을 뻗어 쥐다 zumachen 닫다	zunehmen 증가하다 zuhören 경청하다
zurück-	~뒤에, 되돌려	zurückgeben 되돌려 주다	zurückkommen 돌아오다
zusammen-	공동, 협력	zusammenfassen 요약하다	zusammenarbeiten 함께 일하다
weg-	떠남, 이탈	weggehen 가 버리다	
her-	이쪽으로, 이곳으로	herstellen 생산하다	herkommen 이쪽으로 오다
hin-	그쪽으로, 그곳으로	hinfallen 넘어지다	hingeben 넘겨주다
los-	느슨함, 풀어짐, 분리, 돌발	losbinden (매듭 등을) 풀다	losfahren (사람) 출발하다

» 기타 전철의 종류

명사 전철 | teilnehmen 참여하다, stattfinden 개최되다, 열리다

형용사 전철 | freihaben 쉬다, festnehmen 체포하다, feststellen 밝혀내다

동사 전철 | kennenlernen 알게 되다, spazieren gehen 산책하러 가다

2 분리 동사

Das Konzert hat um 19:30 Uhr angefangen.

그 콘서트는 19시 30분에 시작했다.

Meine Mutter hat heute müde ausgesehen.

나의 엄마는 오늘 피곤해 보였다.

Sie hat ihren Saft ausgetrunken.

그녀는 그녀의 주스를 모두 마셨다.

Er muss eine Diät machen, weil er viel zugenommen hat.

그는 다이어트를 해야 한다. 왜냐하면 그는 (몸무게가) 많이 늘었기 때문이다.

5 분리·비분리 전철과 분리·비분리 동사

1 분리 동사와 비분리 동사에 모두 쓰이는 전철

분리 동사는 강세가 전철에, 비분리 동사는 강세가 토대동사에 옵니다.

전철	비분리 (추상적, 새로운 의미)	분리 (구체적, 각각의 의미가 살아있음)
durch	durchsuchen 수색하다	durchschlafen (깨지 않고) 잠자다
hinter	hinterlassen 남기다	
über	überleben 살아남다 übersetzen 번역하다	überziehen (옷 등을) 걸치다 übersetzen 건네 주다
um	umarmen 껴안다 umfahren 우회하다	umfahren (자동차로) 치어 넘어뜨리다 umziehen 이사하다 umsteigen 갈아타다
unter	unterrichten 수업하다 unterschreiben 서명하다 unterstützen 지원하다	untergehen (해가) 지다
voll	vollenden 완성하다	vollmachen 가득 채우다
wider	widersprechen 이의제기하다	widerspiegeln 반사하다, 반영하다
wieder	wiederholen 반복하다	wiederholen 다시 가져오다

Tipp übersetzen 동사처럼 분리·비분리동사의 형태가 같을 때

과거 및 과거분사의 형태와 zu + Inf. 에서 zu의 위치가 다릅니다.

2 형태가 같지만 의미가 다른 분리·비분리 동사 관련 예문

① 비분리 동사

Er umfährt die Stadt.

그는 도시를 우회한다.

Er hat die Stadt umfahren.

그는 도시를 우회했다.

② 분리 동사

Er fährt das Schild um.

그는 그 표지판을 치어 넘어뜨린다.

Er hat das Schild umgefahren.

그는 그 표지판을 치어 넘어뜨렸다.

Tipp um 전철이 사용되는 복합동사는 예외적으로, 분리일 경우 추상적이고 비분리일 경우 구체적 의미를 가지는 경우가 많습니다.

㉡ um: 두름, 변환 + fahren 타고 가다 = umfahren 둘러 가다, 우회하다

복합동사 가운데 um- 전철은 분리 · 비분리 모두 가능한데 제가 독일에 있던 시절 많이 실수했던 표현 중 하나입니다. 'der Arm'은 신체기관 중 '팔'이고 um은 '둘러서'란 의미를 지녀 umarmen은 '포옹하다'라는 의미입니다. 중요한 것은 제 머릿속에서 이 동사가 구체적인 의미를 지닌다는 생각이 들었었다는 겁니다. 독일 교포와 대화 중 '내가 그를 꼭 안았다.'라는 표현을 하고 싶어서 'Ich habe ihn fest umgearmt.'라고 했는데 상대가 잘못되었다고 수정해 주더군요. Ich habe ihn umarmt. 즉, 위의 동사가 비분리로 사용된다는 것을 독일어 공부한지 3년이 지나서야 깨닫게 된 것이죠. 비분리 동사는 과거분사의 경우 'ge-'가 쓰이지 않아서 해당 동사가 비분리 동사라는 것을 알 수 있었습니다. 그래서 um은 예외적으로 분리로 사용되는 경우 추상적, 비분리로 사용되는 경우 좀 더 구체적인 의미가 많다고 얘기하는 학자들이 종종 있습니다. umarmen, 정말 힘든 동사 맞죠?

실전 문제

제시된 보기와 우리말을 참고하여, 빈칸에 알맞은 전철을 적어 보세요.

보기

mit | auf | zu | aus | ein | vor | emp

1 Ich steige in den Zug ______.

나는 기차에 승차한다.

2 Bringst du bitte eine Pizza ________ zur Party?

너는 파티에 피자를 한 판 가져다 줄래?

3 Ich schlage Ihnen einen Kompromiss ______.

당신(들)에게 협상을 제안합니다.

제시된 우리말을 참고하여, 제시된 동사의 현재완료 형태를 빈칸에 적으세요.

4 Er ______ den Mietvertrag ________________.

그는 임대계약서에 서명했다. (unterschreiben)

5 Sie ______ am Freitag früh ________________.

그녀는 금요일에 일찍 일어났다. (aufstehen)

6 Gestern ______ ich meine Oma _________ und wir __________ dann viel __________.

어제 나는 할머니를 방문했고 많이 장을 보았다. (besuchen, einkaufen)

7 Das große Haus ______ dem alten Herrn __________. Er ________ es letztes Jahr __________.

저 큰 주택이 저 노신사 거였다. 그가 저 주택을 작년에 팔았다. (gehören, verkaufen)

8 Wegen des langweiligen Films _____ das Kind gleich ____________.

저 지루한 영화 때문에 아이는 금방 잠이 들었다. (einschlafen)

9 Das Oktoberfest _____ dieses Jahr am Samstag, den 23. September

____________.

옥토버페스트는 올해 9월 23일 토요일에 개최되었다. (stattfinden)

10 Es _____ ____________ zu regnen. Wir _____ zu Hause nur

____________.

비가 오기 시작했다. 우리는 집에서 단지 텔레비전만 보았다. (anfangen, fernsehen)

r./(s.) Kompromiss 협상, 절충 | **r. Mietevertrag** 임대계약서 | **unterschreiben** 서명하다 | **besuchen** 방문하다 | **einkaufen** 장 보다 | **gehören** ~에게 속하다 | **verkaufen** 팔다 | **einschlafen** 잠이 들다 | **stattfinden** 개최되다 | **anfangen** 시작하다 | **fernsehen** 텔레비전을 보다

Lektion 난이도 : 중급

44 그는 그 자전거를 수리하도록 맡긴다.
Er lässt das Fahrrad reparieren.

lassen 동사 | 독일어에서 lassen 동사는 '~하게 하다'라는 의미를 가지고 있는데, 다른 사람을 통해 그 행위를 하도록 시킬 때 사용하는 동사입니다. 그렇다면 lassen 동사는 어떻게 사용되는지 본격적으로 살펴보겠습니다.

1 lassen 동사

1 lassen 동사의 쓰임

본동사	Er **lässt** sein Auto in der Garage (stehen).
조동사	Ich **lasse** den Reifen wechseln.

2 lassen 동사의 어미변화

ich	lasse	wir	lassen
du	lässt	ihr	lasst
er, sie, es	lässt	sie, Sie	lassen

2 본동사로서의 lassen 동사

1 본동사로서의 lassen 동사의 의미

① 놓아두다

lassen 동사와 함께 상태를 묘사하는 동사를 추가할 수 있습니다. (stehen, bleiben, liegen, hängen)

Heute **lässt** er sein Auto in der Garage (stehen).

오늘 그는 자기 차를 차고에 놓아 둔다.

Sie **lässt** ihr Handy im Auto (liegen).

그녀는 자신의 핸드폰을 차 안에 놓아 둔다.

Lass mich bitte in Ruhe!

날 제발 내버려 둬!

② 그만 두다

Sie kann das Rauchen nicht **lassen**.

그녀는 흡연을 그만둘 수 없다.

Lass das!

그만 둬!

2 본동사 lassen의 '동사 3요형'

lassen	—	ließ	—	gelassen

	Präsens	Präteritum
ich	**lasse**	**ließ**
du	**lässt**	ließest
er/sie/es	**lässt**	**ließ**
wir	lassen	ließen
ihr	lasst	ließt
sie/Sie	lassen	ließen

	Pos. I	Pos. II	Mittelfeld	Satzende
현재	Ich	lasse	mein Auto in der Garage.	
과거	Ich	ließ	mein Auto in der Garage.	
현재완료	Ich	habe	mein Auto in der Garage	gelassen.
미래	Ich	werde	mein Auto in der Garage	lassen.

3 본동사로서의 lassen 동사의 현재완료형

Heute **hat** er sein Auto in der Garage (stehen) **gelassen**.

오늘 그는 자기 차를 차고에 놓아 두었다.

Sie **hat** ihr Handy im Auto (liegen) **gelassen**.

그녀는 자신의 핸드폰을 차 안에 놓아 두었다.

Er **hat** das Rauchen nicht **lassen können**.

그는 흡연을 그만둘 수 없었다.

❸ 조동사로서의 lassen 동사

lassen 동사가 조동사로 사용되면, 타 조동사와 마찬가지로 '주어 + lassen + ... + 동사원형'의 구조가 됩니다.

1 조동사로서 lassen 동사의 의미

① ~하게 시키다 (위임)

Ich **lasse** den Reifen wechseln.

나는 저 바퀴를 교체하도록 시킨다.

Sie **lässt** den Laptop vom Nachbarn reparieren.

그녀는 저 랩톱을 이웃에 의해 수리하도록 맡긴다.

Ich **lasse** mir beim Friseur die Haare schneiden.

나는 미용사에게서 머리카락을 자르도록 시킨다.

② ~하도록 허락하다 (허가)

Meine Eltern **lassen** mich allein reisen.

부모님은 내가 혼자 여행하는 것을 허락한다.

Ich **lasse** mein Kind keinen Kaffee trinken.

내 아이가 커피 마시는 걸 허락하지 않는다.

Der Lehrer **lässt** uns nur Deutsch sprechen.

선생님은 우리가 독일어로만 말하는 것을 허락한다.

2 조동사 lassen의 '동사 3요형'

lassen — ließ — lassen

	Pos. Ⅰ	Pos. Ⅱ	Mittelfeld	Satzende
현재	Ich	lasse	mein Fahrrad	reparieren.
과거	Ich	ließ	mein Fahrrad	reparieren.
현재완료	Ich	habe	mein Fahrrad	reparieren lassen.
미래	Ich	werde	mein Fahrrad	reparieren lassen.

Tipp lassen이 본동사로 쓰일 때 과거분사: gelassen
lassen이 조동사로 쓰일 때 과거분사: lassen

3 조동사로서의 lassen 동사의 현재완료형

① ~하게 시키다 (위임)

Ich **habe** den Reifen **wechseln lassen**.

나는 저 바퀴를 교체하도록 시켰다.

Sie **hat** den Laptop vom Nachbarn **reparieren lassen**.

그녀는 저 랩톱을 이웃에 의해 수리하도록 맡겼다.

Ich **habe** mir beim Friseur die Haare **schneiden lassen**.

나는 미용사에게서 머리카락을 자르도록 시켰다.

② ~하도록 허락하다 (허가)

Meine Eltern **haben** mich allein **reisen lassen**.

내 부모님은 나에게 혼자 여행하는 것을 허락하셨다.

Ich **habe** mein Kind keinen Kaffee **trinken lassen**.

내 아이가 커피 마시는 걸 허락하지 않았다.

Der Lehrer **hat** uns nur Deutsch **sprechen lassen**.

선생님은 우리가 독일어로만 말하는 걸 허락했다.

4 그 밖의 의미

① ~합시다 (청유)

Lass uns ausgehen!

우리 외출하자! (듣는 이가 한 명일 때)

Lasst uns ein Foto machen.

우리 사진 한 장 찍자. (듣는 이가 두 명 이상일 때)

② lassen sich ... Inf. : ~될 수 있다 (수동+가능성)

Die Probleme **lassen sich** leicht **lösen**.

= Die Probleme können leicht gelöst werden.

이 문제들은 쉽게 풀릴 수 있다.

Brot **lässt sich** ganz leicht selbst **backen**.

= Brot kann ganz leicht gebacken werden.

빵은 정말 쉽게 스스로 구울 수 있다.

③ lassen sich ... Inf. : **단순 수동문의 대체형**

Meine Tante **lässt sich** übermorgen **operieren**.

내 이모는 모레 수술을 받도록 허락한다. (=수술을 받는다)

한국에서는 lassen을 대개 문법적으로 준화법 조동사라고 부릅니다. 저는 왜 '준(準)'이라는 단어를 '화법 조동사' 앞에 썼는지 독일에 있었을 때 잘 이해하지 못했습니다. 제 개인적인 생각으로는 lassen은 본동사와 조동사의 의미가 화법 조동사와는 사뭇 다릅니다만, 시제 활용법이 화법 조동사의 모든 시제 활용법과 똑같습니다. 'Ich habe gut schwimmen können.' 난 수영을 잘 할 수 있었다. 'Ich habe eine Pizza liefern lassen.' 나는 피자 한 판을 배달시켰다. 'Ich habe gut Deutsch gekonnt.' 난 독일어를 잘 할 수 있었다. 'Ich habe meinen Schlüssel zu Hause gelassen.' 난 열쇠를 집에 놔 두었다. 이 예문처럼 두 조동사가 문장 내에서 본동사로 쓰일 때에도 과거분사에 ge-가 등장하는 모양이 똑같습니다. 그래서 lassen이 '지각동사'나 'brauchen 동사'처럼 준화법 조동사가 된 것으로 조심스럽게 유추해 볼 수 있을 것 같습니다.

실전 문제

제시된 조동사의 시제와 우리말을 참고하여 빈칸을 채워 보세요.

1 Die Eltern __________ ihre Kinder ins Kino __________.

그 부모님은 아이들이 영화관으로 가는 것을 허락한다. (현재, gehen)

2 Ich ______ mein Portemonnaie zu Hause ____________.

나는 내 지갑을 집에 놓아 두었다. (현재완료, lassen)

3 Er ______ sich ____________ ___________.

그는 마사지를 하게 맡겼다. (현재완료, massieren)

4 Diese Krankheit ______ ______ __________.

이 질병은 치유가 가능합니다. (현재, heilen)

5 Mein Vater ______ mich nicht allein nach Deutschland __________ __________.

아빠는 내가 혼자서 독일로 여행하는 것을 허락하지 않았다. (현재완료, reisen)

6 Ich ______ gestern meinen Wagen in der Garage ____________.

나는 어제 내 차를 차고에 놔 두었다. (현재완료, lassen)

7 Ich ______ mir eine Pizza __________ __________.

나는 피자 한 판을 배달시켰다. (현재완료, liefern)

8 Früher _____ ich manchmal meine Katze im Bett ____________ __________.

예전에 나는 종종 내 고양이를 침대에 자도록 허락했다. (현재완료, schlafen)

9 Das Schweinefleisch _____ sich nicht leicht ____________.

저 돼지고기는 쉽게 자를 수 없었다. (과거, schneiden)

10 Mein Laptop ist kaputt gegangen. Ich ______ ihn sofort ______________.

내 노트북이 망가졌다. 나는 그것을 즉시 수리 맡겼다. (과거, reparieren)

Vokabeln

s. Portemonnaie 지갑 | **massieren** 마사지하다 | **reisen** 여행하다 | **r. Wagen** 자동차 | **e. Garage** 차고 | **e. Pizza** 피자 | **liefern** 배달하다 | **früher** 예전에 | **manchmal** 종종 | **s. Bett** 침대 | **s. Schweinefleisch** 돼지고기 | **leicht** 쉬운, 쉽게 | **schneiden** 자르다 | **kaputt gehen** 고장나다, 망가지다 | **sofort** 즉시 | **reparieren** 수리하다

Lektion **45** 난이도 : 중급

나는 오직 너만을 생각해.
Ich denke nur an dich.

전치사격 보충어를 갖는 동사 | 독일어는 기본 동사에 전치사가 붙어 '특정한' 의미를 지니는, 다시 말해 '전치사를 필요로 하는 동사들'이 많습니다. 심지어 격을 지배하는 형용사가 있기도 하지요. 암기가 필요한 이와 같은 동사들을 예문을 통해 숙지해 보도록 합시다.

1 전치사격 보충어를 갖는 동사

1 전치사격 보충어와 결합하는 동사

독일어에서는 많은 동사들이 특정 전치사와 결합하여 사용되는데, 전치사에 따라 동사의 의미가 다양해집니다. 그래서 동사에 어떤 전치사가 결합되는지, 결합된 전치사가 몇 격으로 사용되는지를 일종의 숙어처럼 암기하는 것이 필요합니다.

2 일반 동사와 전치사격 보충어와 결합하는 동사의 비교

3격 목적어를 취하는 일반 동사	전치사격 보충어 + 동사
(jmdm. + fehlen)	**(jmdm. + an³ + fehlen)**
Was fehlt Ihnen? 어디가 아프세요?	Es fehlt ihm an Geld. 그에게는 돈이 부족하다.

» 대명사 jemand의 격 표기법

jmd. : 1격 (= jemand) / jmds. : 2격 (= jemandes) / jmdm. : 3격 (= jemandem) / jmdn. : 4격 (= jemanden)

3 독일어로 작문 시 주의해야 할 점

나는 그 남자를 사랑한다.	➡	**Ich liebe den Mann. (O)** 나는 - 사랑한다 - 그 남자를
나는 그가 숙제하는 것을 돕는다.	➡	Ich helfe er die Hausaufgaben macht. (x) **Ich helfe ihm bei den Hausaufgaben. (O)** (bei + Dat. + helfen)
나는 지금 그를 기다리고 있다.	➡	Ich warte ihn jetzt. (x) **Ich warte jetzt auf ihn. (O)** (auf + Akk. + warten)

나는 너만 생각한다.	➡	Ich denke dich nur. (x) **Ich denke nur an dich.** (O) (an + Akk. + denken)

2 특정 전치사격 보충어를 갖는 동사의 종류

1 3격(Dat.)

	an³	leiden	~(질병)을 앓다
	an³	arbeiten	~을 작업 중이다
	an³	teilnehmen	~에 참여하다
jmdm.	an³	fehlen	~이 부족하다
	aus³	bestehen	~으로 구성되다
	bei³	arbeiten	~에서 일하다
jmdm.	bei³	helfen	~가 ~하는 것을 돕다
jmdn.	von³	grüßen	~에게 ~로부터 안부를 전하다
	von³	träumen	~를 꿈꾸다
	mit³	anfangen	~을 시작하다
	mit³	sprechen	~와 이야기하다
	mit³	telefonieren	~와 통화하다
jmdn.	nach³	fragen	~에게 ~에 대해 질문하다
	zu³	einladen	~을 ~에 초대하다
	zu³	passen	~에 어울리다
	zu³	gehören	~에 속하다

Er ist letztes Jahr **an** der Vogelgrippe **gestorben**.

그는 작년에 조류독감으로 사망했다.

Das Haus **besteht aus** Holz.

저 집은 목재로 만들어졌다.

Er **arbeitet bei** einer deutschen Firma.

그는 어느 독일 회사에서 일한다.

Er **lädt** mich **zum** Abendessen **ein**.

그는 날 저녁 식사에 초대한다.

Die Bluse **passt** nicht **zu** meiner Hose.

저 블라우스는 내 바지에 어울리지 않는다.

Sie **nimmt** seit zwei Monaten **an** einem Deutschkurs **teil**.

그녀는 2개월 전부터 어느 독일어 수업에 참여하고 있다.

Wir **sprechen von** unserem Schulleiter.

우리는 우리 교장 선생님에 대해 말하고 있다.

Ich **träume von** einem Haus mit einem großen Garten.

나는 커다란 정원이 있는 집을 꿈꾼다.

Wir **fangen** gerade **mit** dem Unterricht **an**.

우린 바로 수업을 시작한다.

Der Journalist **fragt** sie **nach** ihrer Meinung.

그 기자는 그녀에게 의견을 묻고 있다.

2 4격(Akk.)

	an[4]	denken	~에 대해 생각하다
jmdm.	auf[4]	antworten	~에게 ~에 답변하다
	auf[4]	aufpassen	~에 주의하다
	auf[4]	reagieren	~에 반응하다
	auf[4]	verzichten	~을 단념(포기)하다
	auf[4]	achten	~을 유의하다
	für[4]	gelten	~에게 적용되다
jmdn./ etwas	für[4]	halten	~을 ~라고 여기다
	für[4]	sorgen	~을 돌보다
jmdm.	für[4]	danken	~에게 ~에 대해 고마워하다
	gegen[4]	protestieren	~에 항의하다
Es geht	um[4]		~이 관건이다
	um[4]	kämpfen	~을 얻으려고 싸우다

jmdn.	um[4]	bitten	~에게 ~을 부탁하다
	über[4]	diskutieren	~에 관해 토의하다
	über[4]	nachdenken	~에 대해 심사숙고하다

Achten Sie bitte **auf** die Kinder auf der Straße!

길 위의 아이들을 조심하세요!

Er **antwortet** ihr nicht **auf** die Frage.

그는 그녀의 질문에 답변하지 않는다.

Ich **verzichte auf** den Weihnachtskonsum.

나는 크리스마스 소비를 단념한다.

Sie **reagiert** nicht **auf** meine Frage.

그녀는 내 질문에 반응하지 않는다.

Es geht um den Umweltschutz.

환경 보호가 관건이다.

Sie **protestieren gegen** die einseitige Entscheidung.

그들은 그 일방적인 결정에 항의한다.

Das Gesetz **gilt für** alle.

그 법은 모두에게 적용된다.

Vokabeln

r. Umweltschutz 환경 보호 | **einseitig** 일방적인 | **s. Gesetz** 법

실전 문제

제시된 우리말을 참고하여, 빈칸을 채워 보세요.

1 Sie hält ihn nicht mehr ________ ________ Kollegen.

그녀는 그를 더 이상 그녀의 동료로 여기지 않는다.

2 Kinder erkennen Pinocchio ________ ________ langen Nase.

아이들은 피노키오를 그의 긴 코로 알아챘다.

3 Ich danke ________ ganz herzlich ________ die Einladung.

초대해 주어서 네게 진심으로 고마워.

4 Ich habe ________ ________ ________ Geld gebeten.

난 나의 엄마에게 돈을 부탁했다. (현재완료)

제시된 빈칸에 들어갈 알맞은 표현을 골라 보세요.

5 Der alte Nachbar starb ______ Krebs.

저 나이든 이웃은 암으로 돌아가셨다.

① aus ② von ③ an

6 Man warnt immer ______ den Gefahren des Rauchens.

사람들은 항상 흡연의 위험을 경고한다.

① zu ② vor ③ von

7 Meine Mutter achtet immer ______ Sauberkeit im Haus.

엄마는 집안의 청결에 주의를 기울이신다.

① auf ② bei ③ gegen

정답 p. 355

8 Die Touristin fragt den Polizisten ______ dem Weg zum Bahnhof.

저 여성 관광객이 기차역으로 가는 길에 대해 경찰관에게 질문한다.

① über　　② nach　　③ in

9 Die Studenten diskutieren heftig ______ Politik.

이 대학생들은 활발하게 정치에 대해 토론을 하고 있다.

① über　　② zu　　③ bei

10 Unsere Wohnung besteht ______ fünf Zimmern.

우리 집은 5개의 방으로 구성되어 있다.

① von　　② aus　　③ um

herzlich 진심으로 | **e. Einladung** 초대 | **r. Krebs** 암 | **s. Gefahr (Pl. Gefahren)** 위험 | **s. Rauchen** 흡연, 담배 피우기 | **e. Sauberkeit** 청결 | **r./e. Tourist/in** (남/여) 관광객 | **r. Weg** 길 | **r. Bahnhof** 기차역 | **heftig** 활발하게, 격렬하게

Lektion **46** 난이도 : 중급

나는 휴가를 기대하고 있다.
Ich freue mich auf die Ferien.

전치사격 보충어를 갖는 재귀동사 | 앞에서 우리는 재귀의 의미와 기본적인 재귀동사들에 대해 이미 학습한 바가 있습니다. 이번 과에서는 전치사격 보충어를 가지는 재귀동사들을 좀 더 집중적으로 살펴보면서, 재귀동사에 대한 이해를 한층 더 높여 봅시다.

1 전치사격 보충어를 갖는 재귀동사

독일어의 재귀동사 중 다수는 특정한 전치사를 지닌 보충어와 결합하여 사용되는데, 전치사에 따라 동사의 의미가 다양해집니다. 대부분 4격의 재귀대명사를 사용하며, 한 숙어에 최대 2개의 전치사격 보충어가 포함될 수 있습니다. 이러한 재귀동사는 고급스러운 대화, 읽기 및 듣기 테스트에서 차지하는 비율이 높은 편입니다.

2 특정 전치사격 보충어를 갖는 재귀동사의 종류

1 an

sich	an^4	erinnern	~을 기억하다, 회상하다
sich	an^4	wenden	~에게 의뢰(문의)하다
sich	an^4	gewöhnen	~에 익숙해지다
sich	an^3	beteiligen	~에 참여하다

Ich **erinnere mich** immer **an** meine Lehrerin.

나는 항상 내 선생님을 기억하고 있다.

Bei Rückfragen **wenden** Sie **sich an** Herrn Lee!

재질문이 있으면 이 선생님에게 문의하세요!

Ich muss **mich an** das koreanische Klima **gewöhnen**.

나는 한국의 기후에 익숙해져야만 한다.

Er **beteiligte sich an** allen Projekten.

그는 모든 프로젝트에 참여했다.

2 auf

sich	auf⁴	freuen	~을 기대하다
sich	auf[4]	konzentrieren	~에 집중하다
sich	auf[4]	verlassen	~을 신뢰하다
sich	auf[4]	vorbereiten	~을 준비하다
sich	auf[4]	auswirken	~에 영향을 미치다

Ich **freue mich auf** die Sommerferien.

난 여름방학을 기대하고 있어.

Er **konzentriert sich** ganz **auf** das Lernen.

그는 완전히 공부에 집중하고 있다.

Kann man **sich auf** ihn **verlassen**?

사람들이 그를 신뢰할 수 있을까?

Sie **bereitet sich auf** eine Präsentation **vor**.

그녀는 발표를 준비하고 있다.

Übermäßiger Alkoholkonsum **wirkt sich** negativ **auf** die Gesundheit **aus**.

과도한 알코올 소비는 건강에 부정적인 영향을 미친다.

3 für

sich bei[3]	für[4]	bedanken	~에게 ~에 대해 감사하다
sich	für[4]	eignen	~에 적합하다
sich bei[3]	für[4]	entschuldigen	~에게 ~에 대해 사과하다
sich	für[4]	interessieren	~에 관심이 있다
sich	für[4]	entscheiden	~으로 결정하다

Ich **bedanke mich** bei Ihnen **für** die Hilfe.

도움에 대해 당신에게 감사드립니다.

Dieses Buch **eignet sich für** Fortgeschrittene.

이 책은 중급자에게 적합하다.

Er **entschuldigt sich** bei seinem Lehrer **für** den Fehler.

그는 그의 선생님에게 실수에 대해 사과한다.

Ich **interessiere mich für** Popmusik.

난 팝 음악에 관심이 있어.

Sie **entscheidet sich für** ein neues Leben.

그녀는 새 삶을 (살기로) 결정한다.

4 mit

sich	mit[3]	beschäftigen	~에 빠져 있다, 심취하다
sich	mit[3]	treffen	~와 (약속하여) 만나다
sich	mit[3]	unterhalten	~와 대화하다
sich	mit[3]	verabreden	~와 약속을 잡다

Ich **beschäftige mich** zurzeit **mit** Blumen.

나는 요즘 꽃에 빠져 있다.

Ich **treffe mich** heute Abend **mit** meinem Freund.

난 오늘 저녁에 내 남자 친구와 만난다.

Er **unterhält sich** jetzt **mit** seinen Eltern.

그는 지금 그의 부모님과 대화를 나눈다.

Ich habe **mich** schon **mit** meiner Mutter **verabredet**.

나는 이미 내 어머니와 약속을 잡았다.

5 um

sich	um[4]	bemühen	~을 얻으려 노력하다
sich bei[3]	um[4]	bewerben	~에 ~을 위해 지원(응모)하다
sich	um[4]	kümmern	~을 돌보다, 신경 쓰다
sich	um[4]	sorgen	~을 걱정하다
Es handelt sich		um[4]	~이 관건이다, 중요하다

Ich habe **mich um** ein Stipendium **bemüht**.

나는 장학금을 (얻기 위해) 노력했다.

Sie **bewirbt sich um** eine Stelle als Praktikantin.

그녀는 실습생으로서의 일자리(=실습생을 뽑는 자리)에 지원한다.

Es handelt sich um meine Ehre.

내 명예가 달려 있다.

Ich **sorge mich um** die Zukunft von meinem Sohn.

나는 내 아들의 미래를 걱정하고 있다.

Florian **kümmert sich um** seine kranken Großeltern.

플로리안은 그의 아픈 조부모님을 돌본다.

6 von

sich	von[3]	verabschieden	~와 작별하다
sich	von[3]	unterscheiden	~와 구별되다
sich	von[3]	befreien	~에서 해방되다

Darf ich **mich von** Ihnen **verabschieden**?

여러분들과 작별해도 될까요? (=먼저 자리에서 일어나도 될까요?)

Er hat **sich von** seinen Sorgen **befreit**.

그는 자신의 염려에서 해방되었다.

Sie **unterscheidet sich** nicht **von** ihrer Zwillingsschwester.

그녀는 그녀의 쌍둥이 자매와 구분되지 않는다.

Vokabeln

e. Zwillingsschwester 쌍둥이 자매

7 vor

sich	vor[3]	schützen	자신을 ~로부터 보호하다
sich	vor[3]	fürchten	~을 두려워하다

Man muss **sich vor** Ansteckung **schützen**.

사람들은 감염으로부터 자신을 보호해야 한다.

Er **fürchtet sich vor** seinem Tod.

그는 죽음을 두려워한다.

8 über

sich	über[4]	ärgern	~에 대해 화가 나다
sich bei[3]	über[4]	beschweren	~에게 ~에 대해 불평하다
sich	über[4]	freuen	~에 대해 기쁘다
sich	über[4]	informieren	~에 정보를 구하다
sich	über[4]	unterhalten	~에 대해 대화하다

Ihr **ärgert euch über** mich.

너희는 나 때문에 화가 났구나.

Er **beschwert sich** immer **über** seine Ehefrau.

그는 항상 그의 아내에 대해 불평한다.

Ich habe **mich** sehr **über** dein Geschenk **gefreut**.

나는 너의 선물에 매우 기뻤어.

Ich habe **mich über** den Autounfall **informiert**.

나는 저 자동차 사고에 대해 정보를 구했다(= 조사했다).

Wor**über** haben Sie **sich unterhalten**?

여러분들은 무엇에 대해 대화를 나누셨나요?

» 사물과 상황을 나타내는 의문대명사 + 전치사

wo + (r) + 전치사: 모음부터 시작되는 전치사는 r가 앞에 붙습니다.

㉮ wofür, woran, worauf ...

9 zu

sich	zu[3]	entschließen	~을 결심하다

Ich habe **mich zur** Abreise **entschlossen**.

나는 여행을 떠나기로 결심했다.

10 gegen

sich	gegen[4]	wenden	~에 반대하다

Ich **wende mich gegen** die Vorwürfe.

나는 비난에 반대한다.

» sich an[4] wenden ~에게 문의(의뢰)하다

Vokabeln

r. Vorwurf 비난, 질책

실전 문제

제시된 우리말을 참고하여, 빈칸을 채워 보세요.

1 Er freut ________ heute ________ ________ herrlich______ Wetter..

그는 오늘 멋진 날씨에 대해 기뻐하고 있다.

2 Sie sorgt ________ sehr ________ ihren Neffen.

그녀는 그녀의 조카에 대해 매우 걱정하고 있다.

3 Ich unterhalte ________ ________ meiner Schwester ________ ihren Reiseplan.

나는 내 언니와 그녀의 여행 계획에 대해 이야기한다.

4 Ich interessiere ________ ________ Sport. Interessieren Sie sich auch ________?

저는 스포츠에 관심이 있어요. 당신도 그것에 역시 관심이 있나요?

5 Mein Chef hat ________ ________ seine Sekretärin sehr ________________.

나의 사장님은 그의 여비서에 대해 매우 화가 났다.

6 Er trifft ________ heute mit ________ Freundin.

오늘 그는 그의 여자 친구를 만난다.

7 Herr Schneider, ich bedanke ________ ________ Ihnen ________ die Einladung.

슈나이더 씨, 초대해 주셔서 당신에게 감사합니다.

8 Erinnerst ________ ________ ________ mich?

너는 나를 기억하니?

정답 p. 355

9 Sie entschuldigte ________ ________ ihrer Chefin ________ die Verspätung.

그녀는 (여자)상사에게 지각한 것에 대해 사과했다.

10 Ich beschäftige ________ zurzeit ________ moderner Kunst.

나는 요즘 현대 미술에 심취해 있다.

s. Wetter 날씨 | **herrlich** 멋진, 최고의, 훌륭한 | **sich um⁴ sorgen** ~에 대해 걱정하다 | **sich mit³ über⁴ unterhalten** ~와 ~에 대해 이야기하다 | **r. Plan** 계획 (**r. Reiseplan** 여행 계획) | **sich für⁴ interessieren** ~에 대해 관심이 있다 | **sich über⁴ ärgern** ~에 대해 화가 나다 | **sich mit³ treffen** ~와 (약속하고) 만나다 | **sich bei³ für⁴ bedanken** ~에게 ~에 대해 감사해하다 | **sich an⁴ erinnern** ~을 기억하다 | **sich bei³ für⁴ entschuldigen** ~에게 ~에 대해 사과하다 | **e. Verspätung** 늦음, 지각 | **sich⁴ mit³ beschäftigen** ~에 심취하다, 몰두하다 | **zurzeit** 요즘 | **modern** 현대적인 | **e. Kunst** 예술, 미술

Lektion 47

난이도 : 중급

나는 그녀가 집으로 일찍 돌아와서 기쁘다.

Ich freue mich, dass sie früh nach Hause zurückkam.

부문장 ① | 독일어의 부문장(Nebensatz)에는 몇 가지 특성이 있습니다. 위치와 시제 등을 고려해서 많은 훈련을 해야 부문장에 익숙해질 수 있습니다. 기본적으로 부문장은 동사가 문장의 끝에 나오므로 주어의 인칭과 시제에 따라 변하는 동사를 어떻게 활용해야 하는지 끝까지 긴장의 끈을 놓지 않아야 합니다.

1 주문장과 부문장

1 주문장과 부문장의 정의

문장에서 주문장은 전체 문장에서 중심이 되는 문장을 의미하며, 이는 주절이라고도 합니다. 반면, 부문장은 주문장의 의미를 구체화하거나 한정시키는 문장으로서, 종속절이라고 부를 수 있습니다. 주절은 독립적으로 완전한 의미를 전달할 수 있는 반면, 종속절은 주절에 의존하여 의미를 전달합니다.

㉮

주문장	주문장
Er kommt zur Party.	Das freut mich.
그가 파티에 온다.	그것이 나를 기쁘게 한다.

⬇

주문장	부문장
Es freut mich,	dass er zur Party kommt.

그가 파티에 온다는 것이 나를 기쁘게 한다.

2 주문장과 부문장의 구별법

	주문장	부문장
동사의 위치	① 문장의 두 번째 자리 : 평서문, 의문사가 있는 의문문 ② 문장의 첫 번째 자리 : 명령문, 의문사가 없는 의문문	문장의 끝

㉮ Er konnte nicht arbeiten, weil er krank war.

Weil er krank war, konnte er nicht arbeiten.

	주문장	부문장
독립성	가능	불가능 : 종속 접속사를 통해 주문장에 연결되어야 함

단, und, oder, aber와 같은 등위 접속사는 주문장과 주문장을 연결합니다.

㉮

주문장	주문장
Sie bleibt zu Hause.	Ihre Mutter ist nämlich krank.

⬇

주문장	주문장
Sie bleibt zu Hause,	weil ihre Mutter krank ist.

2 dass 부문장

1 dass- 부문장의 의미와 역할

dass- 부문장은 종속 접속사 dass로 시작하는 문장으로, 주절에 필요한 정황과 줄거리를 묘사하는 역할을 합니다. 이 부문장은 주절에 필수적인 문장 성분을 대신하거나 수식하는데, 주로 '~한다는 것'이라는 의미를 담고 있습니다. 그리고 dass- 부문장은 문장에서 주어, 4격 목적어, 수식어, 또는 전치사의 보충어 역할을 할 수 있는데, 이러한 역할을 통해 주절의 의미를 명확하게 하거나 보완합니다. 예를 들어, 'Ich weiß, dass er kommt.'에서 'dass er kommt'는 '그가 온다는 것'을 의미하며, 주절의 4격 목적어 역할을 합니다. 또한, dass- 부문장에서 동사는 항상 문장의 끝에 위치합니다. 이는 독일어 문법의 중요한 규칙 중 하나로, 독일어 문장의 구조를 이해하고 형성하는데 필수적입니다. 위의 예문에서도 알 수 있듯이 동사 'kommt'가 dass- 부문장의 끝에 위치하게 됩니다.

2 dass- 부문장의 특징

dass- 부문장은 특정 동사와 표현에 사용됩니다.

① 알고 있거나 알려진 사실

Ich weiß, dass... / Ich glaube, dass...

② 생각, 느낌, 의견의 표현

Ich finde, dass... / Ich freue mich, dass...

Es ist wichtig, dass... / Es ist schade, dass...

3 dass- 부문장의 활용

문장	작문	동사의 위치
주문장	Sie kommt zur Party. 그녀는 파티에 온다.	두 번째
dass- 주문장	dass sie zur Party **kommt** 그녀가 파티에 온다는 것	끝

문장	작문	동사의 위치
주문장	Er ruft seine Mutter an. 그가 그의 엄마에게 전화를 건다.	두 번째
dass- 주문장	dass er seine Mutter **anruft** 그가 그의 엄마에게 전화하는 것	끝

① 주어

Sie kommt zur Party. 그녀가 파티에 온다.	+	Das freut mich. 그것이 나를 기쁘게 한다.

= Es freut mich, dass sie zur Party kommt.

= Dass sie zur Party kommt, freut mich.

그녀가 파티에 온다는 것이 나를 기쁘게 한다.

Es ist schade, dass du jetzt gehen musst.

네가 지금 가야 한다는 게 안타깝다.

Es ist schwierig, dass man alleine Deutsch lernt.

사람들이 혼자 독일어를 배우는 것은 어렵다.

② 4격 보충어

Ich weiß es. 나는 그것을 안다.	+	Er ruft seine Mutter an. 그는 엄마에게 전화할 것이다.

Ich weiß, dass er seine Mutter anruft.

= Dass er seine Mutter anruft, weiß ich.

나는 그가 엄마에게 전화할 거라는 것을 안다.

Ich wusste (es) nicht, dass du heute Geburtstag hast.

나는 오늘이 너의 생일이라는 것을 몰랐다.

Ich fand (es) schön, dass ihr ihr geholfen habt.

나는 너희가 그녀를 도와 주었다는 것을 좋게 여겼다.

③ 수식어

Er hat eine Chance. 그는 기회를 가지고 있다.	+	Er studiert bald in Deutschland. 그는 곧 독일에서 대학을 다닐 것이다.

Er hat eine Chance, dass er bald in Deutschland studiert.

그는 곧 독일에서 대학을 다닐 기회를 가지고 있다.

Ich habe den Wunsch, dass er mich mal besucht.

나는 그가 나를 언젠가 방문할 거라는 바람이 있어.

Er freut sich. 그는 기대한다.	+	Wir können zusammen Deutsch lernen. 우리는 함께 독일어를 배울 수 있다.

Er **freut sich** dar**auf**, dass wir zusammen Deutsch lernen können.

그는 우리가 함께 독일어를 배울 수 있다는 것을 기대하고 있다.

④ 전치사격 보충어

Ich **ärgere mich** dar**über**, dass ich sehr spät aufgestanden bin.

나는 내가 매우 늦게 일어났다는 것에 화가 난다.

Ich **erinnere mich** dar**an**, dass er fleißig Deutsch gelernt hat.

나는 그가 부지런히 독일어를 공부했다는 것을 기억한다.

Vokabeln

e. Chance 기회 | **ärgern** 화나게 하다 | **darüber** 그것에 대하여

실전 문제

제시된 우리말을 참고하여, 빈칸을 채워 보세요.

1 Florian hat Hunger.

Florian sagt, dass ______________________________.

플로리안은 자신이 배가 고프다고 말한다.

2 Paulina kann nicht zur Party kommen.

Es ist schade, dass ______________________________.

파울리나가 파티에 올 수 없다는 게 아쉽다.

3 Du hast keine Zeit.

Ich weiß, dass ______________________________.

나는 네가 시간이 없다는 것을 안다.

4 Diese Übung ist wichtig.

Dass ______________________________, versteht er jetzt endlich.

이 연습이 중요하다는 것을 그는 이제야 마침내 이해한다.

5 Du hast an mich gedacht.

Danke dafür, dass ______________________________.

네가 날 생각해 주었다는 것을 고맙게 생각한다.

6 Ich habe heute einen Arzttermin.

Ich habe vergessen, dass ______________________________.

나는 오늘 진료 예약이 있다는 것을 잊어버렸다.

7 Man lernt für die Zukunkt Deutsch.

Es ist empfehlenswert, dass ______________________________.

사람들이 미래를 위해 독일어를 배우는 것은 추천할 가치가 있다.

정답 p. 355

8 Martin ist krank.

Hast du gewusst, dass ______________________________?

너는 마틴이 아프다는 것을 알았어?

9 Das große Haus gehört Peter.

Ich glaube, dass ______________________________.

난 저 큰 집이 페터 것이라고 생각한다.

10 Du hast die Prüfung nicht geschafft.

Es tut mir sehr leid, dass ______________________________.

너가 시험에 떨어졌다는 것이 내게는 매우 유감이다.

e. Übung 연습 | **wichtig** 중요한 | **endlich** 마침내, 드디어 | **an⁴ denken** ~을 생각하다 | **r. Termin** 일정 (**r. Arzttermin** 진료 예약) | **e. Zukunft** 미래 | **schaffen** 해내다, 합격하다

Lektion 48

난이도 : 중급

혼자 사는 것은 쉽지 않다.

Es ist nicht leicht, allein zu leben.

zu 부정법 ① | 부정법이라고 하면 많은 분들이 문장의 긍정적인 내용을 부인하는 '否定'으로 자주 인식합니다. 하지만 이번 과에서 설명할 부정법은 동사의 순수한 형태인 '부정형(不定形)'과 함께 사용되는 동사의 한 가지 용법입니다. 보통 독일어 부정법은 'zu + 부정법'을 부정형의 대표 모델로 여기기 때문에 zu 부정법이라고 자주 부릅니다. 그럼 이와 같은 zu 부정법이 어떻게 만들어지게 되고 또 어떤 용법으로 사용되는지 알아보도록 합시다.

1 zu 부정법의 정의

1 zu 부정법의 정의

zu 부정법은 독일어에서 zu와 동사원형(Infinitiv)이 결합한 구문을 말합니다. 이 구문은 문장 안에서 주어, 목적어, 수식어, 또는 보충어 역할을 하며, 주로 '~하는 것' 또는 '~하는'이라는 의미를 전달합니다. 또한, zu 부정법은 주절의 술어와 의미상으로 밀접하게 관련됩니다. 아래 예문으로 확인해 보세요.

㉮ Es ist lustig, mit Herrn Min Deutsch zu lernen.

2 zu 부정법의 형태

zu 부정문은 dass- 절과는 차이가 있습니다. dass- 절과는 달리 zu 부정문에는 주어가 없고 동사를 제외한 나머지 구성 성분이 zu 앞에 위치하게 됩니다.

Er arbeitet am Wochenende.	
dass-	dass er am Wochenende arbeitet
zu Inf.	am Wochenende zu arbeiten

Man raucht viel.	
dass-	dass man viel raucht
zu Inf.	viel zu rauchen

3 zu의 위치

기본	동사 앞	Ich bin es gewohnt, allein **zu** leben. 나는 혼자 사는 것에 익숙하다.
분리동사	분리전철 뒤+토대동사 앞 (띄어 쓰지 않음)	Vergiss nicht, morgen früh auf**zu**stehen! 내일 일찍 일어나는 거 잊지 마! Freut mich, Sie kennen**zu**lernen. 당신을 알게 되어 기쁩니다
2개 이상의 동사	정동사 앞	Ich freue mich, endlich ein neues Handy bekommen **zu** haben. 나는 드디어 새 핸드폰을 받았다는 것이 기쁘다. Meine Kinder erwarten, vom Kindergarten abgeholt **zu** werden. 내 아이들은 유치원에서 픽업되길 기다린다. Ich bin froh, nicht zur Schule gehen **zu** müssen. 나는 학교에 갈 필요가 없어 기쁘다.

2 zu 부정법의 조건

1 zu 부정법을 만들 수 없는 경우

- 주문장의 동사가 언급, 지각, 앎의 의미를 갖는 동사일 때

: sagen, fragen, antworten, sehen, hören, spüren, wissen, kennen ...

Er sagt, heute zu kommen. (**X**)

Er sagt, dass er heute kommt. (O)

Er weiß, die Prüfung bestehen zu können. (**X**)

Er weiß, dass er die Prüfung bestehen kann. (O)

2 zu 부정법의 용법

① 주문장에 가주어 es가 있고, dass- 부문장의 주어가 man일 때

- 주문장의 주어 역할

dass-	Es ist schädlich für die Gesundheit, dass man viel Alkohol trinkt. = viel Alkohol zu trinken
zu Inf.	Viel Alkohol zu trinken ist schädlich für die Gesundheit. 술을 많이 마시는 것은 건강에 해롭다.

dass-	Es ist verboten, dass man hier grillt. = hier zu grillen
zu Inf.	Hier zu grillen ist verboten. 여기서 바베큐 구이를 하는 것은 금지되어 있다.

② 주문장의 주어와 dass- 부문장의 주어가 일치할 때

- 주문장의 보충어 역할

dass-	Sie verspricht ihm, dass sie ihm ein großes Auto kauft. = ein großes Auto zu kaufen
zu Inf.	Sie verspricht ihm, ein großes Auto zu kaufen. 그녀는 그에게 커다란 자동차를 사줄 것을 약속한다.

dass-	Ich habe vergessen, dass ich dir das Buch zurückgebe. = dir das Buch zurückzugeben
zu Inf.	Ich habe vergessen, dir das Buch zurückzugeben. 나는 너에게 책을 돌려주는 것을 잊어버렸다.

③ 주문장의 3,4격 보충어와 dass- 부문장의 주어가 일치할 때

- 주문장의 보충어 역할

dass-	Ich erlaube (es) dir, dass du in die Disko gehst. = in die Disko zu gehen
zu Inf.	Ich erlaube dir, in die Disko zu gehen. 나는 네가 클럽에 가는 것을 허락한다.

dass-	Er hat mich darum gebeten, dass ich zur Party komme. = zur Party zu kommen
zu Inf.	Er hat mich darum gebeten, zur Party zu kommen. 그는 나에게 파티에 올 것을 부탁했다.

④ zu 부정문이 주문장 동사의 전치사격 보충어 역할을 할 때

dass-	Ich habe (damit) angefangen, dass ich Deutsch lerne.
zu Inf.	Ich habe (damit) angefangen, Deutsch zu lernen. 나는 독일어를 배우는 것을 시작했다.

» da + (r) + 전치사

㈜ daran, darauf, damit, dafür, dazu ...

⑤ zu 부정문이 주문장의 구성성분을 수식하는 역할을 할 때

dass-	Sie hat keine Zeit, dass sie uns trifft.
zu Inf.	Sie hat keine Zeit, uns zu treffen. 그녀는 우리를 만날 시간이 없다.

dass-	Ich habe eine große Chance, dass ich in Deutschland studiere.
zu Inf.	Ich habe eine große Chance, in Deutschland zu studieren. 나는 독일에서 공부할 커다란 기회를 가지고 있다.

'zu 부정문'은 독일에서 일상의 대화 중 가장 많이 사용되는 문법적 표현입니다. 그런데 주문장의 주어와 dass- 부문장의 주어가 일치했을 때 사용하는 것이 zu 부정문인데, 왜 주문장의 3·4격 보충어(목적어)와 부문장의 주어가 일치할 때에도 생략이 되는 건지 궁금해하시는 분들이 많습니다. 우선 주문장과 부문장의 주어가 같을 때 'zu 부정문'을 사용하는 것이 듣기에도 좋습니다. '나는 엄마에게 전화하는 것을 내가 까먹었어.'라고 한국말로 한다면 조금은 우스꽝스러울 겁니다. 그래서 'Ich habe vergessen, Mama anzurufen.'이라는 표현이 상대방이 듣기에도 더 편할 것입니다. 아울러 '엄마는 내가 파티에 가는 것을 허락했다.'라고 할 때, '나에게(3격)'가 주문장의 주어가 되어야 이론적으로 가능한 문장이 됩니다. Mama erlaubt mir, auf die Party zu gehen. 만약 이 문장에서 zu 부정문을 만들기 전 dass-절 주어가 엄마라면 의미가 이상할 것입니다. '엄마는 그녀가 파티에 가는 걸 내게 허락한다.(?)' 여러모로 주의해서 보고 또 보아야 하는 zu 부정법입니다.

실전 문제

제시된 dass- 부문장을 zu 부정문으로 바꾸세요.

1 Er hat den Wunsch, dass er sein Deutsch verbessert.

➡ Er hat den Wunsch, ________________________________.

그는 자신의 독일어 (실력)을 향상시키고자 하는 바람이 있다.

2 Ich habe sie gebeten, dass sie mir hilft.

➡ Ich habe sie gebeten, ________________________________.

나는 그녀에게 나를 도와 달라고 부탁했다.

3 Es ist wichtig, dass man regelmäßig Sport treibt.

➡ Es ist wichtig, ________________________________.

규칙적으로 운동을 하는 것은 중요하다.

4 Ich habe (damit) aufgehört, dass ich allein Deutsch lerne.

➡ Ich habe aufgehört, ________________________________.

나는 혼자서 독일어 배우는 것을 그만두었다.

5 Hast du Lust, dass du heute Abend mit mir ins Kino gehst?

➡ Hast du Lust, ________________________________?

오늘 저녁에 나랑 같이 영화관 갈 생각 있니?

6 Es macht mir Spaß, dass ich jeden Morgen spazieren gehe.

➡ Es macht mir Spaß, ________________________________.

매일 아침 산책하러 가는 것이 내게 즐겁다.

7 Ich habe oft versucht, dass ich abnehme.

➡ Ich habe oft versucht, ________________________________.

나는 자주 살 빼는 것을 시도했다.

정답 p. 356

8 Mein Bruder hat vergessen, dass er mich gleich anruft.

➡ Mein Bruder hat vergessen, ______________________________.

내 남동생은 내게 바로 전화하는 걸 깜박했다.

9 Die Kellnerin verbietet dem Mann, dass er in der Gaststätte raucht.

➡ Die Kellnerin verbietet dem Mann, ______________________________.

그 여종업원은 그 남자가 식당 안에서 흡연하는 것을 금지한다.

10 Ich bin es gewohnt, dass ich früh aufstehe.

➡ Ich bin es gewohnt, ______________________________.

나는 일찍이 일어나는 것이 익숙하다.

Vokabeln

r. Wunsch 바람, 소망 | **verbessern** 향상시키다 | **regelmäßig** 규칙적으로, 규칙적인 | **Sport treiben** 운동하다 | **mit[3] aufhören** ~하는 것을 그만두다 | **allein** 혼자서, 홀로 | **Lust haben etw. zu tun** ~할 마음이 있다 | **jmdm. Spaß machen** ~에게 즐거움을 주다 | **versuchen etw. zu tun** ~하려고 시도하다 | **abnehmen** 살을 빼다 | **gleich** 바로 | **verbieten** 금지하다 | **e. Gaststätte** 식당 | **rauchen** 흡연하다 | **es gewohnt sein etw. zu tun** ~하는 것에 익숙하다

Lektion **49** 난이도 : 중급

그는 자신의 친구들을 만나기 위해 시내로 간다.

Er geht in die Stadtmitte, um seine Freunde zu treffen.

zu 부정법 ② | 앞서 '~하는 것' 혹은 수식의 의미로써 zu 부정법에 대해 배워 보았습니다. 그렇다면 이번 과에서는 언제 이러한 zu 부정법의 사용이 가능한지 더 많은 활용법을 알아 보도록 하겠습니다.

❶ zu 부정법의 활용

1 um zu Inf. : ~하기 위해

dass-	Er ist nach Deutschland geflogen, damit er dort einen besseren Job findet.
zu Inf.	Er ist nach Deutschland geflogen, **um** dort einen besseren Job **zu** finden. 그는 독일에서 더 나은 직업을 찾기 위해 그 곳으로 날아갔다.

dass-	Marie treibt Sport, damit sie Appetit bekommt.
zu Inf.	Marie treibt Sport, **um** Appetit **zu** bekommen. Marie는 식욕을 돋우기 위해 운동을 한다.

dass-	Ich bin jetzt in München, damit ich in den Ferien eine Stelle bekomme.
zu Inf.	Ich bin jetzt in München, **um** in den Ferien eine Stelle **zu** bekommen. 나는 방학 동안 일자리를 얻으려고 현재 뮌헨에 있다.

Tipp um ~ zu 문장의 주어와 주문장의 주어가 다른 경우 접속사 'damit'을 사용합니다.

2 (an)statt zu Inf. : ~하는 대신에

dass-	Er ist nach Deutschland geflogen, (an)statt dass er in Korea arbeitet.
zu Inf.	Er ist nach Deutschland geflogen, (**an**)**statt** in Korea **zu** arbeiten. 그는 한국에서 일하는 대신에 독일로 날아갔다.

Vokabeln

damit ~하기 위해

dass-	Sie macht die Hausaufgaben, (an)statt dass sie schläft.
zu Inf.	Sie macht die Hausaufgaben, (**an**)**statt zu** schlafen. 그녀는 잠을 자는 대신에 숙제를 한다.

dass-	Zur Uni geht die Studentin zu Fuß, (an)statt dass sie mit dem Rad fährt.
zu Inf.	Zur Uni geht die Studentin zu Fuß, **statt** mit dem Rad **zu** fahren. 여대생은 자전거로 가는 대신 걸어서 대학으로 간다.

3 ohne zu Inf. : ~하지 않고

dass-	Er verließ die Party, ohne dass er sich verabschiedete.
zu Inf.	Er verließ die Party, **ohne** sich **zu** verabschieden. 그는 작별인사도 하지 않고 파티를 떠났다.

dass-	Er ist nach Deutschland geflogen, ohne dass er sich mit seinen Eltern unterhält.
zu Inf.	Er ist nach Deutschland geflogen, **ohne** sich mit seinen Eltern **zu** unterhalten. 그는 그의 부모님과 대화도 하지 않고 독일로 날아갔다.

dass-	Die Dame kauft sich einen Mantel, ohne dass sie ihn anprobiert.
zu Inf.	Die Dame kauft sich einen Mantel, **ohne** ihn an**zu**probieren. 저 숙녀는 외투 한 벌을 입어 보지도 않고 구매한다.

2 zu 부정법의 기타 용법

1 brauchen + zu Inf. : ~할 필요가 있다

Du **brauchst** nur/bloß E-Mails **zu** schreiben.

너는 단지 이메일만 쓰면 돼.

Du **brauchst** heute keine E-Mails **zu** schreiben.

너는 오늘 메일을 쓸 필요가 없어.

2 scheinen + zu Inf. : ~처럼 보이다

Meine Oma **scheint** geizig **zu** sein.

나의 할머니는 인색한 것처럼 보인다.

Sie **scheint** euch nicht **zu** kennen.

그녀는 너희를 모르는 것처럼 보인다.

3 sein + zu Inf. : ~되어질 수 있다, ~되어져야 한다 (수동의 가능성과 필연성)

Das Fahrrad kann repariert werden. = Das Fahrrad **ist zu** reparieren.

저 자전거는 수리될 수 있다.

Das Auto muss bis heute verkauft werden. = Das Auto **ist** bis heute **zu** verkaufen.

저 자동차는 오늘까지 팔려야 한다.

4 haben + zu Inf. : ~할 것이 있다

Ich **habe** wenig **zu** tun.

나는 할 일이 거의 없어.

Paul **hat** etwas **zu** erledigen.

파울은 끝낼 일이 있다.

5 mit jmdm./etwas zu tun haben : 누군가/무언가와 관계가 있다, 엮이다

Sie möchte nichts **mit** Politik **zu tun haben**.

그녀는 정치와 엮이고 싶어하지 않는다.

Sie **haben** etwas **mit** ihm **zu tun**.

그들은/그것들은 그와 연관되어 있다.

6 zu + 형용사, um ~zu + Inf. : ~하기에는 너무 ~하다

Das Kind ist **zu** jung, **um** das Problem **zu** lösen.

그 아이는 이 문제를 풀기에는 너무 어리다.

7 pflegen ~zu + Inf. : (습관처럼) -하곤 한다

Unser Lehrer **pflegt** in der Pause **zu** singen.

우리 선생님은 쉬는 시간 때에 노래를 하곤 한다.

Vokabeln

reparieren 수리하다 | **verkaufen** 팔다 | **erledigen** 끝내다, 해결하다 | **e. Politik** 정치

8 in der Lage sein ~zu + Inf. : ~할 수 있는 입장이다

Ich **bin in der Lage**, dir **zu** helfen.

나는 너를 도울 수 있다.

» zu 부정법을 활용한 관용 표현들

㉮ um es kurz zu sagen 짧게 말하자면, so zu sagen 이른바, um die Wahrheit zu sagen 사실을 말하자면

um zu는 주어와 동사가 함께 있는 '절'이 아니므로 대개 'um zu 용법 혹은 구문'이라고 부릅니다. 이유와 목적이라는 말은 그렇게 다르지 않습니다. 독일어의 이유에 대한 접속사는 weil 또는 denn이고 목적에 대한 표현은 um zu 또는 damit 종속접속사를 사용하는데, 이유에는 대개 '감정'이 섞일 수 있습니다. 예를 들어 이유로는 '독일에서 공부해야 하기 때문에 / 공부하고 싶어서 / 공부해도 되기 때문에' 등의 표현을 하는 반면, 목적은 느낌이 빠진 상태에서 팩트를 말할 때 사용하는 것이 보편적입니다. '독일에서 공부하기 위해서(um in Deutschland zu studieren)' 혹은 '너를 방문하기 위해(um dich zu besuchen)' 등과 같이 간단하게 응용할 수 있습니다. 이 구문에 화법 조동사를 굳이 넣겠다면 '가능성'의 의미를 지닌 können은 같이 사용할 수 있으나 함께 사용할 필요는 거의 없고, 다른 화법 조동사는 더욱 함께 사용을 하지 않는다는 것을 꼭 알아 두세요. 'um dich besuchen zu müssen'과 같은 표현은 존재하지 않습니다.

실전 문제

제시된 빈칸에 알맞은 표현을 채워 보세요.

1 Im Urlaub ____________ du ________________________.

휴가 때 넌 일할 필요가 없어.

2 Sie ____________ müde ____________________.

당신은 피곤한 것 같습니다.

3 Sie geht in die Bibliothek, ________________________.

그녀는 공부하기 위해 도서관으로 간다.

4 Die Küche ist __________________.

이 부엌을 정돈해야만 한다. (aufräumen)

5 Ich habe nicht so viel mit ihm _______________.

나는 그와 별로 관련이 없다.

제시된 문장을 zu 부정법 형태로 바꿔 써 보세요.

6 Er schläft. Er kocht nicht.

→ Statt ____________________, schläft er.

요리하는 것 대신에 그는 잠을 잔다.

7 Meine Tante liest das Buch. Sie versteht es nicht.

→ Meine Tante liest das Buch, ohne ___________________________.

이모는 저 책을 이해하지도 못하면서 읽고 있다.

8 Maria lernt sehr fleißig. Sie will gute Noten bekommen.

➔ Maria lernt sehr fleißig, ______________________.

마리아는 좋은 성적을 받기 위해 매우 부지런히 공부한다.

9 Man muss die Verkehrsregeln beachten.

➔ Die Verkehrsregeln sind ______________________.

이 교통 규칙들을 준수해야 한다.

10 Das kann ich nicht glauben!

➔ Das ist ______________________!

믿을 수가 없다!

r. Urlaub 휴가 | **aufräumen** 정돈하다, 치우다 | **kochen** 요리하다 | **Note bekommen** 성적을 받다 | **e. Regel (Pl. Regeln)** 규칙 (**Pl. Verkehrsregeln** 교통 규칙) | **beachten** 유의하다 | **glauben** 믿다

Lektion 난이도 : 중급

50 그녀는 피곤함에도 불구하고 계속해서 일을 한다.

Sie arbeitet weiter, obwohl sie müde ist.

부문장 ② | 이제는 두 문장을 연결해서 작문해 내는 것이 그리 생소하지는 않을 것입니다. 이처럼 문장과 문장을 연결할 때 접속사가 큰 도움이 됩니다. 이 가운데 동사가 맨 뒤로 가는 접속사(종속접속사)는 대등(병렬)접속사와 달리 종류가 다양하고 생략과 도치가 이뤄지기도 합니다. 나의 문장으로 잘 소화할 수 있도록 반복 연습해 보시길 바랍니다.

❶ 종속접속사의 정의와 특징

1 종속접속사의 정의

종속접속사는 주문장과 부문장을 연결해 주문장의 원인, 방법, 이유, 조건 등을 부가적으로 설명합니다.

㉮

주문장	주문장
Ich bleibe im Bett.	Ich bin krank.
나는 침대에 머무른다.	나는 아프다.

⬇

주문장	부문장
Ich bleibe im Bett,	weil ich krank bin.

나는 아프기 때문에 침대에 머무른다.

2 종속접속사가 포함된 문장의 특징

종속접속사가 포함된 부문장에서 문장의 정동사는 부문장의 맨 끝에 위치하고, 부문장이 주문장의 앞에 오게 되면 주문장의 주어와 동사가 도치됩니다.

㉮

주문장	부문장
Ich bleibe im Bett,	weil ich krank bin.

⬇

Weil ich krank bin,	bleibe ich im Bett.

2 종속접속사의 종류

원인	weil, da
양보	obwohl
시간	als, wenn, bevor, bis, während, nachdem, seitdem, sobald
조건	wenn, falls
목적	damit
결과	so~ dass~
방법	indem
비례	je~ desto~

3 원인 종속접속사

1 weil : ~ 때문에, 왜냐하면

Marko geht zum Arzt, **weil** er krank ist.

= **Weil** Marko krank ist, geht er zum Arzt.

마르코는 아프기 때문에 병원에 간다.

Tipp 또 다른 표현

㉮ Marko geht zum Arzt, **denn** er ist krank.

Sie möchte ein Glas Wasser trinken, **weil** sie Durst hat.

= **Weil** sie Durst hat, möchte sie ein Glas Wasser trinken.

그녀는 목이 마르기 때문에 물 한 잔을 마시고 싶다.

2 da : ~ 때문에, 왜냐하면

Ich komme nicht zu deiner Party, **da** ich lernen muss.

= **Da** ich lernen muss, komme ich nicht zu deiner Party.

나는 공부해야 하기 때문에 너의 생일 파티에 가지 않는다.

Er braucht meine Hilfe, **da** die Hausaufgabe schwierig ist.

= **Da** die Hausaufgabe schwierig ist, braucht er meine Hilfe.

숙제가 어렵기 때문에 그는 내 도움이 필요하다.

3 weil / da

Weil (Da) ich müde war, musste ich nach Hause gehen.

= Ich musste nach Hause gehen, **weil** ich müde war.

나는 피곤했기 때문에 집으로 가야만 했다.

Weil (Da) meine Mutter Deutsche ist, spreche ich gut Deutsch.

= Ich spreche gut Deutsch, **weil** meine Mutter Deutsche ist.

내 어머니는 독일인이시기 때문에 나는 독일어를 잘 한다.

Die Kinder spielen länger draußen, **weil** sie ein neues Trampolin haben.

아이들은 새로운 트램펄린을 가지고 있기 때문에 밖에서 더 오래 논다.

Da es im Sommer länger hell ist, spielen die Kinder länger draußen.

여름에는 (날이) 더 오랫동안 밝기 때문에 아이들은 밖에서 더 오래 논다.

» weil과 da의 미묘한 의미 차이

weil | 듣는 사람에게 새로운 사실

da | 듣는 사람이 이미 알고 있는 사실

4 양보 종속접속사

obwohl : ~에도 불구하고

Obwohl ich krank bin, gehe ich zur Schule.

= Ich gehe zur Schule, **obwohl** ich krank bin.

나는 아픔에도 불구하고 학교로 간다.

Tipp 또 다른 표현

㉠ Ich bin krank, **trotzdem**/**dennoch** gehe ich zur Schule.

Ich bin krank, **aber** ich gehe **trotzdem** zur Schule.

Obwohl ich müde bin, spiele ich Fußball.

= Ich spiele Fußball, **obwohl** ich müde bin.

나는 피곤함에도 불구하고 축구를 한다.

Obwohl ich morgen früh aufstehen muss, gehe ich jetzt ins Kino.

= Ich gehe jetzt ins Kino, **obwohl** ich morgen früh aufstehen muss.

나는 내일 일찍 일어나야 함에도 불구하고 지금 영화관으로 간다.

Obwohl er müde ist, spielt er Fußball.

= Er spielt Fußball, **obwohl** er müde ist.

그는 피곤함에도 불구하고 축구를 한다.

민쌤의 Episode

부문장은 주문장과 대조되는 문장으로, 이 문장의 동사는 항상 문장의 끝에 있습니다. 그리고 동사를 맨 뒤로 보내는 가장 중요한 원인은 그 문장의 앞에 종속접속사가 있기 때문입니다. 동사가 맨 뒤에 있다는 것은 주어가 무엇인지를 알아야 어미변화를 잘 활용할 수 있다는 것을 의미합니다. 예를 들어 독일에서는 일상 대화에서도 접속사 weil을 자주 사용합니다. 만약 '그가 어제 나를 그의 생일파티에 초대했기 때문에'라는 부문장을 구두적으로 표현하거나 작문할 때 많은 실수가 보이는데 그 이유가 무엇일까요? Weil er mich zu seiner Geburtstagsparty eingeladen hat. 문장의 중간에 있는 ich를 4격으로, 이 동사가 필요로 하는 전치사 보충어인 zu를 생각하고, einladen의 과거분사를 제대로 사용해야 하는 부담감이 있지만, 끝으로 haben 동사의 활용을 마무리해야만 제대로 된 문장이 완성됩니다. 대화에서 부문장이 길면 길수록 '내가 주어로 어떤 (대)명사를 사용했지?'라는 생각을 미처 하지 못해 말을 얼버무리게 되고, 저도 그랬던 기억이 있습니다. 위 문장의 경우 hat 대신 haben을 많이 사용했던 제 자신을 보면서 '아직 갈 길이 멀구나'라는 생각을 많이 했었습니다.

실전 문제

제시된 빈칸에 알맞은 표현을 채워 보세요.

1 Er konnte nicht zur Party kommen, ________ er gestern eine wichtige Prüfung ________.

그는 어제 중요한 시험이 하나 있어서 파티에 올 수 없었다.

2 Maria sah bis spät in die Nacht fern. Sie war sehr müde.

➜ Maria sah bis spät in die Nacht fern, ________________________.

마리아는 매우 피곤했음에도 새벽 늦게까지 TV를 시청했다.

3 Es ist sehr kalt, trotzdem geht er ohne Jacke spazieren.

➜ ________________________, obwohl ________________________.

매우 추운데도 불구하고 그는 재킷 없이 산책을 간다.

4 Er hat Schmerzen in den Beinen. Er spielt Basketball.

➜ Er spielt Basketball, ________________________.

그는 다리가 아픔에도 불구하고 농구를 한다.

보기의 어휘를 어순에 맞게 배치해 보세요.

보기
ist | gehe | sehr interessant | der Film

5 Weil ________________________, ________ ich morgen ins Kino.

제시된 빈칸에 알맞은 표현을 골라 보세요.

6 Ich lerne momentan fleißig Deutsch, ________________________.

① da ich werde nächstes Jahr nach Deutschland fliegen.

② obwohl ich nächstes Jahr nach Deutschland fliege.

③ weil ich nächstes Jahr nach Deutschland fliege.

정답 p. 356

7 Trotz des schlechten Wetters fährt er nach Frankfurt.

➔ ________________________, fährt er nach Frankfurt.

① Obwohl das Wetter schlecht ist

② Obwohl das Wetter ist schlecht

③ Obwohl ist das Wetter schlecht

8 Er trinkt viel Kaffee. Er hat morgen eine wichtige Prüfung.

➔ Er trinkt viel Kaffee, ________________________.

① obwohl er morgen eine wichtige Prüfung hat

② weil er morgen eine wichtige Prüfung hat

③ trotz er morgen eine wichtige Prüfung hat

9 Meine Mutter isst keine Schokolade mehr. Sie ist gerade auf Diät.

➔ Meine Mutter isst keine Schokolade mehr, ______ sie ist gerade auf Diät.

① obwohl ② weil ③ denn

10 Mein Vater ist stark erkältet. Er geht gleich zum Arzt.

➔ Da mein Vater stark erkältet ist, ________________________.

① geht er gleich zum Arzt

② er geht gleich zum Arzt

③ er gleich zum Arzt geht

Vokabeln

e. Jacke 재킷 | **s. Bein (Pl. Beine)** 다리 | **r. Basketball** 농구 | **momentan** 지금, 현재 | **e. Diät** 식이요법, 다이어트 | **erkältet** 감기에 걸린

Lektion **51** 난이도 : 중급

내가 18살이었을 때, 나는 이미 베를린에 가 봤다.

Als ich 18 war, war ich schon mal in Berlin.

부문장 ③ | 독일어의 시간 종속접속사는 문장 구조를 다양하게 만들어 주는 중요한 부분입니다. 시간 종속접속사는 주어진 문맥 안에서 어떤 행동이나 사건이 언제 일어났는지를 나타내며, 주어와 동사 사이에 위치합니다. 이들은 주로 시간적 순서, 동시성, 연속성 등을 나타냅니다. 그럼 이번 과에서 독일어의 다양한 시간 종속접속사에 대해 자세히 배워 봅시다.

❶ 종속접속사의 종류

원인	weil, da
양보	obwohl
시간	als, wenn, bevor, bis, während, nachdem, seitdem, sobald
조건	wenn, falls
목적	damit
결과	so~ dass~
방법	indem
비례	je~ desto~

❷ 시간 종속접속사

<table>
<tr><td rowspan="2">als</td><td rowspan="2">~했을 때
(과거의 일회성 사건)</td><td rowspan="2">wenn</td><td>~했을 때마다
(과거의 반복성 사건)</td></tr>
<tr><td>만약 ~한다면
(현재/미래 조건)</td></tr>
<tr><td>während</td><td>~ 동안에 / 반면에</td><td>solange</td><td>~하는 한</td></tr>
<tr><td>seitdem</td><td>~한 이래로 (지금까지)</td><td>bis</td><td>~까지</td></tr>
<tr><td>bevor</td><td>~하기 전에</td><td>nachdem</td><td>~ 이후</td></tr>
<tr><td>sobald</td><td>~하자마자</td><td></td><td></td></tr>
</table>

1 als : ~했을 때 (과거의 일회성 사건)

Als ich nach Hause zurückkam, sah meine Mutter allein fern.

내가 집에 돌아왔을 때 엄마는 혼자서 TV를 보고 계셨다.

Es war 8 Uhr abends, **als** sie mit den Hausaufgaben fertig war.

그녀가 숙제를 끝마쳤을 때는 저녁 8시였다.

Als ich letzte Woche in Berlin war, war das Wetter sehr schön.

내가 지난 주에 베를린에 있었을 때 날씨가 매우 좋았다.

Als er mich gestern Abend angerufen hat, war ich in der Bibliothek.

그가 어제 저녁에 내게 전화를 걸었을 때, 나는 도서관에 있었다.

2 wenn : ~했을 때마다 (과거의 반복성 사건) / 만약 ~ 한다면 (현재, 미래의 조건)

Wenn es regnete, blieben wir oft zu Hause.

비가 올 때 우리는 집에 자주 있었다.

Wenn ich auf der Bühne stand, fühlte ich mich immer wohl.

나는 무대에 섰을 때마다 항상 기분이 좋았다.

Wenn er kein Geld hat, kommt er zu mir.

그는 돈이 없으면, 나에게로 온다.

Wenn es zu warm ist, gehe ich mit Freunden ins Schwimmbad.

날씨가 너무 더우면 나는 친구들과 수영장으로 간다.

3 wenn과 als의 차이

als	~했을 때 **(과거의 일회성 사건)**	wenn	~했을 때마다 (과거의 반복성 사건) * oft, immer 등과 자주 쓰임 만약 ~한다면 (현재/미래 조건)

Als ich in Busan war, ging ich in das Restaurant neben der Post.

내가 부산에 있었을 때 우체국 옆의 그 식당에 갔다.

Wenn ich in Busan war, ging ich meistens in das Restaurant neben der Post.

내가 부산에 있었을 때 대개 우체국 옆의 그 식당에 갔다.

4 während : ~하는 동안

Während er ein Buch liest, schreibe ich einen Brief.

그가 책을 읽는 동안, 나는 편지 한 장을 쓴다.

Ich höre laut Musik, **während** ich lerne.

나는 공부하는 동안 음악을 크게 듣는다.

Tipp 부문장(종속접속사+문장)보다 부사구(전치사+명사)가 더 격식 있는 표현

㉠ Ich höre laut Musik, während ich lerne.

→ Während des Lernens höre ich laut Musik.

5 solange : ~하는 한

Das Angebot gilt, **solange** der Vorrat reicht.

재고가 남아 있는 경우에만 세일이 유효합니다.

Solange es viel schneit, können sie nicht spazieren gehen.

눈이 많이 내리는 한 그들은 산책을 갈 수 없다.

6 seitdem : ~한 이래로 (지금까지)

Seitdem ich aufs Land gezogen bin, höre ich immer viele Vögel zwitschern.

시골로 이사한 이래로 나는 항상 많은 새들이 지저귀는 소리를 듣는다.

Seitdem mein Bruder geheiratet hat, besucht er uns nicht so oft.

내 남자형제가 결혼한 이래로 그는 우리를 그리 자주 방문하지 않는다.

7 bis : ~할 때까지 (과거~현재)

Bis sie ihr Studium abgeschlossen hat, bleibt sie bei ihren Eltern.

그녀는 대학교를 졸업할 때까지 부모님 집에 머무른다.

Bis die Ferien anfangen, müsst ihr noch viel lernen.

방학이 시작할 때까지 너희들은 아직 많이 배워야 해.

8 bevor : ~하기 전에

Bevor ich ins Bett gehe, putze ich mir die Zähne.

나는 잠 자러 가기 전에 양치를 한다.

Vokabeln

s. Angebot 세일, 할인 판매 | **r. Vorrat** 재고, 비축물 | **zwitschern** 지저귀다

Ich räume mein Zimmer auf, **bevor** ich zur Schule gehe.

나는 학교에 가기 전에 내 방을 정리한다.

9 nachdem : ~한 이후에

Nachdem ich Fußball gespielt habe, treffe ich meine Freundin.

나는 축구를 한 후에 여자친구를 만난다.

Nachdem meine Mutter die Zeitung gelesen hatte, frühstückte sie.

나의 어머니는 신문을 읽으신 후에 아침 식사를 하셨다.

Nachdem ich die Prüfung bestanden habe, werde ich eine Weltreise machen.

나는 시험에 합격하고 난 후에 세계 여행을 할 거다.

Nachdem er sein Fahrrad repariert hatte, fuhr er wieder damit zur Arbeit.

그가 자신의 자전거를 수리한 후 자전거를 타고 다시 일하러 갔다.

Tipp nachdem이 이끄는 부문장은 주문장보다 시제가 앞섭니다.

10 sobald : ~하자마자

Sobald sie mit der Arbeit fertig ist, geht sie zu ihm.

일이 끝나자마자 그녀는 그에게로 간다.

Sobald die Vorlesung zu Ende ist, gehe ich in die Mensa.

강의가 끝나자마자 나는 학생 식당으로 간다.

민쌤의 Episode

이 과에서 소개된 접속사들은 대개 전치사와 똑같거나 비슷한 모습입니다. 하지만 전치사 뒤에는 (관사)+(대)명사가 나오고 접속사 뒤에는 주어와 동사가 있어야만 합니다. 그렇다면 독일인들은 문장이 나오는 '절'과 주어와 동사를 생략한 '구' 가운데 어떤 것을 선호할까요? 아마도 'Es kommt darauf an.'이라고 답할 것입니다. 상황에 따라 다르다는 말이지요. 주문장과 부문장의 주어가 같다면 저는 주저없이 '구'를 사용하시라고 권합니다. 반복은 피해야 좋습니다. 'Bevor ich esse, wasche ich mir die Hände.'라는 문장을 보면서 '나'를 두 번이나 반복할 필요는 없기 때문입니다. 만약 주어가 서로 다르다면 접속사를 이용해 문장을 만드는 것이 논리적이라는 반증입니다. 하지만 위의 문장에서 부문장의 동사를 명사로 바꾸면서 성이 무엇이고 관사를 어떻게 쓸지 주의할 필요가 있습니다. Vor dem Essen wasche ich mir die Hände. 물론 절을 만들 때에는 특히 동사의 시제와 어미변화를 꼭 알아야 하는 일장일단이 있음을 명심해야 합니다.

실전 문제

제시된 빈칸에 알맞은 표현을 채워 보세요.

1 Ich reise nach Deutschland. Ich besuche meine Oma.

→ ______________________________, besuche ich meine Oma.

독일 여행 전에 나는 할머니를 방문한다.

2 Der Zug ist abgefahren. Er fängt an, zu weinen.

→ ______________________________, fängt er an, zu weinen.

기차가 출발한 후에 그는 울기 시작한다.

3 Sie hat die Prüfung bestanden. Sie beginnt mit ihrem Studium.

→ ______________________________, beginnt sie mit ihrem Studium.

그녀가 시험에 합격한 후에 그녀는 그녀의 학업을 시작한다.

4 Er besuchte mich. Er ging gleich in die Bibliothek.

→ ______________________________, ging er gleich in die Bibliothek.

그는 나를 방문하고 난 후에 바로 도서관으로 갔다.

제시된 우리말을 참고하여, 가장 잘 어울리는 전치사를 고르세요.

5 Als / Wenn mein Wecker geklingelt hat, ist er immer zuerst aufgewacht.

내 자명종이 울리면, 그는 항상 먼저 일어났다.

6 Nachdem / Seitdem er in Deutschland lebt, lernt er fleißig Deutsch.

독일에 살면서부터 그는 부지런히 독일어를 공부한다.

정답 p. 356

7 Ich bin einkaufen gegangen, bis / während er das Bad geputzt hat.

그가 욕실을 청소하는 동안 나는 장을 보러 갔다.

8 Als / Wenn ich letzte Woche in Berlin war, hat es viel geregnet.

내가 지난 주에 베를린에 있었을 때 비가 많이 내렸다.

9 Bis / Bevor er mit den Hausaufgaben fertig ist, sieht sie ein bisschen fern.

그가 숙제를 끝낼 때까지, 그녀는 TV를 조금 시청한다.

10 Solange / Als er bei mir ist, habe ich gar keine Angst.

그가 내 곁에 있는 한, 난 전혀 두렵지 않다.

abfahren 출발하다, 떠나다 | **weinen** 울다 | **s. Studium** 학업 | **r. Wecker** 자명종 | **aufwachen** 잠에서 깨다 | **putzen** 청소하다 | **fertig** 끝난, 마친 | **ein bisschen** 조금, 약간 | **Angst haben** 두려워하다

Lektion **52** 난이도 : 중급

내 남동생이 신발을 살 수 있도록 나는 그에게 돈을 준다.

Ich gebe meinem jüngeren Bruder Geld, damit er sich Schuhe kauft.

부문장 ④ | 독일어에는 앞서 배운 원인, 양보, 시간 종속접속사 외에도 조건, 목적, 결과 등의 다양한 종속접속사가 있습니다. 이러한 종속접속사들은 문장 내에서 특정한 관계를 나타내며, 문장의 의미를 더욱 명확하고 풍부하게 만들 수 있습니다.

1 종속접속사의 종류

원인	weil, da
양보	obwohl
시간	als, wenn, bevor, bis, während, nachdem, seitdem, sobald
조건	wenn, falls
목적	damit
결과	so~ dass~
방법	indem
비례	je~ desto~

2 조건 종속접속사

wenn	~하다면 (중립)
falls	~할 경우에 (wenn과 유사)
damit	~하기 위해
so~ dass~	너무 ~해서 ~하다 (강조)
indem	~을 통해서, 함으로써
je~ desto~	~할수록 ~하다

1 wenn : ~하다면 (중립)

Wenn ich mit den Hausaufgaben fertig bin, gehe ich nach Hause.

나는 숙제를 끝내면 집으로 간다.

Wenn das Wetter morgen gut ist, spiele ich Fußball.

내일 날씨가 좋으면 나는 축구를 할 거다.

2 falls : ~할 경우에 (wenn과 유사)

Falls ich Zeit habe, besuche ich dich.

나는 시간이 있으면 너를 방문할 거다.

Wir machen einen Spaziergang, **falls** das Wetter gut ist.

날씨가 좋으면 우리는 산책을 한다.

3 목적, 결과, 방법, 비례 종속접속사

1 damit : ~하기 위해, 하도록 (목적)

Er fliegt nach Deutschland, **damit** er seine Deutschkenntnisse verbessert.

= Er fliegt nach Deutschland, **um** seine Deutschkenntnisse **zu** verbessern

그는 독일어 지식을 향상시키기 위해 독일로 간다.

Ich gebe meinem jüngeren Bruder Geld, **damit** er sich Schuhe kauft.

내 남동생이 운동화를 살 수 있도록 나는 그에게 돈을 준다.

Tipp 주문장과 부문장의 주어가 일치하지 않을 때 'um ~ zu'구문을 만들 수 없고 damit 종속접속사를 사용해야 합니다.

2 so~ dass~ : 너무 ~해서 ~하다 (= so dass~) (결과)

Die Deutsche spricht **so** schnell, **dass** man sie nicht verstehen kann.

그 (여자) 독일인은 말이 매우 빨라서 사람들은 그녀를 이해할 수 없다.

Der Film war langweilig, **so dass** sie gleich eingeschlafen ist.

그 영화가 너무 지루해서 그녀는 바로 잠이 들었다.

Tipp so + 형용사, dass~ : 형용사 강조
so dass~ : 결과 강조

3 indem : ~을 통해서, ~함으로써 (방법)

Sie erreicht das Ziel, **indem** sie all ihre finanziellen Mittel einsetzt.

그녀는 그녀의 모든 금전적 수단을 동원하여 목표를 달성한다.

Sie beruhigt ihr Baby, **indem** sie ihm ein Märchen vorliest.

그녀는 아기에게 동화를 읽어 주어 아기를 진정시킨다.

4 je 비교급, desto (umso) 비교급 ~할수록 ~하다 (비례)

Je mehr man isst, **desto** (**umso**) dicker wird man.

사람들은 많이 먹을수록 뚱뚱해진다.

Je höher man steigt, **desto** (**umso**) kälter wird es.

높이 올라갈수록 추워진다.

4 간접 의문문

1 주문장 + 의문문이 있는 의문문

- 문장 중간에 콤마(,) 삽입, 의문문의 동사는 맨 끝으로

Ich weiß es nicht, **woher** sie kommt.

나는 그녀가 어디서 왔는지 모른다.

Wissen Sie es vielleicht, **wie** alt sie ist?

혹시 그녀가 몇 살인지 당신은 아시나요?

Kannst du mir bitte sagen, **wann** er ankommt?

그가 언제 도착하는지 내게 말해줄 수 있니?

Darf ich Sie fragen, **was** Sie am Wochenende gemacht haben?

주말에 무엇을 하셨는지 여쭤보아도 될까요?

2 주문장 + 의문문이 없는 의문문

- 종속접속사 ob 삽입: ~인지 아닌지

Kannst du mir bitte sagen, **ob** er heute kommt (oder nicht)?

그가 오늘 오는지 아닌지 내게 말해줄 수 있니?

Darf ich dich fragen, **ob** du am Wochenende nur geschlafen hast?

주말에 잠만 잤는지 물어봐도 될까?

5 이중 접속사

1 nicht nur A, sondern auch B : A뿐만 아니라 B도
= sowohl A als auch B

Er ist **nicht nur** alt, **sondern auch** krank.

그는 나이들었을 뿐만 아니라 아프기도 하다.

2 entweder A oder B : A혹은 B 둘 중 하나

In den Sommerferien fahren wir **entweder** an die Ostsee **oder** an die Südsee.

여름방학에 우리는 동해 혹은 남해 둘 중 한 군데로 간다.

3 weder A noch B : A도 B도 아니다

Ich war **weder** in Busan **noch** in Gwangju.

나는 부산에도 광주에도 있지 않았다.

4 zwar A, aber B : A이긴 하지만 B이다

Diese Lampe finde ich nicht gut. Sie ist **zwar** günstig, **aber** zu hässlich.

나는 이 램프가 좋지 않다고 생각한다. 그것은 저렴하긴 하나 너무 못생겼다.

민쌤의 Episode

독일 프라이부르크 대학 산하 어학 과정인 TestDaf에서 Schmidt 여교수님이 조건문의 접속사인 wenn을 설명할 때였습니다. 예문은 잘 기억이 나지 않지만 대략 다음과 같은 경우였습니다. '만약 사람이 늙게 되면 (사람은) 약해지게 된다.' Wenn man alt wird, wird man schwach. 저는 다른 과목보다 연극과 문법에 관심이 많았고 학점이 좋았던 터라 혹시 'je + 비교급 + 주어 … 동사, desto + 비교급 + 동사 + 주어'의 활용을 해도 괜찮을지 여쭤 보았습니다. 한번 해 보라고 권하셨을 때 저는 과감하게 다음과 같이 문장을 만들었습니다. Je älter man wird, desto schwächer wird man. 교수님은 플러스 알파 점수를 더 받게 된다고 하셨습니다. 한 문장을 제대로 이해하고 의역할 수 있는 능력이 되면 정확한 접속사를 사용해 또 다른 문장을 만들어 낼 수 있다는 것을 알았습니다. 그 때의 성취감은 이루 말할 수 없었습니다.

실전 문제

제시된 단어와 우리말을 참고하여, 빈칸에 알맞은 표현을 채워 보세요.

1 Sie ist bei der Prüfung durchgefallen. Sie muss die Prüfung wiederholen.

→ Sie ist bei der Prüfung durchgefallen, ______________________________.

그녀는 시험에 떨어져서 재시험을 치러야 한다. (so dass)

2 Man kann ein guter Musiker werden. Man übt täglich.

→ Man kann ein guter Musiker werden, ______________________________.

매일 연습함으로써 훌륭한 음악가가 될 수 있다. (indem)

3 Mein Vater gab mir Geld. Ich soll mir einen neunen Laptop kaufen.

→ Mein Vater gab mir Geld, ______________________________.

아버지는 내가 새로운 랩톱을 하나 사도록 돈을 주셨다. (damit)

4 Kommt Sie heute zur Party? Das wissen wir nicht.

→ Wir wissen gar nicht, ______________________________.

우리는 그녀가 오늘 파티에 오는지 전혀 모른다. (ob)

5 Wir lesen viele Bücher. Wir werden klug.

→ ______________ wir lesen, ______________ werden wir.

우리가 책을 더 많이 읽으면 읽을수록 우리는 더 똑똑해진다. (je, desto)

6 Man hat keinen Autoführerschein. Man darf kein Auto fahren.

→ ______________________________, darf man kein Auto fahren.

사람들은 자동차 면허증이 없으면 자동차를 운전해서는 안 된다. (wenn)

7 Die Schülerin gibt ihrem Klassenlehrer die Hausaufgaben. Er soll sie korrigieren.

→ Die Schülerin gibt ihrem Klassenlehrer die Hausaufgaben, ______________

______________.

저 여학생은 담임 선생님이 수정하도록 그에게 그 숙제를 준다. (damit)

정답 p. 357

보기를 보고 빈칸에 알맞은 단어를 고르세요.

보기

damit | ob | wenn

8 Du kannst mich besuchen, ______________ du Zeit hast.

보기

sondern auch | oder | nicht nur | noch

9 A: Warum hat er das Auto genommen?

B: Es war ______________ schön, ________________ nicht zu teuer.

제시된 보기를 순서에 맞게 나열하세요.

보기

hat | Geburtstag | wann | sie

10 Ich weiß nicht genau, ____.

durchfallen 떨어지다, 실패하다 | **wiederholen** 반복하다, 되풀이하다 | **r. Musiker** 음악가 | **üben** 연습하다 | **täglich** 매일, 날마다 | **klug** 똑똑한 | **r. Autoführerschein** 운전면허증

Lektion **53** 난이도 : 중급

나는 어제 그에게 책 한 권을 주었다.

Ich habe ihm gestern ein Buch gegeben.

문장 형식과 문장 구조의 규칙 | 문장을 만들 때에 어순에 맞춰 배열하는 것을 배어법이라고 합니다. 만약 일정한 법칙도 없이 문장을 나열해서 내용을 전달한다면 서로가 이해하기 힘든 상황이 연출될 겁니다. 이번 과에서는 지금까지 배운 내용들을 되짚어 보면서 문장이 어떠한 어순의 법칙을 취하게 되는지 알아보겠습니다.

1 문장의 정의

여러 단어들이 모여 성분을 이루고, 이러한 성분들이 합쳐져 형성된 글 또는 말의 문법적 단위를 문장이라고 합니다. 문장은 주어, 술어, 보충어, 수식어, 임시어 등 다양한 문장 성분으로 구성됩니다. 또한 문장의 구조는 동사의 위치에 따라 정치법, 도치법, 후치법으로 나눌 수 있습니다. 정치법은 동사가 주로 두 번째 위치에 오는 일반적인 문장 구조를 말하며, 도치법은 동사가 문장의 첫 번째 위치에 오는 경우입니다. 후치법은 동사가 문장의 끝에 오는 경우로, 주로 종속절에서 사용됩니다.

2 문장의 형식

1 1격 + Verb

Es regnet.

비가 온다.

2 1격 + Verb + 1격

Ich bin Lehrer.

나는 선생님이다.

3 1격 + Verb + 4격

Ich besuche ihn.

나는 그를 방문한다.

4 1격 + Verb + 3격

Das Buch gehört mir.

그 책은 나의 것이다.

5 1격 + Verb + 3격 + 4격

Würden Sie mir bitte die Speisekarte bringen?

저에게 메뉴판을 가져다 주실래요?

6 1격 + Verb + 전치사격 보충어

Auf dich warte ich schon eine Stunde lang.

난 널 이미 한시간 동안 기다리고 있어.

3 문장의 구조

여러 단어들이 모여 한 문장을 이루는 각각의 '요소'를 지칭하여 '문장의 구성 성분'이라고 합니다. 이는 글과 말의 문법적인 단위를 의미하는데, 주요 문장 성분에는 주어, 술어, 보충어, 수식어, 임시어 등이 포함됩니다. 이 중에서 목적어라고도 불리는 보충어는 주어와 술어만으로는 부족한 의미를 보완해주는 역할을 하며, 수식어는 다른 성분들을 꾸며 주어 의미를 구체화합니다. 임시어는 임의적으로 모든 문장 성분을 돕는 수식어로, 문장에서 꼭 필요한 성분은 아니지만 의미를 보완하는 역할을 합니다.

1 문장 구조의 규칙

① 어순: 짧은 것이 긴 것에 우선

Hier spielen immer die kleinen Kinder.

여기서는 항상 작은 아이들이 논다.

Gestern rief mich plötzlich ein Kind.

어제 갑자기 한 아이가 나를 불렀다.

Die Frau weiß, dass sich ihr Kind die Hände gewaschen hat.

저 여자는 그녀의 아이가 손을 씻었다는 것을 안다.

② (인칭) 대명사가 (고유) 명사에 우선

Wie gefällt dir die Wohnung?

저 집이 너에게 얼마나 마음에 드니?

Wie gefällt sie der Frau?

저 집이 그 여자에게 얼마나 마음에 드니?

③ 명사의 어순: 3격 → 4격 / 대명사의 어순: 4격 → 3격

Gestern habe ich meinem Mann die Wohnung gezeigt.

어제 나는 나의 남편에게 저 집을 보여 주었다.

= Gestern habe ich sie ihm gezeigt.

④ 3, 4격 보충어가 전치사격 보충어에 우선

Er hat mir herzlich für die Einladung gedankt.

그는 내게 진심으로 초대에 대해 감사해 했다.

Sie hat sich wirklich über dein Geschenk gefreut.

그녀는 정말로 너의 선물에 기뻐했다.

⑤ 임시어의 순서 : 시간 - 원인 - 방법 - 장소

Er ist gestern wegen der Prüfung mit Angst nach Berlin gefahren.

그는 어제 시험으로 인해 두려워하며 베를린으로 갔다.

Er ist vorgestern wegen des Regens mit dem Schirm zur Schule gegangen.

그는 그저께 비로 인해 우산을 가지고 학교로 갔다.

2 nicht의 위치

① 문장 전체 부정: 맨 끝에 위치

Er schläft **nicht**.

그는 잠을 자지 않는다.

Er studiert **nicht**.

그는 대학생이 아니다.

② 두번째 술어 부분 앞 (후치된 분리 전철, 동사원형 및 P.P 앞)

Er ruft mich **nicht** an.

그는 나에게 전화하지 않는다.

Der Film hat **nicht** angefangen.

그 영화는 시작하지 않았다.

③ 일부 부정 (부정하고 싶은 문장 성분 앞에 위치)

Er ruft mich heute an. 그는 내게 오늘 전화를 건다.

Nicht er ruft mich heute an (, sondern sein Bruder).

그가 나에게 오늘 전화를 걸지 않는다.

= 그가 아닌 그의 형제가 내게 오늘 전화를 건다.

Er ruft heute **nicht** mich an (, sondern meine Schwester).

그는 나에게 오늘 전화를 걸지 않는다.

= 그는 내가 아닌 내 언니에게 전화를 건다.

Er ruft mich **nicht** heute an (, sondern übermorgen).

그는 나에게 오늘 전화를 걸지 않는다.

= 그는 오늘이 아니라 모레 전화를 건다.

Nicht alle Studenten wollen Jura studieren.

모든 대학생들이 법학을 전공하고자 하는 건 아니다.

Er ist **nicht** immer pünktlich.

그가 항상 시간을 엄수하는 것은 아니다.

④ 위치, 장소, 방향 보충어 앞

Er geht **nicht** zur Schule.

그는 학교로 가지 않는다.

Er wohnt **nicht** in Seoul.

그는 서울에 살지 않는다.

⑤ 형용사 / 방법 임시어 앞

Er ist **nicht** arm.

그는 가난하지 않다.

Er spricht **nicht** langsam.

그는 천천히 말하지 않는다.

Er fährt **nicht** schnell nach Busan. (o)

그는 부산으로 빠르게 가지 않는다.

➜ Er fährt schnell nicht nach Busan. (x)

Er ruft mich **nicht** sofort an. (o)

그는 나에게 곧바로 전화하지 않는다.

➜ Er ruft mich sofort nicht an. (x)

⑥ 전치사격 보충어 앞

Er denkt **nicht** an mich.

그는 나에 대해 생각하지 않는다.

Er interessiert sich **nicht** für Fußball.

그는 축구에 관심을 가지고 있지 않다.

Er kümmert sich **nicht** um seine Familie.

그는 자신의 가족을 돌보지 않는다.

독일어에는 틀려도 봐주는 문법이 있고 틀려서는 안 되는 문법이 있는 것 같습니다. 특히 인칭대명사의 어순이 4격 + 3격의 순서라는 것은 매우 중요하기 때문에 중급 문법에서 강조하는 부분이기도 합니다. 무엇보다도 3인칭 단수와 복수의 인칭대명사를 자유자재로 사용할 수 있어야 합니다. 만약 엄마에게 줄 외투를 사서 그것을 그녀에게 선물하겠다고 한다면 ihn ihr의 순서로 이미 생각하고 말합니다. 왜냐하면 독일인들은 이미 'Mantel'이 남성이고 4격은 ihn, '그녀에게'라는 3격이 ihr임을 이미 인지하고 있기 때문입니다. 혹시 ihr ihn은 알아 듣지 못할까요? 저도 확신할 수 없지만 자신들의 확고한 문법의 틀을 깨는 것이므로 낯설어 할 것입니다. 복수의 것을 그에게 준다면 sie ihm, 여성의 것을 그들에게 준다면 sie ihnen. 이런 연습이 되어야 문맥을 알게 되고 인칭대명사를 꿰뚫어 보는 혜안이 생길 겁니다.

실전 문제

제시된 문장에서 nicht가 들어갈 자리를 고르세요.

1 Ich habe __①__ mich __②__ für Sport interessiert __③__.

나는 스포츠에 관심이 없었다.

문장 구조 규칙에 따라 구성 성분을 나열하세요.

보기

wahnsinnig | für Sport | mich

2 Ich habe ________________________ interessiert.

나는 스포츠에 대해 미치도록 관심이 있었다.

보기

am Montag | ein neues Handy | ihm

3 Sie hat ________________________ geschenkt.

그녀는 그에게 월요일에 새로운 핸드폰을 하나 선물했다.

제시된 빈칸에 들어갈 알맞은 표현을 고르세요.

4 Meine Tochter braucht eine Tasche. Ich schenke __________.

내 딸은 가방을 하나 필요로 한다. 내가 그것을 그녀에게 선물할 거다.

① ihr sie ② sie ihm ③ sie ihr

5 Meine Freunde möchten sich gerne einen guten Film ansehen. Ich empfehle ________.

내 친구들은 기꺼이 좋은 영화를 한 편 보고싶어 한다. 난 그것을 그들에게 추천한다.

① ihnen es ② ihn ihnen ③ ihn euch

6 **다음 한국어 표현을 독일어로 가장 잘 작문한 문장은?**

보기

그 집이 당신에게 마음에 들었나요?

① Hat die Wohnung Sie gut gefallen?

② Hat Ihnen die Wohnung gut gefallen?

③ Haben Sie der Wohnung gut gefallen?

7 **nicht의 쓰임이 올바르지 못한 문장은?**

① Er geht heute nicht allein zur Uni.

그는 오늘 대학교에 혼자 가지 않는다.

② Sie interessiert sich nicht sehr für klassische Musik.

그녀는 클래식 음악에 별로 관심이 없다.

③ Er geht nicht heute in die Bibliothek.

그는 오늘 도서관에 가지 않는다.

정답 p. 357

8 **다음 중 올바르게 쓰인 문장은?**

① Er unterhält sich oft mit seiner Freundin über ihre Eltern.

② Ich helfe meinen Kindern gern mit den Hausaufgaben.

③ Er gratuliert mich zum Geburtstag.

다음 단어들을 활용하여 현재완료 문장을 만드세요.

보기

er | allein | bleiben | zu Hause

9 Heute ____.

오늘 그는 혼자서 집에 머물렀다.

다음 단어들을 활용하여 미래 문장을 만드세요.

보기

durch Europa | reisen | mit dem Schiff | nächstes Jahr

10 Meine Eltern ____.

내 부모님은 내년에 배를 타고 유럽 전역을 여행할 것이다.

Vokabeln

wahnsinnig 미친, 광기의 | **schenken** 선물하다 | **sich³ etw.⁴ ansehen** ~을 관람하다 | **zum Geburtstag gratulieren** 생일을 축하하다 | **bleiben** 머무르다 | **s. Schiff** 배, 선박

Lektion 난이도 : 고급

54 너 자 가지고 있니? - 응, 내가 너한테 내 것 빌려줄게.

Hast du ein Lineal dabei? - Ja, ich leihe dir meines.

대명사 ① | 대명사는 명사를 대표하므로 분명 앞서 언급한 명사의 '대리자' 성격을 띄고, 앞선 선행 명사와 밀접한 관련을 가지고 있으므로 반드시 알아야 할 문법의 요소입니다. 인칭대명사처럼 이미 경험해 본 대명사 외에도 약간 낯선 대명사도 등장하니 재미있게 받아들이시기를 권하며, 우선 소유대명사를 비롯한 대략적인 대명사의 쓰임을 직접 체험해 보고 최종적으로 관계대명사를 만드는 과정을 연구해 보도록 합니다. 건투를 빕니다!

1 대명사의 종류

대명사	소유대명사 (Possessivpronomen)
	의문대명사 (Interrogativpronomen)
	부정대명사 (Indefinitpronomen)
	지시대명사 (Demonstrativpronomen)
	관계대명사 (Relativpronomen)

» 대명사로도 사용되는 독일어의 정관사류와 부정관사류

1. 정관사류 : 정관사, dieser, jener, solcher, mancher, jeder, aller, welcher
2. 부정관사류 : 부정관사, 소유관사, was für ein-

2 소유대명사

1 소유관사 도표

	1인칭	2인칭	3인칭
단수	mein	dein	sein, ihr, sein
복수	1인칭	2인칭	3인칭
	unser	euer	ihr, Ihr

2 소유대명사 = 소유관사 + 정관사 어미변화

	m.	f.	n.	pl.
Nom.	meiner	meine	mein(e)s	meine
Gen.	meines	meiner	meines	meiner
Dat.	meinem	meiner	meinem	meinen
Akk.	meinen	meine	mein(e)s	meine

Mein Auto ist alt. **Deins** ist aber neu, oder?

내 자동차는 낡았어. 그런데 네 건 새 거지, 그렇지?

Deine Tasche sieht teuer aus. **Meine** ist aber günstig.

네 가방은 비싸 보이네. 그런데 내 건 저렴해.

Dein Mantel ist sehr dick. **Meiner** ist aber ganz dünn. Kannst du mir **deinen** leihen?

네 외투는 정말 두툼하네. 그런데 내 건 매우 완전 얇아. 네 거를 (외투를) 나에게 빌려 줄래?

Deine Kinder sind groß, aber **unsere** sind alle klein.

네 아이들은 키가 크구나. 그런데 우리 아이들은 모두 작아.

3 의문대명사

1 wer & was

- 의미 : 누구- / 무엇-

	사람	사물
Nom.	wer	was
Gen.	wessen	wessen
Dat.	wem	
Akk.	wen	was

Wer ist das?

저 사람은 누구지?

Wessen Rock ist das?

이 치마는 누구 것이야?

Wem hilfst du?

누구를 네가 도와주니?

Wen besuchst du morgen?

너는 내일 누구를 방문하니?

2 의문대명사+전치사

사람	질문: 전치사+의문대명사	답변: 전치사+인칭대명사
	Auf wen wartest du? Auf deine Freundin?	Ja, ich warte auf sie.
사물	질문: wo(r)+전치사	답변: da(r)+전치사
	Worauf wartet sie? Auf den Bus?	Ja, sie wartet **darauf**.

Tipp 뒤에 오는 전치사가 모음으로 시작하면 발음상 편의를 위해 r을 삽입합니다.

㉮ worauf, worüber, woran, daran, darüber ...

Tipp 앞에서 언급한 대상이 사람이 아닌 '사물 또는 상황'인 경우 인칭대명사 대신 da(r)+전치사로 지칭합니다. (지시부사)

㉮ Meine Arbeit ist interessant. Damit bin ich sehr zufrieden.

Mit wem gehen Sie gern ins Kino?

당신은 누구와 영화관에 즐겨 가시나요?

Von wem haben Sie's gehört?

그걸 누구에게서 들으셨나요?

Wofür lernst du? Für die Prüfung? — Ja, **dafür** lerne ich.

무엇을 위해 공부하니? 시험을 위해? — 응, 그걸 위해 공부해.

Worauf freuest du dich denn? Auf die Ferien? — Ja, **darauf** freue ich mich.

넌 도대체 무엇을 기대하고 있니? 방학을? — 응, 그걸 난 고대하고 있어.

3 welche-

- 의미: (이것 중) 어느~
- 특징: ① 미리 알려진 정보를 선택 ② 대개 정관사 또는 지시대명사로 대답

	m.	f.	n.	pl.
Nom.	welch**er**	welch**e**	welch**es**	welch**e**
Gen.	welch**es**	welch**er**	welch**es**	welch**er**
Dat.	welch**em**	welch**er**	welch**em**	welch**en**
Akk.	welch**en**	welch**e**	welch**es**	welch**e**

Alle Blusen gefallen mir. **Welche** soll ich aber nehmen? — Die braune.

모든 블라우스가 내 마음에 들어. 하지만 어느 걸 택해야 할까? — 갈색 (블라우스).

Welches Fach magst du? — Biologie und Englisch.

어떤 과목을 좋아하니? — 생물학과 영어(를 좋아해).

4 was für einer (의문대명사)

	m.	f.	n.	pl.
Nom.	was für ein**er**	was für ein**e**	was für ein**(e)s**	was für welch**e**
Gen.	was für ein**es**	was für ein**er**	was für ein**es**	was für welch**er**
Dat.	was für ein**em**	was für ein**er**	was für ein**em**	was für welch**en**
Akk.	was für ein**en**	was für ein**e**	was für ein**(e)s**	was für welch**e**

5 was für ein- (의문관사)

- 의미: 어떤 종류의~
- 특징: ① 불특정한 사물, 사물(의 특징을 묘사) ② 단수만 부정관사 사용

	m.	f.	n.	pl.
Nom.	was für ein	was für ein**e**	was für ein	was für -
Gen.	was für ein**es**	was für ein**er**	was für ein**es**	was für -
Dat.	was für ein**em**	was für ein**er**	was für ein**em**	was für -
Akk.	was für ein**en**	was für ein**e**	was für ein	was für -

Tipp was für ein의 경우, 부정관사 어미변화를 합니다.

Was für eine Tasche brauchst du denn? – Ich brauche eine große schwarze Tasche.

넌 도대체 어떤 종류의 가방이 필요하니? - 난 크고 까만 가방이 필요해.

Was für Bücher liest du gern? – Ich lese gern Romane.

넌 어떤 종류의 책을 즐겨 읽니? - 난 장편 소설을 즐겨 읽어.

Gestern hat er sich eine Jacke gekauft. – **Was für eine** denn?

어제 그가 재킷 하나를 샀어. - 어떤 종류의 재킷?

다음 과에서 학습할 부정대명사 man과 관련된 이야기를 이번 과에서 먼저 언급해 볼까요? '사람'이라는 의미를 갖는 단어가 독일어에는 많습니다. 군중을 표현할 때의 '사람들'은 대개 Leute를 많이 사용합니다. 교수님은 학생들을 향해 '제군들'이라는 표현으로 Leute라고 합니다. 동물과 대비되는 '인간'은 Mensch(en)이라고 하며, Person은 인원을 나타내거나 한 개체로서 '나는 ~한 사람이다'라는 표현을 하고자 할 때 적절합니다. Mann은 '남자, 남편'이라는 명사로 자주 man과 헷갈려 하는 학습자가 많습니다. man은 보편적인 '사람'을 지칭할 때 사용하여 대개 해석을 안 해도 괜찮습니다. '여기서는 주차를 해도 됩니다.(Man darf hier parken.)'의 예문처럼 사람이라면 누구든 여기에 주차가 가능하다는 말로 이해하시면 됩니다. 이러한 부정대명사의 3격과 4격에 해당하는 대명사가 '부정관사'와 똑같기 때문에 독해를 할 때 유의해야 합니다. 참고로 Mensch와 Mann은 '맙소사!', '젠장!' 등의 가벼운 푸념으로 쓰이기도 합니다.

실전 문제

정답 p. 357

제시된 빈칸에 알맞은 대명사를 적어 보세요.

1 __________ __________ haben Sie gesprochen?

당신은 누구와 얘기를 나누셨나요?

2 Ist das Ihr Buch? - Ja, das ist __________.

그것은 당신의 책인가요? - 네, 이것은 제 것입니다.

3 Sind das Julias Bücher? - Nein, das sind nicht __________.

그것은 율리아의 책들이니? - 아니, 그것은 그녀의 것이 아니야.

4 Sie geht heute mit __________ Familie einkaufen.

그녀는 오늘 자신의 가족과 장 보러 간다.

5 Gehört die Geldbörse deinem Bruder? - Ja, das ist __________.

이 지갑은 네 남자 형제의 것이니? - 응, 그것은 그의 것이야.

6 __________ hast du gestern getroffen?

너는 어제 누구를 만났니?

7 __________ __________ fährst du zur Uni? Mit der U-Bahn oder mit dem Bus?

너는 무엇을 타고 대학교로 가니? 지하철을 타고, 아니면 버스를 타고?

8 Ich wohne bei meinen Eltern. Bei __________ wohnst du?

나는 우리 부모님 집에 살아. 너는 누구 집에 사니?

9 __________ Kaffee ist das? Es wurde schon kalt.

이건 누구의 커피예요? 이미 다 식었네요.

10 __________ hast du morgen vor? Gehen wir am Abend ins Kino?

너 내일 뭐할 계획이니? 우리 저녁에 영화관에 갈래?

Vokabeln

e. Geldbörse 지갑 | **e. U-Bahn** 지하철 | **r. Bus** 버스 | **vorhaben** ~을 계획하다

Lektion 난이도 : 고급

55 모두가 열심히 일해야 돼.

Jeder muss fleißig arbeiten.

대명사 ② I 독일어의 부정대명사는 불특정한 사람이나 사물을 가리키며, 여러 가지 형태와 용법이 있습니다. 부정대명사는 정관사나 어미 변화를 통해 문맥에 따라 해석이 달라질 수 있으니 이를 올바르게 사용하는 것은 독일어 문장을 이해하고 표현하는 데 있어 중요합니다.

1 대명사의 종류

대명사	소유대명사 (Possessivpronomen)
	의문대명사 (Interrogativpronomen)
	부정대명사 (Indefinitpronomen)
	지시대명사 (Demonstrativpronomen)
	관계대명사 (Relativpronomen)

2 부정대명사

1 einer / keiner / welcher

- 의미: 하나의 ~ / ~이 아닌 것 / (불특정한) 약간
- 특징: ① 부정관사 / 무관사 복수 ② 단수의 물질명사 (무관사)

	m.	f.	n.	pl.
Nom.	(k)ein**er**	(k)ein**e**	(k)ein**(e)s**	welch**e** / kein**e**
Gen.	-	-	-	-
Dat.	(k)ein**em**	(k)ein**er**	(k)ein**em**	welch**en** / kein**en**
Akk.	(k)ein**en**	(k)ein**e**	(k)ein**(e)s**	welch**e** / kein**e**

A: Hast du einen PC? B: Nein, ich habe **keinen**.

A: Hast du keinen PC? B: Doch, ich habe **einen**.

A: Brauchst du eine Pause? B: Nein, ich brauche **keine**.

A: Hat er Kinder? B: Nein, aber er möchte **welche**.

A: Haben wir Milch? B: Ja, wir haben **welche**.

A: Haben wir Kaffee? B: Nein, wir haben **keinen**.

A: Haben wir Käse? B: Ja, wir haben **welchen**.

A: Haben wir Obst? B: Ja, wir haben **welches**.

2 einer / eine / eines

- 의미: ~중 하나

Meine Freundin ist **eine der hübschesten Schülerinnen** in ihrer Schulklasse.

내 여자 친구는 학급에서 가장 예쁜 여학생들 중 한 명이다.

Er ist bestimmt **einer der bekanntesten Sportler** Deutschlands.

그는 틀림없이 독일의 가장 알려진 스포츠 선수들 중 한 명이다.

Das Oktoberfest ist **eines der berühmten Feste** Deutschlands.

옥토버페스트는 독일의 유명한 축제들 중 하나이다.

3 부정대명사 man

- 의미: 사람들(은)
- 특징: 3인칭 단수(남성) 취급

Nom.	man
Gen.	-
Dat.	einem
Akk.	einen

In der Schweiz spricht **man** auch Deutsch.

스위스에서도 사람들이 독일어를 사용한다.

Man darf hier nicht parken.

여기에 주차해선 안 됩니다.

Das Angebot gefällt **einem** überhaupt nicht.

그 할인 판매는 사람들 마음에 전혀 들지 않는다.

4 jemand / niemand

- 의미: 누군가 / 아무도 않는~
- 특징: 3인칭 단수(남성) 취급

Nom.	jemand	niemand
Gen.	jemandes	niemandes
Dat.	jemand(em)	niemand(em)
Akk.	jemand(en)	niemand(en)

Kennen Sie hier **jemanden**? — Nein, ich kenne hier **niemanden**.

당신은 여기 (중) 누군가를 아시나요? — 아뇨, 전 여기서 아무도 알지 못합니다.

Hast du mit **jemandem** gesprochen? — Nein, ich habe mit **niemandem** gesprochen.

넌 누군가와 얘기해 봤니? — 아니, 난 누구와도 얘기하지 않았어.

Hat **jemand** noch eine Frage? — **Niemand**.

(누군가) 질문 있으신가요? — 아무도 (없습니다).

5 (et)was / nichts

- 의미: 무엇, 무언가 / 아무것도 아닌, (명사 또는 형용사 비교급 앞에 놓여) 조금, 약간

Nom.	(et)was	nichts
Gen.	-	-
Dat.	-	-
Akk.	(et)was	nichts

Hast du **(et)was** gegessen? — Ja, ich habe **was** gegessen.

너 뭐 좀 먹었니? — 응, 나 뭐 좀 먹었어.

Hast du heute **etwas** vor? — Nein, ich habe **nichts** vor.

너 오늘 뭔가 계획이 있니? — 아니, 아무것도 없어.

Haben Sie **etwas** Geld?

당신은 돈을 조금 가지고 있으신가요?

Können Sie bitte **etwas** langsamer sprechen?

조금 천천히 말해 주실 수 있을까요?

» etwas + 명사/형용사의 비교급

'ein bisschen (조금)'의 의미로 사용

6 jeder / aller

- 의미: 각자 / 모든

	m.	f.	n.	pl.
Nom.	jed**er** / all**er**	jed**e** / all**e**	jed**es** / all**es**	all**e**
Gen.	jed**es** / all**es**	jed**er** / all**er**	jed**es** / all**es**	all**er**
Dat.	jed**em** / all**em**	jed**er** / all**er**	jed**em** / all**em**	all**en**
Akk.	jed**en** / all**en**	jed**e** / all**e**	jed**es** / all**es**	all**e**

Ich gebe **jedem** Kind ein Geschenk. = Ich gebe **allen** Kindern ein Geschenk.

나는 각각의/모든 아이들에게 선물 하나를 준다.

In diesem Dorf kennt **jeder** jeden.

이 마을에서는 모두가 모두를 안다.

Alle zwei Jahre findet die Ausstellung statt.

2년 마다 그 전시회가 열린다.

7 viel- / wenig- / einig-

Viele haben mich gestern besucht.

많은 사람들이 어제 나를 방문했다.

Nur **wenige** blieben bis spät in die Nacht.

오직 몇몇의 사람만 밤 늦게까지 머물렀다.

Vor **einigen** Monaten habe ich sie getroffen.

몇 달 전에 나는 그녀를 만났다.

Hast du **viele** Bücher? — Ja, sehr **viele** (Bücher habe ich). / Nein, nur **wenige**.

너 책을 많이 가지고 있니? — 응, 아주 많이. / 아니, 단지 적게 (가지고 있어).

실전 문제

제시된 빈칸에 알맞은 대명사를 적어 보세요.

1 Mein Baby ist ________ der süßesten Babys der Welt.

내 아기는 세상에서 가장 귀여운 아기들 중 한 명이다.

2 In Österreich spricht ________ Deutsch.

오스트리아에서는 독일어를 사용한다.

3 Meine Freundin ist ________ der besten Schülerinnen in der Klasse.

내 여자친구는 학급에서 가장 뛰어난 여학생 중 한 명이다.

4 ________ Kind bekommt ein Heft.

모든 아이가 공책을 한 권씩 받는다.

5 Haben Sie keine Wohnung? – Doch, ich habe ________.

당신은 집을 가지고 있지 않나요? – 웬걸요, 하나 있습니다.

제시된 빈칸에 들어갈 알맞은 표현을 고르세요.

6 A: Gibt es in der Zeitung ____________? 신문에 뭔가 새로운 게 있나요?

B: Nein, es gibt ____________. 아니요, 새로운 건 아무것도 없어요.

① nichts Neue – etwas Neue

② etwas Neues – nichts Neues

③ etwa Neues – nicht Neues

7 A: Kannst du mir bitte einen Kuli leihen?

내게 볼펜 한 자루 빌려 줄래?

B: Leider habe ich _____, aber der hat bestimmt _____.

유감스럽게도 나는 없지만 쟤한테 분명히 하나 있을 거야.

① keinen – einen ② keins – eins ③ keine – eine

정답 p. 357

8 A: Ich möchte das rote Auto haben. 난 저 빨간 자동차를 갖고 싶어.

B: ____________ meinst du denn? 대체 어느 것을 말하는 거야?

① welche ② welchen ③ welches

9 A: Ich habe gesehen, dass du mit ____________ gesprochen hast.

나 어제 네가 누군가와 얘기하는 것을 봤어.

B: Nein, mit ____________ habe ich gesprochen.

아니야, 나는 아무와도 얘기하지 않았는걸.

① etwas - nichts ② jemandem - niemandem

③ welchem - keinem

10 밑줄 친 표현과 동일한 것은?

보기

Die Ausstellung findet <u>jeden dritten Monat</u> in Karlsruhe statt.
그 전시회는 칼스루에에서 세 달에 한 번씩 개최된다.

① alle dritte Monat ② alle drei Monaten

③ alle drei Monate

e. Welt 세계, 세상 | **bekommen** ~을 받다 | **s. Heft** 공책 | **e. Wohnung** 주택, 아파트 | **e. Zeitung** 신문 | **r. Kuli (=Kugelschreiber)** 볼펜 | **leihen** 빌려주다 | **leider** 유감스럽게도 | **bestimmt** 분명히 | **e. Ausstellung** 전시회 | **stattfinden** 개최되다

Lektion **56** 난이도 : 고급

그들은 동일한 사람을 사랑한다.
Sie lieben dieselbe Person.

대명사 ③ | 지시대명사는 앞선 대상을 지시하거나 강조하기 때문에 대개 문장의 서두에 놓입니다. 이러한 지시대명사의 적절한 사용은 독일어 문장을 더욱 명확하고 강조적으로 만들어 줍니다.

1 대명사의 종류

대명사	소유대명사 (Possessivpronomen)
	의문대명사 (Interrogativpronomen)
	부정대명사 (Indefinitpronomen)
	지시대명사 (Demonstrativpronomen)
	관계대명사 (Relativpronomen)

1 지시대명사의 특징

① 앞서 말한 사람, 사물 또는 사실을 좀 더 자세히 언급

- 명사 대신 사용 ➜ 대명사
- 부가어적으로 사용 (명사 수식) ➜ 관사

② 지시적 기능: 지시대명사 > 인칭대명사

③ 관계대명사의 선행사로도 사용됨

2 지시대명사의 종류

이것, 그것 (강조)	der, die, das, die ...
바로 이것	dieser, diese, dieses, diese ...
저 (것, 사람)	jener, jene, jenes, jene ...
그와 똑같은 것	derselbe, dieselbe, dasselbe ...
그러한 (것, 사람)	solcher, solche, solches, solche ...

2 지시대명사

1 지시대명사 der

- 의미: 이(것, 사람), 그(것, 사람) – 강조

	m.	f.	n.	pl.
Nom.	der	die	das	die
Gen.	dessen	deren	dessen	deren (derer)
Dat.	dem	der	dem	denen
Akk.	den	die	das	die

Tipp derer는 관계대명사의 선행사로만 사용됩니다.

Es war einmal ein König. **Der** hatte vier Söhne.

옛날 옛적에 한 왕이 있었습니다. 그 왕은 4명의 아들이 있었습니다.

Die waren alle intelligent und freundlich.

그들은 모두 지적이고 친절하다.

Kennen Sie die Frau? — Ja, **die** kenne ich gut.

당신은 이 부인을 아십니까? — 네, 전 그녀를 잘 알아요.

Meine Tante geht mit ihrer Freundin und **deren** Tochter ins Museum.

나의 고모는 그녀의 여자친구와 그녀의 딸과 박물관에 간다.

Er geht mit seiner Freundin und **deren** Schwestern ins Kino. Mit **denen** geht er sehr gut um.

그는 그의 여자친구와 그녀의 자매들과 영화관에 간다. 그는 그들과 아주 잘 지낸다.

2 지시대명사 dieser

- 의미: 바로 이(것, 사람)
- 특징: 정관사 변화, 관사와 대명사의 형태가 동일 / 말하는 화자에게서 시공간적으로 가까울 때 사용

	m.	f.	n.	pl.
Nom.	dies**er**	dies**e**	dies**es**	dies**e**
Gen.	dies**es**	dies**er**	dies**es**	dies**er**
Dat.	dies**em**	dies**er**	dies**em**	dies**en**
Akk.	dies**en**	dies**e**	dies**es**	dies**e**

Wie alt ist dieses Mädchen? – **Dieses** ist 10 Jahre alt.

이 소녀는 몇 살인가요? – 이 (소녀)는 10살입니다.

Die Frau ist meine Schwester. **Diese** ist intelligent.

이 여자는 내 여동생입니다. 이 사람은 똑똑합니다.

Das Auto gefällt mir sehr. Ich will mir **dieses** kaufen.

이 자동차는 아주 내 마음에 든다. 나는 이걸 살 것이다.

Dieser Rock hängt im Schrank. Dessen Qualität ist nicht gut.

이 치마는 옷장에 걸려 있다. 이것의 품질은 좋지 않다.

3 지시대명사 jener

- 의미: 저(것, 사람)
- 특징: 정관사 변화, 관사와 대명사의 형태가 동일

	m.	f.	n.	pl.
Nom.	jen**er**	jen**e**	jen**es**	jen**e**
Gen.	jen**es**	jen**er**	jen**es**	jen**er**
Dat.	jen**em**	jen**er**	jen**em**	jen**en**
Akk.	jen**en**	jen**e**	jen**es**	jen**e**

Tipp 현대 독일어에서는 거의 사용하지 않습니다. '저기'라는 거리적인 표현은 대개 '명사+da'로 많이 활용합니다.

예 여기 이책 dieses Buch, 저기 저책 das Buch da = jenes Buch

Dieser Schüler ist faul, aber **jene** Schülerin ist fleißig.

이 남학생은 게으르지만 저 여학생은 부지런하다.

Willst du dieses oder **jenes** Buch?

너 이 책을 원하니 혹은 저 책을 원하니?

Sie hat einen Bruder und eine Schwester. Diese ist intelligent und **jener** ist mutig.

그녀는 남자 형제 한 명과 여자 형제 한 명이 있습니다. 후자는 똑똑하고 전자는 용감합니다.

Tipp 독일에서는 '후자 → 전자'의 순서로 언급합니다.

'dies-'는 바로 앞선 명사와 관련이 있으므로 '후자', 그리고 첫 번째로 언급된 명사가 상대적으로 멀리 있기 때문에 '전자'가 되어 '후자(dies-)'를 먼저 언급하고 그 다음에 '전자(jen-)'를 언급합니다.

4 지시대명사 derselbe

- 의미: (앞서 언급한) 그것, 그와 동일한 것
- 특징 : 대명사보다 주로 관사로 더 많이 사용되며 selbe-는 형용사 변화와 동일

	m.	f.	n.	pl.
Nom.	**der**selbe	**die**selbe	**das**selbe	**die**selben
Gen.	**des**selben	**der**selben	**des**selben	**der**selben
Dat.	**dem**selben	**der**selben	**dem**selben	**den**selben
Akk.	**den**selben	**die**selbe	**das**selbe	**die**selben

Tipp 앞에 정관사 형태가 붙어 있으므로 형용사 약변화 어미와 동일한 형태를 가집니다.

Heute trägt Andreas **denselben** Anzug wie gestern.

안드레스가 오늘 어제와 같은 양복을 입고 있다.

Die beiden kommen aus **derselben** Heimatstadt.

이 둘은 같은 도시 출신이다.

Wir sind **derselben** Meinung.

우린 같은 의견이다.

Meine Mutter und ich verwenden **dasselbe** Parfüm.

나의 엄마와 나는 같은 향수를 (나눠) 쓴다.

» **(비교) Meine Mutter und ich verwenden das gleiche Parfüm.**

엄마와 내가 같은 향수를 각각 다른 병으로 따로 쓰는 경우

5 지시대명사 solcher

- 의미: 그러한(것, 사람)

	m.	f.	n.	pl.
Nom.	solch**er**	solch**e**	solch**es**	solch**e**
Gen.	solch**es**	solch**er**	solch**es**	solch**er**
Dat.	solch**em**	solch**er**	solch**em**	solch**en**
Akk.	solch**en**	solch**e**	solch**es**	solch**e**

Solcher Frau kann ich nicht vertrauen.

난 그런 여자는 신뢰하지 못해.

Mit **solchen** Leuten will ich nichts zu tun haben.

그러한 사람들과 나는 아무런 관련도 맺고 싶지 않다.

Solche Versprechen kann ich nicht halten.

나는 그러한 약속은 지킬 수 없어.

An **solch einem** schönen Tag sollten wir nicht zu Hause bleiben.

우리는 그렇게 좋은 날에 집에 머물러서는 안 된다.

= An solchem schönen Tag sollten wir nicht zu Hause bleiben.

» solch ein-

: 고급표현에서 'solch-'에는 어미변화 없이 따라오는 부정관사가 어미변화 부정관사 앞에서 지시대명사로 기능하기도 합니다.

(구어체) so ein- : An so einem schönen Tag sollten wir nicht zu Hause bleiben.

6 지시대명사 derjenige

- 의미: 그것, 그 사람
- 관계 문장을 동반하며 derselbe와 변화 형태가 동일
- 현대 독일어에서는 자주 사용되지 않음

	m.	f.	n.	pl.
Nom.	**der**jenige	**die**jenige	**das**jenige	**die**jenigen
Gen.	**des**jenigen	**der**jenigen	**des**jenigen	**der**jenigen
Dat.	**dem**jenigen	**der**jenigen	**dem**jenigen	**den**jenigen
Akk.	**den**jenigen	**die**jenige	**das**jenige	**die**jenigen

Sie ist **diejenige**, die mir gestern viel geholfen hat.

그녀는 어제 나를 많이 도와줬던 바로 그 사람입니다.

7 지시대명사 selbst, selber

- 의미: 스스로, 몸소 (selbst가 표준어)

Sie hat ihr Fahrrad **selbst** repariert.

그녀는 자신의 자전거를 스스로 수리했다.

Ich muss alles **selbst** machen.

나는 모든 걸 스스로 해야 한다.

Wie geht´s dir? — Danke, gut. Und **selbst**?

어떻게 지내니? — 잘 지내. 그러는 너는?

3 총체적 das

1 das의 역할

- 의미: 이 (것, 사람, 사실) - 앞선 개념을 설명
- 특징: 단수, 복수 상관없음

2 das 활용 예문

Wer ist **das**? — Das ist Frau Meyer.

이 분은 누구죠? — 마이어 씨입니다.

Wer sind die Leute? — **Das** sind mein Onkel und dessen Sohn.

이 사람들은 누구죠? — 제 삼촌과 그의 아들이에요.

Hast du ihm geholfen? **Das** gefällt mir sehr.

네가 그를 도왔다고? 그거 마음에 드는 군.

독일어에서는 지시대명사를 알아야 관계대명사를 알 수 있습니다. 그 이유는 두 대명사의 도표가 같기 때문입니다. 둘의 차이를 구분하는 것은 아주 쉽습니다. 관계대명사가 있는 관계문은 부문장이라서 동사가 맨 뒤에 온다는 것이 차이점입니다. 지시대명사는 '지시와 강조'의 의미가 강하기 때문에 격에 상관없이 문장의 맨 앞에 오는 경우가 많고 인칭대명사는 강조의 의미는 떨어지며 4격이 문장 앞에 오는 경우가 거의 없습니다. 다시 말해서 'Den liebe ich.(그를 난 사랑해.)'는 가능해도 'Ihn liebe ich.'라는 문장은 쓰이지 않습니다. 또한 독일어의 대명사 가운데 가장 중요한 das는 '총체적인 지시의 das'로서 사람과 사물, 단수와 복수를 가리지 않고 쓰입니다. Das ist mein Auto. Das ist meine Mutter. Das sind meine Eltern. 즉, 한 문장에 두 개의 1격이 존재할 경우 동사는 복수의 형태에 따라 어미변화를 하게 된다는 말입니다.

실전 문제

제시된 빈칸에 알맞은 단어를 채워 보세요.

1 A: Welche Bluse gehört dir?

어떤 블라우스가 네 마음에 드니?

B: ________ auf dem Bett.

침대 위에 있는 바로 이것.

2 A: Wer sind die Leute?

이 사람들은 누구니?

B: Das ________ meine Eltern.

이들은 내 부모님이야.

3 Wir gehen heute wieder in ________ Restaurant wie gestern.

우리는 어제처럼 똑같은 식당에 다시 간다.

4 Dieser Roman ist sehr interessant. Hast du auch ________ gelesen?

바로 이 소설은 매우 흥미로워. 너도 이거 읽었니?

5 Sie hat einen Hund und eine Katze. Diese ist sehr alt und ________ ist jung.

그녀는 개와 고양이가 한 마리 있다. 후자(고양이)는 매우 늙었고 전자(개)는 어리다.

제시된 빈칸에 알맞은 표현을 보기에서 고르세요.

6 Das Kind und ________ kleiner Bruder sind heute ins Kino gegangen.

저 아이와 그의 남동생은 오늘 영화관에 갔다.

① des ② dessen ③ deren

7 Das ist mein neues Fahrrad. Mit ______ werde ich ab morgen zur Arbeit fahren.

이건 내 새로운 자전거다. 이것을 타고 나는 내일부터 일하러 갈 거다.

① dem ② dessen ③ der

정답 p. 357

8 A: Wie finden Sie diese Wohnung?

이 집을 어떻게 생각하세요?

B: Dies___ finde ich sehr praktisch.

저는 이것을 매우 실용적이라고 생각해요.

① es　　② er　　③ e

9 Meine Freundin und ich, wir mögen ____________ Studenten.

내 여자친구와 나는 저 동일한 남자 대학생을 좋아한다.

① dieselbe　　② dasselbe　　③ denselben

10 Ich fahre mit meiner Tochter und __________ Sohn in Urlaub.

나는 내 딸과 그녀의 아들(내 손자)과 함께 휴가를 떠난다.

① deren　　② der　　③ dem

e. Bluse 블라우스 | **Pl. Leute** 사람들 | **r. Roman** 소설 | **praktisch** 실용적인

Lektion **57** 난이도 : 고급

내 주차장 앞에 서 있는 저 자동차는 누구의 것이니?

Wem gehört das Auto, das vor meiner Garage steht?

대명사 ④ | 독일어의 관계대명사는 사람, 사물에 대하여 더 정확한 묘사를 가능하게 합니다. 관계대명사는 부문장의 주어나 목적어 역할을 하므로, 관계대명사가 나온 후에 동사가 위치하여 문장이 완성됩니다.

1 대명사의 종류

대명사	소유대명사 (Possessivpronomen)
	의문대명사 (Interrogativpronomen)
	부정대명사 (Indefinitpronomen)
	지시대명사 (Demonstrativpronomen)
	관계대명사 (Relativpronomen)

2 관계대명사

1 관계대명사의 정의

① 관계대명사: 두 문장이 연결되어 하나의 문장이 되도록 하는 대명사

② 관계문장: 바로 앞의 명사(선행사)를 수식해 주는 부문장

㉥

주문장		주문장
Ich sehe mir einen Film an.	+	Der ist interessant.

⬇

	관계문
Ich sehe mir einen Film an,	der interessant ist.

나는 흥미로운 영화 한 편을 본다.

2 관계문의 특징

- 관계문의 동사는 항상 맨 뒤, 관계대명사는 맨 앞에 위치

관계문

Ich sehe mir einen Film an,	der interessant ist.

나는 흥미로운 영화 한 편을 본다.

3 관계대명사의 종류

	정관계대명사	부정관계대명사
관계	선행사 (der, welcher)	후행사 (wer, was)
대상	사람 & 사물	wer : 사람 was : 사물
구별성	성 & 수 (o)	성 & 수 (x)
동사 위치	문장의 끝	문장의 끝

3 정관계대명사

	m.	f.	n.	pl.
Nom.	der	die	das	die
Gen.	dessen	der	dessen	deren
Dat.	dem	der	dem	denen
Akk.	den	die	das	die

1 특징

- 선행사인 명사의 성 & 수가 대명사와 일치해야 합니다. (격은 상관없음)
- 관계대명사가 있는 문장의 동사는 가장 뒤에 위치 (문어체에서 자주 사용)
- 선행사와 대명사의 거리가 멀면 멀수록 관계문장의 의미가 퇴색합니다.

Tipp 관계대명사는 지시대명사와 생김새가 같으나, 관계대명사가 있는 문장은 부문장으로써 동사는 항상 뒤에 위치합니다.

예 Das ist meine Tochter. Die arbeitet seit einem Monat in Deutschland. (지시대명사)
여기는 내 딸이야. 그녀는 한달 전부터 독일에서 일하고 있어.
→ Das ist meine Tochter, die seit einem Monat in Deutschland arbeitet. (관계대명사)
여기는 한달 전부터 독일에서 일하고 있는 내 딸이다.

① 정관계대명사 1격

Der Mann ist nett. + **Der** bietet mir Kaffee an.

→ Der Mann ist nett, der mir Kaffee anbietet.

→ Der Mann, der mir Kaffee anbietet, ist nett.

내게 커피를 제공한 그 남자는 친절하다.

Die Deutschen haben keine Sprachprobleme. + **Die** arbeiten in Österreich.

→ Die Deutschen, die in Österreich arbeiten, haben keine Sprachprobleme.

오스트리아에서 일하는 독일인들은 언어와 관련된 문제가 없다.

Gib mir bitte **den Stift**! **Der** liegt dort auf dem Tisch.

→ Gib mir bitte den Stift, der dort auf dem Tisch liegt!

저기 탁자 위에 있는 펜을 나에게 줘!

② 정관계대명사 4격

Der Mann ist mein älterer Bruder. + **Den** triffst du morgen.

→ Der Mann, den du morgen triffst, ist mein älterer Bruder.

네가 내일 만나는 그 남자는 나의 형이다.

Die Kirche ist über 100 Jahre alt. + **Die** hat man letztes Jahr renoviert.

→ Die Kirche, die man letztes Jahr renoviert hat, ist über 100 Jahre alt.

작년에 보수한 저 교회는 100년이 넘었다.

Wer ist das Mädchen auf dem Foto, das du mir gestern gezeigt hast?

네가 어제 나에게 보여주었던 사진 속의 그 소녀는 누구야?

Die Aufgabe, die wir zusammen lösen müssen, ist sehr schwer.

우리가 함께 풀어야만 하는 이 과제는 매우 어렵다.

③ 정관계대명사 3격

Der Schüler ist mein jüngerer Bruder. + **Dem** kauft die Frau ein Eis.

→ Der Schüler, dem die Frau ein Eis kauft, ist mein jüngerer Bruder.

그 여자가 아이스크림을 사 주는 그 학생은 나의 남동생이다.

Die Frau ist wieder gesund. + **Der** hat der Arzt geholfen.

→ Die Frau, der der Arzt geholfen hat, ist wieder gesund.

의사가 도운 그 여인은 다시 건강하다.

★ Tipp 뒤의 관사와의 중복을 피하기 위해서 welcher로 대체 가능

: Die Frau, welcher der Arzt geholfen hat, ist wieder gesund.

④ 정관계대명사 2격

Wie heißt **das Land**? + **Dessen** Hauptstadt ist Wien.

→ Wie heißt das Land, dessen Hauptstadt Wien ist?

수도가 빈인 그 국가의 이름이 뭐니?

Man darf nicht mit **dem Wagen** fahren. + **Dessen** Beleuchtung funktioniert nicht.

→ Man darf nicht mit dem Wagen fahren, dessen Beleutung nicht funktioniert.

조명이 작동하지 않는 차를 타선 안 된다.

2 정관계대명사 + 전치사

Ich kenne **die Frau**. + Mit **der** sprachen Sie auf der Straße.

→ Ich kenne die Frau, mit der Sie auf der Straße sprachen.

나는 당신이 어제 길거리에서 대화했던 그 여자를 압니다.

Das sind **ihre Kinder**. + Um **die** muss sie sich immer kümmern.

→ Das sind ihre Kinder, um die sie sich immer kümmern muss.

이들은 그녀가 항상 돌봐야 하는 그녀의 아이들이다.

3 정관계대명사 2격 + 전치사

Die Leute kommen heute zu mir. + Für **deren** Haus interessiere ich mich sehr.

→ Die Leute, für deren Haus ich mich sehr interessiere, kommen heute zu mir.

내가 매우 관심이 있는 집의 (소유자인) 그 사람들은 오늘 나에게 온다.

Heute kam **mein Freund**. Mit **dessen** Besuch hatte ich nicht gerechnet.

→ Heute kam mein Freund, mit dessen Besuch ich nicht gerechnet hatte.

오늘 내가 방문을 예상하지 못했던 남자 친구가 왔다.

4 관계부사

Berlin ist schön. + **Dort** bin ich geboren.

→ Berlin, wo ich geboren bin, ist schön.

= Die Stadt Berlin, in der ich geboren bin, ist schön.

내가 태어난 곳인 베를린은 아름답다.

Deutschland exportiert viele gute Autos. Daniel kommt aus **Deutschland**.

→ Deutschland, woher Daniel kommt, exportiert viele gute Autos.

다니엘의 출신지인 독일은 많은 좋은 자동차를 수출한다.

4 부정관계대명사

1 wer & was

	~인 사람	~하는 것
Nom.	wer	was
Gen.	wessen	-
Dat.	wem	-
Akk.	wen	was

Wer sorglos ist, (der) lebt glücklich.

걱정 없는 자가 행복하게 산다.

Wem du gern hilfst, der hilft dir auch.

네가 기꺼이 돕는 자가 너를 또한 돕는다.

Was gut ist, (das) ist nicht immer teuer.

좋은 것이 항상 비싼 것은 아니다.

Was geschehen ist, (das) ist geschehen.

일어난 일은 일어난 것이다.

2 was의 선행사

아래와 같이 불특정한 의미를 갖는 부정대명사 또는 명사화된 형용사 최상급에 was가 붙는 경우, was는 해석하지 않고 선행사를 지칭하게 됩니다.

부정대명사(사물)	etwas, nichts, alles, vieles, manches …
부정수사(사물)	weniges ...
지시대명사	das …
최상급	das Beste, das Schönste ...

Er fragt mich vieles, **was** ich nicht weiß.

그는 내가 모르는 걸 많이 묻는다.

Er fragt mich vieles, **worauf** ich nicht antworten kann.

그는 내가 대답할 수 없는 걸 많이 묻는다.

Ich habe etwas, **was** ich dir geben muss.

난 너에게 꼭 주어야 할 무언가를 가지고 있다.

Das ist das Beste, **was** er machen kann.

그것은 그가 할 수 있는 최선이다.

민쌤의 Episode

독일어 문법 수준을 알 수 있는 잣대는 바로 수동문과 관계 문장을 제대로 활용할 줄 아는지의 여부입니다. 일상의 독일어에서는 보다 실용적인 지시대명사가 많이 쓰이지만 고상한 언어를 표현하는 토론 및 발표의 자리에서는 어김없이 관계 문장이 많이 언급됩니다. 그런데 관계문도 부문장이라서 동사가 맨 뒤로 가는 어려운 문장인데 왜 사람들은 이런 어려운 문장을 만들려고 하는 것일까요? 저는 이러한 관계문이 앞에 수식을 받는 (대)명사가 있는데, 이 단어를 수식하는 형용사나 다른 품사로는 표현의 한계가 있어 문장으로 꾸밀 수밖에 없기 때문이라는 결론을 내렸습니다. 키가 작은 아이(das kleine Kind), 저기 있는 아이(das Kind da), 저기 놀고 있는 아이(das spielende Kind) 등과 같이 형용사와 부사, 현재분사로 수식이 가능한 표현도 있습니다. 그러나 우리가 도와 주어야 하는 아이(das Kind, dem wir helfen müssen), 나와 어제 얘기를 나누었던 아이(das Kind, das gestern mit mir sprach)와 같은 문장들은 꼭 관계문으로 '아이'라는 선행사를 수식해야 한다는 것입니다. 이것이 잘 마무리되어야 여러분은 기나긴 대명사 여행의 마침표를 찍었다고 단언할 수 있습니다. 그래도 우리의 독일어 여정에는 쉼이 없어야겠지요?

실전 문제

제시된 빈칸에 알맞은 전치사를 채워 보세요.

1 Ist das der Kuli, __________ du lange gesucht hast?

이게 네가 오랫동안 찾던 볼펜이니?

2 Das ist die Frau, __________ mich gestern Abend anrief.

저 분이 내게 어제 저녁에 전화했던 그 여성이다.

3 Das Mädchen, __________ Mutter momentan in Deutschland bleibt, wohnt in Seoul.

엄마가 현재 독일에 머물고 있는 저 소녀는 서울에 거주 중이다.

4 Kennst du die Lehrerin, __________ dieses Auto gehört?

너 이 자동차 주인인 여선생님을 알고 있니?

5 Endlich kam die U-Bahn, ________ ________ wir schon über 20 Minuten gewartet hatten.

마침내 우리가 이미 20분 넘게 기다렸던 지하철이 왔다.

6 Wer ist denn die Frau, ________ ________ er so lange spricht?

그가 저렇게 오랫동안 얘기하는 저 여성은 대체 누구니?

7 Das ist alles, __________ ich jetzt weiß.

그게 내가 지금 알고 있는 전부야.

8 __________ viel raucht, gefährdet seine Gesundheit.

많이 흡연하는 자는 자신의 건강을 해친다.

제시된 2개의 문장을 참고하여, 빈칸에 알맞은 표현을 채워 보세요.

9 Das ist die U-Bahn. Wir sollen mit der fahren.

= Das ist die U-Bahn, ______________________________.

이건 우리가 타고 가야 하는 지하철이야.

10 Der Lehrer hat sich gefreut. Die Schüler haben ihm ein Buch geschenkt.

= Der Lehrer, ______________________________, hat sich gefreut.

학생들이 책을 한 권 선물했던 그 선생님은 기뻐했다.

suchen ~을 찾다 | **lange** 오랫동안 | **gefährden** 위협하다, 해치다 | **e. Gesundheit** 건강

Lektion **58** 난이도 : 중급

너를 찾고 있다고 그가 내게 말했어.

Er sagte mir, dass er nach dir suche.

접속법 I식 | 이번 과에서 배울 접속법 I식은 일상 회화에서는 많이 사용하지 않습니다. 대신에 논문, 신문 기사, TV 등에서 자신의 의견이 아닌 타인의 말을 인용하거나 전달하는 경우에 '누가 ~라고 한다더라'라는 인용문의 형태로 자주 사용됩니다. 하지만 서두에 말씀드렸듯이 일상에서는 거의 사용하지 않는 표현법이니 스트레스 받지 마시기 바랍니다.

1 접속법 ①

1 화법의 종류

화법(Redeweise)은 사람들이 말하는 표현 방식을 의미합니다. 화법은 주어에 의해 변화하는 '정동사'의 형태에 따라 크게 직설법, 명령법, 그리고 접속법으로 나뉩니다. 직설법은 사실이나 현실을 직접적으로 표현하는 방식으로, 일상적인 서술이나 진술에 사용됩니다. 명령법은 명령이나 요청을 표현하는 방식으로, 주로 상대방에게 어떤 행동을 요구할 때 사용됩니다. 마지막으로 접속법은 가정이나 소망, 간접화법 등을 표현하는 방식으로, 현실이 아닌 가상의 상황이나 희망을 나타낼 때 사용됩니다.

직설법	Er schläft 그는 잠을 잔다
명령법	Schlafen Sie gut! 안녕히 주무세요!
접속법 I식	Er sagte, seine Frau schlafe nicht. 그는 자기 부인이 안 잔다고 말했다.
접속법 II식	Er würde gern schlafen. 그는 기꺼이 자고 싶다.

2 접속법이란?

① 화자의 말을 간접적으로 인용 (접속법 I 식)

② 가정, 원망, 요구 등 불확실하거나 비현실적인 내용 전달 방식 (접속법 II식)

직설법	Wenn ich Geld habe, kaufe ich mir ein Haus. 내가 돈이 있다면 나는 집 한 채를 살 것이다.

⬇

접속법 II식	Wenn ich Geld hätte, würde ich mir ein Haus kaufen. 내가 돈이 있다면 나는 집 한 채를 살 텐데.

3 접속법 I식과 접속법 II식의 형태 비교

	접속법 I식	접속법 II식
동사	직설법 동사 원형의 어간	직설법 동사 과거형의 어간
특징	1) 어간의 모음변화 없음 2) 인용, 전달 : 논문, 잡지, 뉴스(간접화법)	1) 동사의 3요형 강변화 : 변모음 2) 비현실 화법 : 가정과 바람 및 공손한 표현 (외교적 화법)
해석	~라고 한다	~라면, ~할 텐데
시제	현재, 과거, 미래, 미래완료	

4 접속법의 동사 어미변화 비교

	직설법 (현재)	직설법 (과거)	접속법
ich	-e	-	**-e**
du	-st	-st	**-est**
er, sie, es	-t	-	**-e**
wir	-en	-en	**-en**
ihr	-t	-t	**-et**
sie / Sie	-en	-en	**-en**

Tipp 직설법(과거)와 마찬가지로 1인칭 단수(ich) 와 3인칭 단수(er/sie/es)의 형태가 동일합니다.

2 접속법 I식

1 일반동사의 접속법 I식

	gehen	fahren	treffen
ich	gehe	fahre	treffe
du	gehest	fahrest	treffest
er, sie, es	gehe	fahre	treffe
wir	gehen	fahren	treffen
ihr	gehet	fahret	treffet
sie / Sie	gehen	fahren	treffen

2 화법조동사의 접속법 I식

	können	müssen	wollen
ich	könne	müsse	wolle
du	könnest	müssest	wollest
er, sie, es	könne	müsse	wolle
wir	können	müssen	wollen
ihr	könnet	müsset	wollet
sie / Sie	können	müssen	wollen

Tipp 복수와 존칭의 sie(Sie)에서는 접속법 II식의 형태를 대신 사용하는데, 이와 관련해서는 접속법 II식에서 다룰 예정입니다.

3 기본동사의 접속법 I식

	sein		haben		werden	
	직설법 현재	접속법 I식	직설법 현재	접속법 I식	직설법 현재	접속법 I식
ich	bin	sei	habe	habe	werde	werde
du	bist	sei(e)st	hast	habest	wirst	werdest
er, sie, es	ist	sei	hat	habe	wird	werde
wir	sind	seien	haben	haben	werden	werden
ihr	seid	seiet	habt	habet	werdet	werdet
sie / Sie	sind	seien	haben	haben	werden	werden

4 시제

① 직설법과 접속법 I식의 시제 비교 (완료형에서 haben과 결합하는 경우)

	직설법	접속법 I식
현재	Er kauft sich ein Auto.	Er **kaufe** sich ein Auto.
과거	Er kaufte sich ein Auto.	Er **habe** sich ein Auto **gekauft**.
현재완료	Er hat sich ein Auto gekauft.	
과거완료	Er hatte sich ein Auto gekauft.	
미래	Er wird sich ein Auto kaufen.	Er **werde** sich ein Auto **kaufen**.

② 직설법과 접속법 I식의 시제 비교 (완료형에서 sein과 결합하는 경우)

	직설법	접속법 I식
현재	Er reist nach Europa.	Er **reise** nach Europa.
과거	Er reiste nach Europa.	
현재완료	Er ist nach Europa gereist.	Er **sei** nach Europa **gereist**.
과거완료	Er war nach Europa gereist.	
미래	Er wird nach Europa reisen.	Er **werde** nach Europa **reisen**.

3 접속법 I식의 용법

1 간접화법

간접화법의 도입부	
Er sagt(e), ...	그가 ...라고 말했다.
Er erzählt(e), ...	그가 ...라고 이야기했다.
Er fragt(e), ...	그가 ...라고 물었다.
Er behauptet(e), ...	그가 ...라고 주장했다.
Er antwortet(e), ...	그가 ...라고 답변했다.

① 현재 시제

Sie sagt mir: „Ich habe ein Auto."

그녀는 내게 "나는 승용차가 있어."라고 말한다.

→ Sie sagt mir, sie **habe** ein Auto.

→ Sie sagt mir, dass sie ein Auto **habe**.

Sie sagt zu mir: „Ich bin sehr krank."

그녀는 내게 "나는 정말 아파."라고 말한다.

→ Sie sagt zu mir, sie **sei** sehr krank.

→ Sie sagt zu mir, dass sie sehr krank **sei**.

Sie sagt mir: „Ich kann gut Fußball spielen."

→ Sie sagte mir, dass sie gut Fußball **spielen könne**.

그녀는 내게 그녀가 축구를 잘 할 수 있다고 말했다.

Sie sagt mir: „Ich werde in Deutschland studieren."

➔ Sie sagte mir, dass sie in Deutschland **studieren werde**.

그녀는 내게 그녀는 독일에서 공부할 것이라고 말했다.

Mein Freund schreibt mir: „Meine Tante besucht mich."

➔ Mein Freund schrieb mir, dass ihn seine Tante **besuche**.

내 남자친구는 내게 그의 이모가 그를 방문한다고 썼다.

Mein Freund sagt: „Mein Onkel lädt mich ein."

➔ Mein Freund sagte, dass ihn sein Onkel **einlade**.

내 남자친구는 그의 삼촌이 그를 초대한다고 말했다.

Tipp 간접화법 사용 시, 인용 시점에 주의하세요!

② 과거 시제

Er sagt mir: „Karl war schon mal in Korea."

그는 내게 Karl이 한국에 가본 적이 있다고 말했다.

➔ Er sagte mir, Karl **sei** schon mal in Korea **gewesen**.

➔ Er sagte mir, dass Karl schon mal in Korea **gewesen sei**.

Mein Freund schreibt mir: „Mein Onkel besuchte mich."

내 남자친구는 나에게 자신의 삼촌이 그를 방문했다고 썼다.

➔ Mein Freund schrieb mir, sein Onkel **habe** ihn **besucht**.

➔ Mein Freund schrieb mir, dass ihn sein Onkel **besucht habe**.

③ 접속법 I식이 직설법과 형태가 같을 때에는 접속법 II식의 형태를 빌림

a. würde ... Inf.

b. 직설법 동사의 과거형 (불규칙-변모음)

Die Politiker behaupten: „Wir haben kein Auto."

그 정치인들은 그들이 자동차를 가지고 있지 않다고 주장했다.

➔ Die Politiker behaupteten, dass sie kein Auto **hätten**.

Die Mädchen sagen: „Wir gehen am Morgen spazieren."

그 소녀들은 자신들은 아침에 산책을 간다고 말했다.

→ Die Mädchen sagten, sie **gingen** am Morgen **spazieren**.

→ Die Mädchen sagten, sie **würden** am Morgen **spazieren** gehen.

2 그 밖의 용법

Lange **lebe** der König!

왕이여, 장수 하소서!

= Ich wünsche, dass der König lange lebe.

Gott **segne** dich!

신의 가호가 있기를!

= Ich wünsche, dass Gott dich segne.

Gott **sei** Dank!

다행이다! (요즘도 많이 사용하는 표현)

독일 친구가 강의 시간에 늦게 왔는데, 교수님도 때마침 오시지 않았던 일이 있었습니다. 그는 안도의 숨을 내쉬면서 "Gott sei Dank!"라고 말했는데, 정황상 '다행이다'라는 뜻임을 짐작할 수 있었습니다. 그런데 왜 접속법 I식을 사용했을까요? 접속법 I식에는 방금 학습했던 간접적인 인용의 표현 외에도 '기원, 요구 또는 심지어 3인칭에 대한 명령'의 화법도 있기 때문입니다. 과거 독일어에서 '관용적 표현'으로 현대 독일어에 지금도 자주 통용되는 몇 안 되는 접속법 I식 표현 중 하나입니다. Gott (3격: 신에게) sei (있기를 기원함) Dank(감사). "신께 감사함을..."이라는 표현이 현재에 '다행이다, 다행스럽게도'라는 뜻으로 사용된다는 게 흥미로울 따름이지요!

실전 문제

제시된 문장과 우리말을 참고하여, 접속법 I식 문장을 완성해 보세요.

1 Er sagt mir: „Ich bin mit den Hausaufgaben fertig.“

→ Er sagte mir, dass ______________________________.

그는 나에게 자신이 숙제를 끝냈다고 말했다.

2 Mein Onkel sagt: „Meine Frau ist sehr reich.“

→ Mein Onkel sagte, dass ______________________________.

내 삼촌은 자신의 부인이 매우 부자라고 말했다.

3 Meine Chefin sagt: „Ich komme spät ins Büro.“

→ Mein Chefin sagte, sie ______________________________.

나의 (여자)상사는 자신이 오늘 늦게 사무실에 올 거라고 말했다.

4 Er erzählt: „Ich bin in Seoul angekommen.“

→ Er erzählte, dass ______________________________.

그는 서울에 도착했다고 이야기했다. (현재완료)

5 Er denkt: „Es ist hier sehr warm.“

→ Er dachte, es ______________________________.

그는 여기가 매우 덥다고 생각했다.

6 Die Politikerin behauptet: „Mein Sohn hat den Wehrdienst abgeleistet.“

→ Die Politikerin behauptete, dass ______________________________.

그 여성 정치인은 자신의 아들이 군대를 제대했다고 주장했다.

정답 p. 358

제시된 빈칸에 알맞은 표현을 채워 보세요.

7 Der Chef sagte, er ___________ nicht kommen, weil er einen Besuch ___________.

사장님은 그를 누군가가 방문하기 때문에 갈 수 없다고 말했다. (können, haben)

8 Mein Opa sagte zu mir, ich ___________ noch fleißiger sein.

나의 할아버지는 내가 조금 더 부지런해야 한다고 나에게 말하셨다. (sollen)

9 Hoch ___________ das Geburtstagskind!

생일 축하해! (생일 맞은 아이 만세) (leben)

10 Mein Vater behauptete, ich ___________ nicht mehr Computerspiele ___________.

아버지는 내가 더 이상 컴퓨터게임을 하면 안 된다고 주장하셨다. (dürfen, spielen)

Vokabeln

s. Büro 사무실 | **ankommen** 도착하다 | **warm** 따뜻한, 뜨거운 | **e. Politikerin** 여성 정치인 | **behaupten** 주장하다 | **den Wehrdienst ableisten** 병역을 마치다 | **r. Besuch** 방문

Lektion **59** 난이도 : 고급

내가 돈이 많다면 이 회사에서 일하지 않을텐데.

Wenn ich viel Geld hätte, würde ich nicht bei dieser Firma arbeiten.

접속법 II식 | 접속법 II식이 '비현실 화법'이라던지, '외교적 화법으로서 공손한 표현의 화법'이라는 논리가 맞더라도 접속법을 처음 접하는 학생들에게 지금 이 주제는 상당히 이웃나라 먼 이야기처럼 들릴지 모릅니다. 그래서 우리는 지금까지 학습해 오며 접속법 II식을 대변할 만한 것을 배웠다는 사실을 알아야 합니다. 바로 'möchte(~하고 싶다)'라는 화법 조동사가 접속법 II식의 형태인데, 어떻게 이 표현이 접속법 II식의 형태가 되었는지 근거를 대어 밝히고자 합니다. 기대하셔도 좋을 것입니다.

1 접속법 ②

1 접속법 II식이란?

① 화법: 비현실적 및 공손한 표현

② 용법:

- 비현실적 희망: ~한(했)다면…좋(았)을 걸
- 소망
- 공손 표현: "~해 주시겠어요?"
- 충고 및 조언

2 접속법 II식의 동사 어미변화 비교

– 접속법 I식과 동일

	직설법 (현재)	직설법 (과거)	접속법
ich	-e	-	**-e**
du	-st	-st	**-est**
er, sie, es	-t	-	**-e**
wir	-en	-en	**-en**
ihr	-t	-t	**-et**
sie / Sie	-en	-en	**-en**

2 접속법 II식

1 기본동사의 접속법 II식

	sein		haben		werden	
	직설법 과거	접속법 II식	직설법 과거	접속법 II식	직설법 과거	접속법 II식
ich	war	**wäre**	hatte	hätte	wurde	würde
du	warst	**wärest**	hattest	hättest	wurdest	würdest
er, sie, es	war	**wäre**	hatte	hätte	wurde	würde
wir	waren	**wären**	hatten	hätten	wurden	würden
ihr	wart	**wäret**	hattet	hättet	wurdet	würdet
sie / Sie	waren	**wäre**	hatten	hätten	wurden	würden

★ Tipp 접속법 II식에서 강변화 동사모음이 a, o, u인 경우 모두 변모음화 됩니다.

2 화법조동사의 접속법 II식

	müssen		dürfen		mögen	
	직설법 과거	접속법 II식	직설법 과거	접속법 II식	직설법 과거	접속법 II식
ich	musste	**müsste**	durfte	**dürfte**	mochte	**möchte**
du	musstest	**müsstest**	durftest	**dürftest**	mochtest	**möchtest**
er, sie, es	musste	**müsste**	durfte	**dürfte**	mochte	**möchte**
wir	mussten	**müssten**	durften	**dürften**	mochten	**möchten**
ihr	musstet	**müsstet**	durftet	**dürftet**	mochtet	**möchtet**
sie / Sie	mussten	**müssten**	durften	**dürften**	mochten	**möchten**

	wollen		sollen		können	
	직설법 과거	접속법 II식	직설법 과거	접속법 II식	직설법 과거	접속법 II식
ich	wollte	**wollte**	sollte	**sollte**	konnte	**könnte**
du	wolltest	**wolltest**	solltest	**solltest**	konntest	**könntest**
er, sie, es	wollte	**wollte**	sollte	**sollte**	konnte	**könnte**
wir	wollten	**wollten**	sollten	**sollten**	konnten	**könnten**
ihr	wolltet	**wolltet**	solltet	**solltet**	konntet	**könntet**
sie / Sie	wollten	**wollten**	sollten	**sollten**	konnten	**könnten**

★ Tipp wollen과 sollen은 과거에 어간변화가 없는 약변화동사이므로, a, o, u가 변모음화 되지 않습니다.

3 wissen 동사의 접속법 II식

	어간	접속법 어미	접속법 II식
ich	wusst	-e	wüsst**e**
du		-est	wüsst**est**
er, sie, es		-e	wüsst**e**
wir		-en	wüsst**en**
ihr		-et	wüsst**et**
sie / Sie		-en	wüsst**en**

4 일반동사의 접속법 II식 (강변화)

	gehen		**kommen**	
	접속법 II식 (단순형)	접속법 II식 (복합형)	접속법 II식 (단순형)	접속법 II식 (복합형)
ich	ginge	würde ... gehen	käme	würde ... kommen
du	gingest	würdest ... gehen	kämest	würdest ... kommen
er, sie, es	ginge	würde ... gehen	käme	würde ... kommen
wir	gingen	würden ... gehen	kämen	würden ... kommen
ihr	ginget	würdet ... gehen	kämet	würdet ... kommen
sie, Sie	gingen	würden ... gehen	kämen	würden ... kommen

5 단순형을 더 선호하는 접속법 II식의 동사

동사원형	과거형	접속법 II식	동사원형	과거형	접속법 II식
sein	war	**wäre**	mögen	mochte	**möchte**
haben	hatte	**hätte**	geben	gab	**gäbe**
werden	wurde	**würde**	kommen	kam	**käme**
können	konnte	**könnte**	wissen	wusste	**wüsste**

6 시제

① 직설법과 접속법 II식의 시제 비교 (완료형에서 haben과 결합하는 경우)

	직설법	접속법 II식
현재	Er kauft sich ein Auto.	Er kaufte sich ein Auto.
과거	Er kaufte sich ein Auto.	
현재완료	Er hat sich ein Auto gekauft.	Er **hätte** sich ein Auto **gekauft**.
과거완료	Er hatte sich ein Auto gekauft.	
미래	Er wird sich ein Auto kaufen.	Er **würde** sich ein Auto **kaufen**.

Tipp 접속법 II식의 동사가 약변화인 경우 직설법 과거와 형태가 같으므로 'würde ... Inf.'를 사용합니다.

② 직설법과 접속법 II식의 시제 비교 (완료형에서 sein과 결합하는 경우)

	직설법	접속법 II식
현재	Sie bleibt zu Hause.	Sie bliebe zu Hause.
과거	Sie blieb zu Hause.	
현재완료	Sie ist zu Hause geblieben.	Sie **wäre** zu Hause **geblieben**.
과거완료	Sie war zu Hause geblieben.	
미래	Sie wird zu Hause bleiben.	Sie **würde** zu Hause **bleiben**.

3 접속법 II식의 용법

1 비현실적 조건

① 현재 시제 : ~라면, ~할텐데

Er hat kein Geld. Er muss viel arbeiten.

→ Wenn er Geld **hätte**, **müsste** er nicht viel arbeiten.

→ **Hätte** er Geld, **müsste** er nicht viel arbeiten.

그가 돈이 있다면 일을 많이 할 필요가 없을 텐데.

Ich spreche nicht gut Deutsch. Ich bekomme in Deutschland keinen Studienplatz.

→ Wenn ich gut Deutsch sprechen **würde**, **bekäme** ich in Deutschland einen Studienplatz.

→ **Würde** ich gut Deutsch sprechen, **würde** ich in Deutschland einen Studienplatz bekommen.

내가 독일어를 잘 한다면 독일에서 공부할 수 있는 자리를 얻을 텐데.

② 과거 시제 : ~라면, ~했을 텐데

Meine Mutter hat sich verschlafen. Sie hat das Flugzeug verpasst.

→ Wenn sie sich nicht verschlafen **hätte**, **hätte** sie das Flugzeug nicht verpasst.

→ **Wäre** sie früh aufgestanden, **hätte** sie das Flugzeug nicht verpasst.

그녀가 일찍 일어났다면 그 비행기를 놓치지 않았을 텐데.

Das Haus war teuer. Ich konnte es mir nicht kaufen.

→ Wenn das Haus nicht teuer **gewesen wäre**, **hätte** ich es mir kaufen können.

→ Wäre das Haus nicht teuer **gewesen**, **hätte** ich es mir kaufen können.

그 집이 비싸지 않았다면 그 집을 살 수 있었을 텐데.

Tipp 접속법에는 과거, 현재완료, 과거완료의 3 시제를 묶어 '과거'라고 지칭합니다. 접속법의 과거문장을 잘 만드려면 무조건 직설법의 현재완료를 잘 만들 줄 알아야 합니다. 그래서 P.P가 중요한 것이지요. 거기에 완료형 조동사 haben을 hätten, sein을 wären으로만 바꾸게 되면 접속법 II식의 과거가 간단히 만들어집니다.

③ 접속법 II식이 직설법과 형태가 같을 때에는 würde ... Inf. 사용

würde ... Inf.

내가 돈이 더 있다면 저 집을 살 텐데.

Wenn ich noch Geld hätte, ~~kaufte~~ ich das Haus.

→ Wenn ich noch Geld hätte, **würde** ich das Haus **kaufen**.

내가 시간이 있으면 기꺼이 그를 방문할 텐데.

Wenn ich Zeit hätte, ~~besuchte~~ ich ihn gern.

→ Hätte ich Zeit, **würde** ich ihn gern **besuchen**.

2 소망

현재	Wenn + 주어 + doch / nur / bloß + 접속법 II식 = 접속법 II식 + 주어 + doch / nur / bloß !
과거	Wenn + 주어 + doch / nur / bloß + P.P + hätte (wäre)! = Hätte (Wäre) + 주어 + doch / nur / bloß + P.P !

① 현재 시제

(내 여자친구가 아프다.) 그녀가 건강하기만 하면 좋을 텐데!

→ Wenn sie doch nur gesund **wäre**!

→ **Wäre** sie doch nur gesund!

② 과거 시제

(그 영화는 지루했다.) 지루하지 않았더라면 좋았을 텐데!

→ **Wäre** der Film doch nicht langweilig **gewesen**!

3 공손한 표현

Könnten Sie bitte die Tür aufmachen?

문 좀 열어 주실 수 있나요?

Würden Sie mir bitte die Speisekarte bringen?

메뉴판 좀 가져다 주실 수 있을까요?

4 충고, 조언

An deiner Stelle **würde** ich noch fleißiger arbeiten!

내가 너라면 더 열심히 일할 텐데!

Du **solltest** dich sofort ausruhen.

너는 당장 쉬어야 해.

5 비교문: als ob 마치 ~인 것처럼

Er singt gut, **als ob** er ein Sänger **wäre**.

그는 자신이 가수인 것처럼 노래를 잘 한다.

Sie spricht perfekt Deutsch, **als ob** sie eine Deutsche **wäre**.

그녀는 마치 독일인인 것처럼 독일어를 완벽하게 말한다.

민쌤의 Episode

사실 접속법 I식보다는 II식의 표현이 일상에서 비교되지 않을 만큼 많이 사용되기 때문에 독일인들은 우선 접속법 II식을 가르칩니다. 그래서인지 격변화 역시 1→4→3→2격의 순서로 학습하는 것이 독일 스타일인데, 순서가 중요한 우리의 학습법과는 달리 실용적인 순서를 강조하는 듯합니다. 저 역시 이 책을 통해 여러분들이 독일어를 최대한 쉽게 이해할 수 있도록 여러 방면에서 고민을 많이 했습니다. 그러한 제 마음이 여러분들께 잘 전달되기를 바랍니다. 독일어 문법을 이해하는 것은 새로운 문화를 탐험하고 새로운 친구를 만나는 문을 열어줄 것입니다. 그러니 지치지 말고 계속해서 나아 가세요. 여러분의 독일어 여정에 무한한 응원과 지지를 보내 드립니다.

실전 문제

제시된 문장과 우리말을 참고하여, 접속법 II식 문장을 완성해 보세요.

1 Wenn die Prüfung nicht so schwer ________ wäre, ________ wir sie bestanden .

그 시험이 그렇게 어렵지 않았다면 우리는 시험에 통과했을 텐데. (과거)

2 Hat er einen kurzen Mantel gekauft? Ich ________ mir an seiner Stelle einen langen

__________.

그가 짧은 외투를 샀어? 내가 그라면 긴 외투를 샀을 텐데. (과거)

3 Sie ist sehr faul. Sie kann die Prüfung nicht schaffen.

그녀는 매우 게으르다. 그녀는 그 시험에 합격할 수 없다.

➔ __________ sie fleißig, __________ sie die Prüfung __________.

그녀가 부지런하다면, 그녀는 그 시험에 합격할텐데. (현재)

4 Meine Freundin ist heute zu meinem Geburtstag nicht gekommen.

내 여자친구는 오늘 내 생일에 오지 않았다.

➔ (Es wäre bestimmt viel besser,) ______________________________________!

그녀가 내 생일에 왔더라면 (훨씬 좋았을 텐데)!

5 Sie kann nicht gut tanzen. Sie geht nicht in die Disco.

그녀는 춤을 잘 추지 못한다. 그녀는 디스코에 가지 않는다.

➔ Wenn sie gut __________ __________, ________ sie in die Disco gehen.

그녀가 춤을 잘 출 수 있다면 클럽에 갈 텐데. (현재)

6 Ich habe nicht viel gelernt. Ich habe den Test nicht schaffen können.

나는 공부를 많이 하지 않았다. 나는 그 테스트(쪽지시험)에 합격할 수 없었다.

➔ Hätte ______________________, hätte ______________________________.

내가 많이 공부했다면 그 테스트(쪽지시험)에 합격할 수 있었을 텐데. (과거)

정답 p. 358

7 Die Studentin hat keine Hausarbeit geschrieben.

저 여대생은 리포트를 쓰지 않았다.

→ Die Studentin tut so, als ob sie ihre Hausarbeit ______________ __________.

저 여대생은 (사실 리포트를 쓰지 않았음에도) 마치 리포트를 썼던 것처럼 행동한다. (과거)

8 Er hatte keine Zeit. Er ist nicht in Urlaub gefahren.

그는 시간이 없었다. 그는 휴가를 갈 수 없었다.

→ Wenn ________________________, wäre ________________________________.

그가 시간이 있었다면 휴가를 갔을텐데 (결국 시간이 없어서 휴가를 못 갔다). (과거)

9 Er hat mich nicht eingeladen. Ich besuchte ihn nicht.

그가 나를 초대하지 않았다. 나는 그를 방문하지 않았다.

→ Wenn ________________________________, hätte ______________________.

그가 나를 초대했더라면, 내가 그를 방문했을텐데. (과거)

제시된 단어를 바르게 배열하세요.

보기

mehr | Sport | noch | Sie | treiben | solten

10 당신은 좀 더 많이 운동을 하셔야 됩니다. (조언)

→ ____.

bestehen 합격하다, 이겨내다 | **r. Mantel** 외투 | **an jds. Stelle** 누구의 대신으로 | **schaffen** 합격하다, 해내다 | **r. Test** 쪽지 시험 | **e. Hausarbeit** 과제물 | **in Urlaub fahren** 휴가를 가다 | **einladen** 초대하다 | **Sport treiben** 운동하다

종합 연습문제

1 보기 중 올바르지 <u>않은</u> 문장을 고르세요.

1. Er ist größer als mich.
2. Er ist ein besser Kollege als sie.
3. Je älter man wird, desto kränker ist man.

① 1, 3
② 2, 3
③ 1, 2

2 보기 예문 중 분사의 용법이 <u>잘못</u> 쓰인 문장을 고르세요

1. Das geschlafene Baby ist sehr süß.
2. Der spannende Film gefällt ihr sehr.
3. Der Junge freute sich über die bestehende Prüfung

① 1, 2
② 1, 3
③ 2, 3

3 다음 중 <u>잘못된</u> 문장을 고르세요.

1. Viele Deutsche gehen gern spazieren.
2. Angestellten erhalten ein monatliches Gehalt.
3. Der Reisender besichtigt das Brandenburger Tor.

① 1, 2
② 2, 3
③ 1, 3

4 다음 중 옳은 문장을 고르세요.

1. Der Professor fragt den Student.
2. Ein Junger weint allein.
3. Er hilft dem Bauern bei der Ernte.

① 1
② 2
③ 3

5 보기 중 밑줄 친 부분이 제대로 쓰인 것은?

1. Er <u>**hat**</u> seinen Wagen in die Garage <u>**gefahren**</u>.
2. Er <u>**ist**</u> der armen Frau <u>**begegnet**</u>.
3. Sie <u>**hat**</u> den ganzen Tag zu Hause <u>**gebleibt**</u>.

① 1, 2
② 2, 3
③ 1, 3

6 아래의 우리말 문장을 독일어의 현재완료 용법으로 <u>잘못</u> 표현한 것은?

그녀는 집으로 가야만 했다.

① Sie hat nach Hause gemusst.
② Sie hat nach Hause gehen gemusst.
③ Sie hat nach Hause gehen müssen.

7 다음 능동문의 현재완료형을 수동문으로 옳게 전환한 것은?

Die Lehrerin hat das Kind gelobt.
저 여선생님이 저 아이를 칭찬했다.

① Das Kind wurde von der Lehrerin gelobt.
② Das Kind ist von der Lehrerin gelobt worden.
③ Das Kind ist von der Lehrerin gelobt.

8 다음 화법 조동사가 포함된 수동문을 능동문으로 옳게 바꾸어 쓴 것은?

Der Stuhl musste repariert werden.
이 의자는 수리되어야만 했다.

① Man musste den Stuhl reparieren.
② Man hat den Stuhl reparieren gemusst.
③ Man musste der Stuhl repariert.

9 보기 중 밑줄 친 부분이 문법상 **옳지 않은** 것은?

1. **Während des Essen** spricht er viel.
2. **Innerhalb einer Woche** muss ich die Doktorarbeit abgeben.
3. **Trotz des Schnee** geht er spazieren.

① 1, 2
② 2, 3
③ 1, 3

10 보기 중 밑줄 친 표현이 올바르지 **않은 것은**?

1. Das Kind kommt gerade **von seiner Oma**.
2. Ich lege das Buch **auf dem Schrank**.
3. Sie fährt **nach Schweiz**.

① 1, 2
② 2, 3
③ 1, 3

11 보기 중 옳은 문장을 고르세요.

1. Ab gestern arbeitet er.
2. Für drei Tagen bleibt er in Korea.
3. Vor einem Monat ging ich ins Kino.

① 1, 2, 3
② 2, 3
③ 3

12 보기 중 복합동사가 **잘못** 쓰인 것은?

1. Er ist in die U-Bahn umstiegen.
2. Der Hausarzt hat mich untersucht.
3. Sie hat den Text ins Deutsche übergesetzt.

① 1, 2
② 1, 3
③ 2, 3

13 lassen의 용법을 옳게 사용한 문장은?

1. Er hat sein Fahrrad zu Hause lassen.
2. Sie hat ihr Auto waschen gelassen.
3. Mama hat mich eine Cola trinken lassen.

① 1, 2, 3
② 1, 2
③ 3

14 lassen을 제대로 활용한 문장으로 맞는 것은?

Er lässt sich im Moment nicht erreichen.
그는 현재 연락이 닿을 수 없다.

① Er ist im Moment nicht erreichen.
② Man kann ihn im Moment nicht zu erreichen.
③ Er kann im Moment nicht erreicht werden.

15 보기 중 옳은 문장을 모두 고르세요.

1. Er nimmt an einem Deutschkurs teil.
2. Liebe Grüße an deine Familie!
3. Der Ring besteht an Silber.

① 1, 2
② 2, 3
③ 1, 3

16 보기 중 옳은 문장을 모두 고르세요.

1. Er bittet mir um Geld.
2. Der Mann fragt mich nach dem Weg zur Uni.
3. Er lädt mich zum Kaffee ein.

① 1, 2
② 2, 3
③ 1, 3

17 보기 중 옳은 문장을 모두 고르세요.

1. Die Schülerin freut sich an die Ferien.
2. Ich bedanke mich bei Ihnen für die Hilfe.
3. Erinnerst du dich an mich?

① 1, 2
② 2, 3
③ 1,3

18 아래의 우리말 문장을 독일어로 적절하게 옮긴 것은?

너는 그녀가 어제 서울에 도착했다는 걸 알고 있니?

① Weißt du, dass sie gestern in Seoul ankam?
② Weißt du, dass sie gestern in Seoul ist angekommen?
③ Weißt du, dass ist sie gestern in Seoul angekommen?

19 zu + 부정문으로 **잘못된** 표현은?

1. Papa erlaubt mir, in die Disco zu gehen.
2. Ich vergesse immer, früh aufzustehen.
3. Er antwortet, heute zu kommen.

① 1
② 2
③ 3

22 빈칸에 들어갈 **가장** 적절한 시제의 조합은?

Nachdem ich eine E-Mail ______________, trinke ich eine Tasse Schwarztee.

① geschrieben hatte
② geschrieben habe
③ schreibe

20 논리적으로 **가장** 알맞은 부문장은?

Er ist jetzt sehr müde,
weil ________________________.

① er einen Tisch hat.
② er lange gejoggt ist.
③ er zum Arzt gegangen ist.

23 빈칸에 들어갈 **가장** 적절한 종속접속사는?

Man kann Milliardär werden,
________ man im Lotto gewinnt.

① indem
② damit
③ sodass

21 보기 중 빈칸에 들어갈 단어를 고르세요.

Ich habe morgen eine wichtige Prüfung,
__________ gehe ich mit Freunden ins Kino!

① obwohl
② trotz
③ trotzdem

24 다음 문장을 보고 대명사와 어순을 맞게 사용한 것을 고르세요.

Otto hat für seine Mutter einen Mantel gekauft. Er schenkt __________ morgen.

① es ihr
② ihr ihn
③ ihn ihr

정답 p. 358

25 nicht의 위치로 적절하지 <u>않은</u> 문장은?

1. Er hat heute <u>nicht</u> gefrühstückt.
2. Sie ist schnell <u>nicht</u> ins Kino gegangen.
3. Ich lese diese Zeitung <u>nicht</u>.

① 1
② 2
③ 3

26 다음 대명사 중 옳지 <u>않은</u> 표현은?

1. Deine Jacke ist sehr schön. Darf ich deins kurz anprobieren?
2. Es gibt viele Bücher. Welche möchtest du gern lesen?
3. Das ist eines der berühmten Feste in Berlin.

① 1, 2
② 2, 3
③ 1, 3

27 다음 대명사 중 옳은 표현은?

1. John und Michael lieben dasselbes Mädchen.
2. Ich habe den Lehrer getroffen, dessen Sohn gerade in Wien wohnt.
3. Da kommt der Bus, auf dem ich sehr lange gewartet habe.

① 1
② 2
③ 3

28 부정관계대명사의 쓰임으로 옳지 <u>않은</u> 것은?

1. Wer morgens früh aufsteht, hat mehr Erfolg.
2. Was teuer ist, ist nicht immer gut.
3. Wer du gern hilfst, der hilft dir auch.

① 1
② 2
③ 3

29 접속법 I식 문장을 제대로 표현한 것은?

Mein Vater sagt: „Ich bin heute in Ulsan angekommen."
- Mein Vater sagte, dass ______________ ________________.

① er heute in Ulsan angekommen ist
② er heute in Ulsan angekommen sei
③ er heute in Ulsan angekommen habe

30 접속법 II식의 올바른 과거형 문장을 바르게 표현한 것은?

Das Wetter war nicht gut.
er konnte nicht einkaufen gehen.

Wenn das Wetter gut gewesen wäre,
______________________________.

① hätte er einkaufen gehen gekonnt
② könnte er einkaufen gehen
③ hätte er einkaufen gehen können

Ich Wir
Sie Er Du
정답 및 해설

정답

Lektion 1 017

01 liebe
02 liebt
03 spiele
04 spielt
05 wohnt
06 komme
07 heißt
08 tanzt
09 arbeitet
10 redet

Lektion 2 021

01 isst
02 trägt
03 sprecht
04 fährt
05 hilft
06 Liest
07 Seht
08 Schläfst
09 Triffst
10 wäscht

Lektion 3 025

01 ist
02 Habt
03 wird
04 bist
05 Hast
06 seid
07 wird
08 ist
09 seid
10 Haben

Lektion 4 031

01 Der
02 Die
03 Die
04 Das
05 Der
06 die Kinos
07 die Computer
08 die Länder
09 Bäume
10 Stühle

Lektion 5 035

01 dem
02 Der, den
03 Die, der
04 dem
05 das
06 Der, dem
07 den
08 die
09 Die, der
10 Das

Lektion 6 039

01 einen
02 keine
03 ein
04 einem
05 keinen
06 x (없음)
07 einen
08 eine
09 der
10 eine, Die

Lektion 7 043

01 dich
02 mir
03 der
04 dir
05 dem
06 ihn
07 ihm
08 ihn
09 es
10 sie

Lektion 8 047

01 seine
02 sind
03 meinem
04 ihren
05 meinem
06 meines
07 unseres
08 Ihr
09 Ihr
10 Unsere

Lektion 9 051

01 Spielt
02 Hilfst
03 Gebt
04 Sprichst
05 Doch
06 Bist
07 Nein
08 Doch
09 Hast
10 Ist, Nein

Lektion 10 057

01 Wer
02 Was
03 Welches
04 bist
05 ein
06 Welches
07 Wem
08 Wessen
09 ein
10 Wen

Lektion 11 063

01 Wie
02 Wie viele
03 viel
04 Woher
05 Wann
06 Wie alt
07 Warum
08 Seit, seit
09 Wohin
10 Wo

Lektion 12 067

01 singen
02 wollen
03 möchte
04 Können
05 Magst
06 möchte
07 will
08 kannst
09 möchte
10 Kann

Lektion 13 071

01 darf
02 darf
03 soll
04 muss
05 sollst
06 müssen
07 soll
08 soll
09 muss
10 ②

Lektion 14 075

01 zum
02 Nach der
03 Von
04 ihrem
05 beim
06 einer
07 nach
08 Ab
09 gegenüber
10 von

Lektion 15 079

01 Bis
02 Für
03 Um
04 durch
05 Trotz
06 gegen
07 Ohne
08 entlang
09 Wegen der
10 bis

Lektion 16 085

01 der
02 auf das
03 der Garage
04 in die Bibliothek
05 am
06 ans
07 unter dem
08 zwischen der
09 Im
10 an die

Lektion 17 089

01 vergisst
02 empfiehlt
03 besucht
04 gehört
05 verkaufen
06 beginnt
07 verstehe
08 gelingt
09 Gefällt
10 bezahlen

Lektion 18 093

01 macht, auf
02 anrufen
03 kommt, an, Holst, ab
04 geht, einkaufen
05 Siehst, fern
06 lädt, ein
07 steigt, ein
08 steht, auf
09 ziehe, um
10 vorstellen

Lektion 19 097

01 wasche, mir
02 sich
03 meiner
04 mir
05 euch
06 uns
07 dich
08 mir
09 sich, erholen
10 mich

Lektion 20 107

01 machtest
02 trank, ging
03 warst
04 wollte, musste
05 hatte
06 wurde
07 fand
08 wusste
09 gab
10 telefonierte

Lektion 21 115

01 hast – gemacht
02 habe – getrunken, bin – gegangen
03 ist – abgefahren
04 hat – eingeladen
05 Bist – gegangen
06 habe – getroffen
07 Hat – angerufen
08 bin – eingestiegen
09 hat – gelebt
10 hat – gearbeitet

Lektion 22 119

01 werde – fliegen, studieren
02 wird – heiraten
03 war – gewesen
04 waren – gefahren
05 hatte – gelernt
06 wird
07 hatte – angefangen
08 werde – fahren
09 wird
10 hatte – getrunken

Lektion 23 125

01 Trink
02 putzt
03 Kommen
04 Schlaf
05 Ruf, an
06 antwortet
07 Hilf
08 Haben
09 öffnet
10 Geh

Lektion 24 131

01 montags
02 gern
03 Leider
04 Früher
05 in der
06 besonders
07 gar
08 bald
09 selten
10 meistens, heute

Lektion 25 136

01 spät
02 um
03 Stunden
04 sechzig
05 Um wie viel Uhr
06 acht
07 viel

08 fünf vor halb sechs

09 fünf nach halb zwölf

10 zwanzig nach neun / zehn vor halb zehn

Lektion 26 141

01 kleine

02 interessanten

03 alten

04 dicke

05 kleinen

06 dritten

07 schnelle

08 hübschen

09 schlechten

10 teuren

Lektion 27 145

01 teures

02 süßen

03 kaltes

04 neues

05 frische

06 deutsche

07 großes

08 alten, jüngeren

09 grünen

10 großer, langen

Lektion 28 149

01 am letzten Samstag mit meinen Freunden im Park

02 ③

03 ②

04 ①

05 ③

Lektion 29 153

01 denn

02 nicht, sondern

03 aber

04 oder

05 und

06 denn

07 aber

08 oder

09 sondern

10 gehen

Lektion 30 (종합 연습문제) 154

01 ②

02 ③

03 ③

04 einen, keinen

05 ②

06 ①

07 keine, ein, x (없음)

08 fahren – schlafen, sprechen – helfen, lesen – sehen

09 ③

10 ①

11 ②

12 ③

13 ①

14 ③

15 Wem hilfst du heute?

16 ③

17 ②

18 ③

19 ④-②-①-③

20 ①

21 ②

22 ①

23 las, ging, traf

24 ③

25 bin – geflogen, hatte – studiert, werde – bleiben

26 ①

27 ③

28 klein<u>e</u>, groß<u>en</u>, frisch<u>es</u>

29 ①

30 sondern, denn

Lektion 31 166

01 wie

02 als

03 wie

04 als

05 höher als

06 kälter als

07 genauso klein

08 Je mehr, desto fitter

09 Je fleißiger, desto besser

10 Je mehr, desto mehr

Lektion 32 171

01 brennende

02 behandelte

03 gespielte

04 sitzende

05 zu korrigierenden

06 lesenden

07 gebrauchte

08 lächelnd

09 zu lesende

10 kommenden

Lektion 33 175

01 Tanzende

02 Jugendlichen

03 Studierende

04 Kranken

05 Obdachlose

06 Bekannte

07 Erwachsene

08 nichts Neues

09 Beamten

10 Schwerverletzten

Lektion 34 179

01 Chinesen
02 Praktikanten
03 Patienten
04 Jungen, Junge
05 Studenten
06 Bauern
07 Geldautomaten
08 Polizisten
09 Herrn
10 Franzosen

Lektion 35 184

01 war, hatte
02 regnet
03 arbeitete
04 musste, anrufen
05 steht, auf, wäscht
06 gab es
07 wusste, ist
08 feierte
09 blieb, hatte
10 fliegt, studiert

Lektion 36 190

01 ist – gefallen
02 hat – gegeben, hatte – gebeten
03 wird – gestohlen haben
04 wird – fliegen
05 wird – schneien
06 war – gegangen
07 wird – geschafft haben
08 habe – gefrühstückt, war – spazieren gegangen
09 hat – gefahren
10 wartete, hat – gewartet

Lektion 37 195

01 wird – fahren können
02 hat – gemocht
03 habe – gehen dürfen
04 wollte
05 wird – sprechen können
06 hat – gemusst
07 hatte – treffen müssen
08 hat – bleiben müssen
09 wird – parken dürfen
10 ③

Lektion 38 200

01 Hier wird Englisch gesprochen.
02 Über Politik wird von uns diskutiert.
03 Der Patient wurde gestern vom Arzt operiert.
04 Der Oma wird vom Kind geholfen.
05 Seine Nachbarn wurden vom Mann zum Kaffee eingeladen.

06 Auf dem Oktoberfest trinkt man viel Bier.
07 Der Student wird von Anna geliebt.
08 Gestern wurde ich von ihm nicht angerufen.
09 Meine Eltern suchten den Hund.
10 ③

Lektion 39 206

01 ist, repariert worden
02 musste, untersuchen
03 darf, geraucht werden
04 Erwachsene, sollen lesen
05 Dem, ist, geholfen worden
06 muss, gewaschen werden
07 darf, man, fotografieren
08 hat, aufräumen müssen
09 wird, repariert worden sein
10 wird, entwickelt worden sein

Lektion 40 210

01 Während
02 Außerhalb
03 Trotz
04 statt
05 Laut
06 außerhalb
07 Dank
08 Während
09 Trotz
10 Trotz

Lektion 41 216

01 ins
02 in die
03 bei
04 der
05 aus
06 das
07 von zu
08 von
09 zur
10 an der

Lektion 42 222

01 vor
02 In
03 für
04 Seit
05 gegen
06 Von
07 Nach
08 bis zum
09 um
10 für

Lektion 43 230

01 ein
02 mit
03 vor
04 hat – unterschrieben
05 ist – aufgestanden
06 habe – besucht, haben – eingekauft
07 hat – gehört, hat – verkauft
08 ist – eingeschlafen
09 hat – stattgefunden
10 hat – angefangen, haben – ferngesehen

Lektion 44 237

01 lassen-gehen
02 habe-gelassen
03 hat-massieren lassen
04 lässt sich heilen
05 hat-reisen lassen
06 habe-gelassen
07 habe-liefern lassen
08 habe-schlafen lassen
09 ließ-schneiden
10 ließ – reparieren

Lektion 45 242

01 für, ihren
02 an, seiner
03 dir, für
04 meine Mutter, um
05 ③
06 ②
07 ①
08 ②
09 ①
10 ②

Lektion 46 250

01 sich, über, das herrliche
02 sich, um
03 mich, mit, über
04 mich, für, dafür
05 sich, über, geärgert
06 sich, seiner
07 mich, bei, für
08 du, dich, an
09 sich, bei, für
10 mich, mit

Lektion 47 256

01 er Hunger hat
02 Paulina nicht zur Party kommen kann
03 du keine Zeit hast
04 diese Übung wichtig ist
05 du an mich gedacht hast
06 ich heute einen Arzttermin habe

07 man für die Zukunft Deutsch lernt
08 Martin krank ist
09 das große Haus Peter gehört.
10 du die Prüfung nicht geschafft hast

Lektion 48 262

01 sein Deutsch zu verbessern
02 mir zu helfen
03 regelmäßig Sport zu treiben (machen)
04 allein Deutsch zu lernen
05 heute Abend mit mir ins Kino zu gehen
06 jeden Morgen spazieren zu gehen
07 abzunehmen
08 mich gleich anzurufen
09 in der Gaststätte zu rauchen
10 früh aufzustehen

Lektion 49 268

01 brauchst, nicht zu arbeiten (muss, nicht arbeiten)
02 scheinen, zu sein
03 um zu lernen
04 aufzuräumen
05 zu tun
06 zu kochen
07 es zu verstehen
08 um gute Noten zu bekommen
09 zu beachten
10 nicht zu glauben.

Lektion 50 274

01 weil, hatte
02 obwohl sie sehr müde war
03 Er geht ohne Jacke spazieren, es sehr kalt ist
04 obwohl er Schmerzen in den Beinen hat
05 der Film sehr interessant ist, gehe
06 ③
07 ①
08 ②
09 ③
10 ①

Lektion 51 280

01 Bevor ich nach Deutschland reise
02 Nachdem der Zug abgefahren ist
03 Nachdem sie die Prüfung bestanden(geschafft) hat
04 Nachdem er mich besucht hatte
05 Wenn
06 Seitdem
07 während
08 Als
09 Bis
10 Solange

Lektion 52 286

01 so dass sie sie wiederholen muss
02 indem man täglich übt
03 damit ich mir einen neuen Laptop kaufe
04 ob sie heute zur Party kommt
05 Je mehr Bücher, desto klüger
06 Wenn(Falls) man keinen Autoführerschein hat
07 damit er sie korrigiert
08 wenn
09 nicht nur, sondern
10 wann sie Geburtstag hat

Lektion 53 293

01 ②
02 mich wahnsinnig für Sport
03 ihm am Montag ein neues Handy
04 ③
05 ②
06 ②
07 ③
08 ①
09 ist er allein zu Hause geblieben
10 werden nächstes Jahr mit dem Schiff durch Europa reisen

Lektion 54 301

01 Mit wem
02 meins
03 ihre
04 ihrer
05 seine
06 Wen
07 Mit was
08 wem
09 Wessen
10 Was

Lektion 55 306

01 eines
02 man
03 einer
04 Jedes
05 eine
06 ②
07 ①
08 ③
09 ②
10 ③

Lektion 56 314

01 Diese / Die
02 sind
03 dasselbe
04 diesen
05 jener
06 ②
07 ①

08 ③

09 ③

10 ①

Lektion 57 322

01 den

02 die

03 dessen

04 der

05 auf die (*warten auf +Akk.)

06 mit der

07 was

08 Wer

09 mit der wir fahren sollen

10 dem die Schüler ein Buch geschenkt haben

Lektion 58 330

01 er mit den Hausaufgaben fertig sei

02 seine Frau sehr reich sei

03 komme spät ins Büro

04 er in Seoul angekommen sei

05 sei hier sehr warm

06 ihr Sohn den Wehrdienst abgeleistet habe

07 könne, habe

08 solle

09 lebe

10 dürfe, spielen

Lektion 59 338

01 gewesen, hätten

02 hätte, gekauft

03 Wäre, könnte, schaffen

04 Wenn sie doch gekommen wäre

05 tanzen könnte, würde

06 ich viel gelernt, ich den Test schaffen können

07 geschrieben hätte

08 er Zeit gehabt hätte, er in Urlaub fahren können

09 er mich eingeladen hätte, ich ihn besucht

10 Sie sollte noch mehr Sport treiben

Lektion 60 (종합 연습문제) 340

01	③	02	②	03	②
04	③	05	①	06	②
07	②	08	①	09	③
10	②	11	③	12	②
13	③	14	③	15	①
16	②	17	②	18	①
19	③	20	②	21	③
22	②	23	①	24	③
25	②	26	①	27	②
28	③	29	②	30	③

해설

01 1. Er ist größer als ich.

2. Er ist ein besserer Kollege als

sie.

02 1. Das schlafende Baby ist sehr süß.

2. Der Junge freute sich über die bestandene Prüfung.

03 2. Angestellte erhalten ein monatiliches Gehalt.

3. Der Reisende besichtigt das Brandenburger Tor.

04 1. Der Professor fragt den Studenten.

2. Ein Junge weint allein.

05 3. Sie ist den ganzen Tag zu Hause geblieben.

08 ② Man hat den Stuhl reparieren müssen.

③ Man musste der Stuhl reparieren.

09 1. Während des Essens spricht er viel.

3. Trotz des Schnees geht er spazieren.

10 ② auf den Schrank

③ in die Schweiz

11 1. Seit gestern arbeitet er.

2. Für drei Tage bleibt er in Korea.

12 1. Er ist in die U-Bahn umgestiegen.

3. Sie hat den Text ins Deutsch übersetzt.

13 1. Er hat sein Fahrrad zu Hause gelassen. (본동사)

2. Sie hat ihr Auto waschen lassen. (조동사)

14 ① Er ist im Moment nicht zu erreichen.

② Man kann ihn im Moment nicht erreichen.

15 3. Der Ring besteht aus Silber. (bestehen aus etw. : ~으로 구성되어 있다)

16 1. Er bittet mich um Geld. (jmdn. um etw. bitten : 누구에게 무엇을 부탁하다)

17 1. Die Schülerin freut sich auf die Ferien. (sich auf etw. freuen : ~을 학수고대하다)

18 ②, ③ Weißt du, dass sie gestern in Seoul angekommen ist?

19 3. Er antwortet, dass er heute ankommt. (zu 부정문 불가)

23 사람들은 로또에 당첨됨으로써 백만장자가 될 수 있다.

25 2. Sie ist nicht schnell ins Kino gegangen.

26 1. (...) Darf ich deine nehmen?

2. (...) Welches möchtest du gern lesen?

27 1. John und Michael lieben dasselbe Mädchen.

3. Da kommt der Bus, auf den ich sehr lange gewartet habe.

28 3. Wem du gern hilfst, der hilft dir auch.

30 날씨가 좋았더라면, 그가 장을 보러 갈 수 있었을텐데.